RASCHIG

...Ihr Partner
für Straßenbaumaterialien

MARKIERUNG

HELABITOL® – zugel. Markierungsfarbe
HELABIT® – thermoplastische Dauermarkierung

SANIERUNG

Emulsionen
Schmelzkleber
COMPOMAC®

Fordern Sie uns – wir liefern

RASCHIG GMBH
Abteilung VMS
D-6700 Ludwigshafen/Rhein
Telefon (06 21) 5 61 81
Telex 4 64 877 ralu d

Über 30 Jahre Erfahrung in der Verkehrstechnik bürgen für Qualität

Debuz — Kaltplastik (BAST-Prüf. Nr. 44 228) als
- Dickschicht-Markierung, aufgelegt
- Dünnschicht-Markierung, aufgelegt
- Dünnschicht-Markierung, aufgespritzt
- Dünnschicht-Radwegmarkierung, aufgerollt

Debuz — Zweikomponenten-Vergußmassen, für
- Induktionsschleifen
- Sanierung von beschädigten Straßendecken an Schachtabdeckungen und Straßenabläufen u.v.m.

Debuz — Zweikomponenten-Klebemassen für
- Kunststoff-Markierungsknöpfe
- Flachbordstein-Verklebungen
- Alu-Teller für verkehrsberuhigende Maßnahmen u.v.m.

Debuz — Zweikomponenten-Beschichtungsmassen für
- Industriefußböden Typ IFB
- Eisenbahnschwellen Typ DS
  und viele andere Anwendungsgebiete

Debuz — Markierungsfarben für
- Straßen- und Parkplatzmarkierungen
- Radwegmarkierungen (rot)

Debuz — Kunststoff-Markierungsknöpfe Typ „Kölner Knopf"
(BAST-Prüfung Nr. 52 051)

Debuz — Artikel für verkehrsberuhigende Maßnahmen

Debuz — Verkehrszeichen und Baustellen-Umleitungstafeln

Debuz — Signalmaste und Aufsteckausleger

Sämtliche Debuz-Produkte werden durch unser qualifiziertes Fachpersonal auch verlegt oder eingebaut.

H. DEBUSCHEWITZ GmbH & Co. KG
Verkehrstechnische Anlagen
Jakob-Rasquin-Straße 3 · 5000 Köln 91 (Poll)
Telefon 02 21 / 83 30 71 · Telex 887 3728 debu d

Handbuch für Radverkehrs-anlagen

von

Dr.-Ing. Heinrich Richard

Dipl.-Ing. Dankmar Alrutz
St. BR. Johannes Wiedemann

2. Auflage

OTTO ELSNER VERLAGSGESELLSCHAFT

© 1986 by **OTTO ELSNER VERLAGSGESELLSCHAFT** mbH & Co KG
6100 Darmstadt, Postfach 4039, Tel. 06151/311630

ISBN 3-87199-086-8
Verlagsnummer 86132

Gestaltung/Layout/Herstellung: ELSNER VERLAG
Satz: typoservice gmbh, Griesheim
Druck: Druckhaus Darmstadt GmbH
Bindearbeiten: Hollmann, Darmstadt

Alle Rechte, insbesondere des Nachdrucks, der Übersetzung sowie
der fotomechanischen Wiedergabe — auch auszugsweise — vorbehalten.

„Keine Frage: Das Fahrrad ist für den Alltag wie für die Freizeit ein Verkehrsmittel mit zahlreichen Vorzügen gegenüber anderen Fortbewegungsarten.

Untersuchungen haben ergeben, daß mehr als die Hälfte aller zurückgelegten Wege kürzer als 3 km und damit grundsätzlich auch für den Radfahrer geeignet sind.

Der Bund unterstützt alle Bemühungen zur Verbesserung des Fahrradverkehrs; angesichts der verfassungsrechtlichen Kompetenzverteilung kann er allerdings nur auf den Gebieten tätig werden, die ihm nach dem Grundgesetz zugewiesen sind.

Für den Ausbau der Radwegeinfrastruktur wendet der Bund erhebliche Mittel auf, und zwar nicht nur für den Bau von Radwegen an Bundesstraßen. Das Gemeindeverkehrsfinanzierungsgesetz und das Städtebauförderungsgesetz sehen Hilfen zum Radwegebau vor; seit kurzem ist es auch möglich, den gemeindlichen Radwegebau aus Mitteln nach dem Arbeitsförderungsgesetz zu unterstützen.

Für besonders wichtig halte ich die Erhöhung der Sicherheit des Fahrradverkehrs. Zielgruppe einer verstärkten Verkehrserziehungs- und -aufklärungsarbeit müssen dabei in erster Linie die Kinder sein. Sie gehören als Radfahrer zu der im Straßenverkehr am meisten gefährdeten Personengruppe. Zu erheblichen Verbesserungen der Verkehrssicherheit werden einige Neuregelungen der Straßenverkehrsordnung und der Straßenverkehrszulassungsordnung führen.

Der Fahrradverkehr ist also keineswegs Stiefkind der Verkehrspolitik der Bundesregierung. Für den verkehrssicheren Zustand seines Fahrrads und für verkehrssicheres Verhalten ist aber letztlich jeder Fahrradfahrer selber verantwortlich."

Zitat: Bundesminister Dr. Werner Dollinger

parolex
Wasserfräsen

Ohne Chemie!

Demarkierungsmaschine
Arbeitsbreite: 15 cm, 30 cm, 50 cm, 100 cm
Drehdüsen mit bis 1000 bar Arbeitsdruck

Entfernen von Farbmarkierungen
Beseitigung von Nagelkleberesten

- Aufhellen von Dauermarkierungen
- Reinigung von Brückenköpfen und -tafeln
- Ablösen von Gummiabrieb
- Aufrauhen von glatten Straßendecken
- Reinigung von Flugplätzen
- Entfernung von Öl aus Hallenböden

- Schonende Methode. Wenn erforderlich, jederzeit wieder anwendbar.
- Wirtschaftlich, umweltfreundlich und verkehrstechnisch problemlos durchführbar.

GIS – Parolex Wasserfrästechnik GmbH
Vahrenwalder Straße 219 · 3000 Hannover 1 · Telefon (05 11) 58 70 30

Vorwort

Seit Erscheinen der ersten Auflage dieses Handbuches im Jahr 1981 hat die Diskussion über Radverkehrsanlagen und Radverkehr in der Fachwelt stark zugenommen. Änderungen von Normen, Forschungsarbeiten und zahlreiche Veröffentlichungen führten zu dieser Neuauflage, um den Stand der Kenntnisse zusammengefaßt der Fachwelt zur Verfügung stellen zu können.

Auch die zweite Auflage dieses Handbuches versucht, all denen eine Hilfe zu geben, die sich für Radfahrer, Radverkehr und Radverkehrsanlagen einsetzen. Es ist für

– zuständige Fachleute
– Politiker, die Radverkehrsanlagen anregen, beraten und entscheiden und
– mitwirkende Initiativen und Bürger

gedacht.

Das Buch soll nicht allein den Markt der Veröffentlichungen, die seit der ersten Auflage erschienen sind, erschließen, sondern als Instrument für die konkrete Arbeit in der Praxis dienen. Es soll vor allem Argumente für die Abwägung über den Einzelfall vermitteln und so zu der jeweils besten Lösung führen.

Auch diese Auflage beginnt mit einem Umfrageergebnis bei zahlreichen mit dem Radverkehr befaßten Stellen. Aufgrund der Informationsbereitschaft zahlreicher Minister bzw. Senatoren, Unternehmen, Verbände und Institutionen kann das vorliegende Buch eine breite Informationsbasis liefern.

Allen Verantwortlichen in den vorgenannten Dienststellen sei an dieser Stelle mein Dank ausgesprochen. Besonderer Dank gilt Dankmar Alrutz und Johannes Wiedemann. Sie haben diese Neuauflage in Abstimmung mit dem Herausgeber erarbeitet. Nicht zuletzt gilt es auch, dem Verlag zu danken, mit dem das Buch in guter Zusammenarbeit geschaffen wurde.

Heinrich Richard

Verkehrstrennung und -beruhigung – individuell gelöst.

Mit der SEPA Trennschwelle haben Sie ein besonders vielfältig einsetzbares Instrument in der Hand, mit dem Sie Verkehrsprobleme so lösen können, wie Ihr spezieller Fall es erfordert: Mit allen Vorteilen der baulichen Lösung, aber zu weitaus geringeren Kosten, kurzfristig realisierbar und bei Bedarf auch wieder zurücknehmbar. Außerdem ist sie eine wirksame Ergänzung dort, wo optische Markierungen allein nicht ausreichend respektiert werden.

Die abgebildeten Beispiele zeigen, wie Aufgaben der Verkehrstrennung und -beruhigung individuell und mit mehr Sicherheit gelöst wurden. Weitere Anwendungsmöglichkeiten für die SEPA Trennschwelle sind: Richtungstrennung von Fahrstreifen; Trennung an gefährlichen Einmündungen; Richtungstrennung bei Ein- und Ausfahrten; Bildung von Fahrgassen, temporären Fahrstreifen und Inseleinbauten; Sonderfahrstreifen für Busse.

SEPA Trennschwellen werden aus umweltfreundlichem Recyclingmaterial hergestellt und dürfen mit dem Umweltschutzzeichen ausgezeichnet werden.

Mit der SEPA Trennschwelle können Sie die vielfältigsten Verkehrsprobleme lösen, wie Sie es wollen: kurzfristig, wirksam, kostengünstig.

WIR ANTWORTEN.

3M Deutschland GmbH

Abtlg. Marketing Verkehrsregelung
4040 Neuss 1 · Carl-Schurz-Straße 1
Telefon 02101/14-0 · Telex 8 517 511

Geleitwort des Verlages

Das HANDBUCH FÜR RADVERKEHRSANLAGEN UND RADVERKEHR wurde als Arbeits- und Planungsunterlage für die Praxis entwickelt und erscheint jetzt nach fünf Jahren in 2. Auflage mit dem neuen Titel HANDBUCH FÜR RADVERKEHRSANLAGEN. Es soll dem Städteplaner, Verkehrsplaner, Straßenplaner und -gestalter, den Länder- und Kreisverwaltungen, Gemeindeverwaltungen, Bauämtern, Architekten, Bauingenieuren, Ingenieur- und Planungsbüros, Unternehmen der Bauindustrie, baugewerblichen Unternehmen, Straßen- und Tiefbauunternehmen, dem Garten- und Landschaftsbau, den Lieferanten von Sicherheitseinrichtungen, Herstellern und Lieferanten von Fahrrädern und Ausrüstungen als Handbuch, Kompendium dienen. Es ist gedacht für zuständige Fachleute, entscheidende Politiker, mitwirkende Bürger und nicht zuletzt für Fahrradfahrer. Das neue ELSNER-Handbuch möchte in seiner auf die praktischen Probleme konzentrierten Konzeption Problemfelder sichtbar machen und machbare Lösungsalternativen anbieten.

Der Verlag konnte neben Herrn Dipl.-Ing. Heinrich Richard, Baudezernent der Stadt Cloppenburg, als Herausgeber noch zwei weitere hervorragende Praktiker und Fachleute als Autoren gewinnen: Dipl.-Ing. Dankmar Alrutz, Verkehrsplaner, Hannover, und Städt. BR Johannes Wiedemann, Tiefbauamt Bonn. Das Handbuch wurde in enger Zusammenarbeit mit Institutionen, Verbänden, Ministerien und Behörden, führenden Fachleuten, Universitäten und der Bauwirtschaft u. a. unter Berücksichtigung sämtlicher neuerer Forschungsergebnisse und praktischen Erfahrungen erarbeitet. Wir hoffen, daß sich der „RICHARD / ALRUTZ / WIEDEMANN" als Standardwerk für die Praxis des Radverkehrs durchsetzt.

Verlag und Autoren möchten durch die Herausgabe des Handbuches die Arbeit von Bund, Ländern, Gemeinden und Verbänden, Vereinen sowie Vereinigungen auf den Gebieten Radverkehrsanlagen und Radverkehr unterstützen. Das Handbuch ist so gesehen ein Beitrag des Verlages zur Förderung des Radverkehrs. Es schafft die Voraussetzungen für Planung, Entwurf und Bau von Radverkehrsanlagen, Lenkung und Regelung des Radverkehrs und Überwachung, Betrieb und Unterhaltung der Anlagen im Rahmen eines Konzepts der umweltgerechten Straßenplanung zum Wohle der Bürger.

Nicht zuletzt freut es, daß dieses Handbuch in 2. Auflage in Darmstadt erscheint, einer Stadt, die sich seit einigen Jahren intensiv um die Verbesserung der Radverkehrsanlagen und des Radverkehrs bemüht.

OTTO ELSNER VERLAGSGESELLSCHAFT			Prof. Dr. Rudl

BITULEIT

WISSEN – ERFAHRUNG – QUALITÄT

Unser Dienstleistungsprogramm:

Wir markieren   Radwege, Fahrbahnen, Flugplätze, Parkplätze, Baustellen – mit Thermoplastik, Heißsprayplastik, Kaltplastik, Farben und Markierungsknöpfen

Wir demarkieren   sämtliche zu entfernenden Markierungsstoffe

Wir vergießen   Fugen und Risse aller Art nach dem modernen HPS (Heiß-Preßluft)-System. Flächenrisse auf Fahrbahnen durch großflächiges Überziehen mit Spezialvergußmassen

Wir sanieren   Kunstbauten, Gehwegkappen, Brückengeländer

Wir verwenden   im Rahmen der neuesten technischen Möglichkeiten nur umweltfreundliche Produkte

Bituleit
Straßenverkehrs-, Leit- und Sicherheitstechnik GmbH
D-8912 Kaufering, Telefon (08191) 7881, Telex 5-27217

Mitglied der Deutschen Studiengesellschaft für Straßenmarkierungen e.V.

Inhaber des RAL-Gütezeichens Farbmarkierung

Inhaltsverzeichnis

1. Einführung 19

2. Entwicklungstendenzen und Förderung des Radverkehrs 21

    2.1. Bauprogramm und Zuwendungen des Bundes 24
        2.1.1. Der Bundesminister für Verkehr 24
        2.1.2. Der Bundesminister des Innern 26

    2.2. Bauprogramm und Zuwendungen der Länder 26
        2.2.1. Baden-Württemberg 27
        2.2.2. Bayern 28
        2.2.3. Berlin 28
        2.2.4. Bremen 29
        2.2.5. Hamburg 29
        2.2.6. Hessen 30
        2.2.7. Niedersachsen 31
        2.2.8. Nordrhein-Westfalen 31
        2.2.9. Rheinland-Pfalz 32
        2.2.10. Saarland 32
        2.2.11. Schleswig-Holstein 33

    2.3. Forschung auf dem Gebiet des Radverkehrs 33

3. Planung von Radverkehrsanlagen 37

    3.1. Anlaß und Ziele 37

    3.2. Planungsgrundlagen 38
        3.2.1. Bedeutung des Radverkehrs 38
        3.2.2. Fahrtzwecke 39
        3.2.3. Fahrradnutzer 40

3.2.4.	Fahrtweiten	40
3.2.5.	Wegewahl der Radfahrer	41
3.2.6.	Entwicklung und Potential des Radverkehrs	42

3.3. Umsetzung von Planungsvorhaben ... 44

3.3.1.	Planungsablauf	44
3.3.2.	Planungsrechtliche Aspekte	45
3.3.3.	Organisation in der Verwaltung	47
3.3.4.	Finanzierung	49
3.3.5.	Öffentlichkeitsarbeit	50

3.4. Planung von Radverkehrsnetzen ... 52

3.4.1.	Allgemeines	52
3.4.2.	Grundsätze der Radverkehrsnetzplanung	53
3.4.3.	Bestandteile von Radverkehrsnetzen	54
3.4.4.	Planungsschritte	64
3.4.4.1.	Festlegung des Planungsraumes	64
3.4.4.2.	Planungsunterlagen	65
3.4.4.3.	Angebots- und Problemkarte	66
3.4.4.4.	Wunschliniennetz	68
3.4.4.5.	Umlegung auf Straßen und Wege	68
3.4.4.6.	Festlegung notwendiger Maßnahmen	70
3.4.4.7.	Festlegung von Dringlichkeiten	70
3.4.5.	Besonderheiten für Radverkehrsnetze außerhalb geschlossener Ortslagen	70

4. Entwurf und Ausbildung von Radverkehrsanlagen ... 75

4.1. Einflußgrößen für den Entwurf ... 75

4.1.1.	Verkehrsspezifische Verhaltensweisen und Eigenschaften von Radfahrern	75
4.1.2.	Geschwindigkeiten	77
4.1.3.	Erforderliche Querschnittsflächen	78
4.1.4.	Sichtfelder	82
4.1.5.	Kurvenradien	83
4.1.6.	Längsneigung	84
4.1.7.	Ausrundungen	84
4.1.8.	Aspekte der Verkehrssicherheit	85
4.1.8.1.	Allgemeine Unfallsituation	85

Inhaltsverzeichnis

4.1.8.2.	Relatives Unfallrisiko	86
4.1.8.3.	Unfallorte	87
4.1.8.4.	Unfallabläufe auf Straßen ohne Radwege	87
4.1.8.5.	Unfallabläufe auf Straßen mit Radwegen	88
4.1.8.6.	Unfallursachen	89

4.2. Entwurfsgrundsätze ... 90

4.3. Einsatzbereiche straßenbegleitender Radverkehrsanlagen ... 97

4.3.1.	Einsatzkriterien für das Trennungsprinzip	97
4.3.2.	Arten straßenbegleitender Radverkehrsanlagen	99
4.3.2.1.	Radfahrstreifen	100
4.3.2.2.	Baulich angelegte und abmarkierte Radwege	104
4.3.2.3.	Gemeinsame Geh- und Radwege	107

4.4. Querschnittsgestaltung von Radverkehrsanlagen ... 108

4.4.1.	Radfahrstreifen	108
4.4.2.	Querschnittsgestaltung von Radwegen	110
4.4.3.	Gemeinsame Geh- und Radwege	112

4.5. Lösungen für Problembereiche ... 112

4.5.1.	Beengte Verhältnisse	112
4.5.1.1.	Längere beengte Straßenräume	113
4.5.1.2.	Kurze Engstellen	115
4.5.2.	Grundstückszufahrten	117
4.5.3.	Bepflanzungen	117
4.5.4.	Radverkehrsanlagen an Bushaltestellen	120
4.5.4.1	Radfahrstreifen	120
4.5.4.2.	Radwege	121
4.5.5.	Radwegbeginn und -ende	124

4.6. Führung an Knotenpunkten ... 126

4.6.1.	Grundlegende Aspekte	126
4.6.2.	Einsatzbereiche von Radwegen oder Radfahrstreifen im Knotenbereich	128
4.6.3.	Lage und Ausbildung von Radfahrerfurten	129
4.6.3.1.	Nicht- oder geringfügig abgesetzte Radfahrerfurten	129
4.6.3.2.	Deutlich abgesetzte Radfahrerfurten	135
4.6.4.	Führung an Dreiecksinseln	138
4.6.4.1.	Problematik	138

4.6.4.2.	Dreiecksinseln mit nicht- oder geringfügig abgesetzten Radfahrerfurten	140
4.6.4.3.	Dreiecksinseln mit deutlich abgesetzten Furten	143
4.6.5.	Führung von linksabbiegenden Radfahrern	146
4.6.5.1.	Direktes Linksabbiegen	148
4.6.5.2.	Direktes Linksabbiegen im Signalschutz (Radfahrerschleuse)	150
4.6.5.3.	Indirektes Linksabbiegen	151
4.6.5.4.	Fahrradaufstellstreifen	155
4.6.6.	Führung in Kreisverkehrsplätzen	156

4.7. Selbständig geführte Radverkehrsanlagen 159

4.7.1.	Streckenabschnitte	159
4.7.2.	Kreuzungsstellen mit Straßen	159
4.7.2.1.	Planfreie Kreuzung	159
4.7.2.2.	Plangleiche Kreuzung	163

5. Lenkung und Regelung des Radverkehrs 169

5.1. Radverkehrsanlagen auf der Fahrbahn 169

5.1.1.	Seitenstreifen	170
5.1.2.	Mehrzweckstreifen	170
5.1.3.	Radfahrstreifen	171
5.1.4.	Radverkehr auf land- und forstwirtschaftlichen Wegen	174

5.2. Radverkehr auf baulich von der Fahrbahn getrennten Wegen 177

5.2.1.	Radwege	177
5.2.2.	Mischnutzung von Gehwegen	178
5.2.3.	Markierte Radwege auf Gehwegen	179

5.3. Radverkehr auf Busspuren 182

5.4. Radverkehr in Gegenrichtung von Einbahnstraßen 183

5.4.1.	Problembeschreibung	183
5.4.2.	Rechtliche Fragen	184
5.4.3.	Empfehlungen	190
5.4.3.1.	Beibehalten der „echten" Einbahnstraße	193
5.4.3.2.	Einrichtung der „unechten" Einbahnstraße	196

Inhaltsverzeichnis

5.5. Radverkehr in Fußgängerzonen 197
    5.5.1. Problembeschreibung 197
    5.5.2. Rechtliche Fragen 198
    5.5.3. Empfehlungen 200
        5.5.3.1. Einrichtung eines Fahrbereiches für Radfahrer 200
        5.5.3.2. Ausweisung eines Sonderweges für Radfahrer 201
        5.5.3.3. Mischnutzung auf dem gesamten Querschnitt 202
        5.5.3.4. Zeitlich beschränkte Zulassung des Radverkehrs 203

5.6. Radverkehr auf verkehrsarmen und verkehrsberuhigten Straßen 204
    5.6.1. Problembeschreibung 204
    5.6.2. Rechtliche Fragen 205
    5.6.3. Empfehlungen 206

5.7. Mofaverkehr auf Radwegen 209
    5.7.1. Problembeschreibung 209
    5.7.2. Rechtliche Fragen 209
    5.7.3. Empfehlungen 210

5.8. Freigabe linksliegender Radwege 211
    5.8.1. Problematik 211
    5.8.2. Rechtliche Fragen 211
    5.8.3. Empfehlungen 213

5.9. Fahrradstraßen 215
    5.9.1. Problembeschreibung 215
    5.9.2. Rechtliche Fragen 217
    5.9.3. Empfehlungen 218

5.10. Radverkehr an signalisierten Knoten 219
    5.10.1. Problembeschreibung 221
    5.10.2. Empfehlungen 221
        5.10.2.1. Lage und Art der Signalgeber 222
        5.10.2.2. Programmbemessung 227
        5.10.2.3. Schutzmöglichkeit vor abbiegenden Kraftfahrzeugen 228
    5.10.3. Signalisierung für linksabbiegende Radfahrer 228
        5.10.3.1. Indirektes Linksabbiegen 228
        5.10.3.2. Direktes Linksabbiegen 229
        5.10.3.3. Direktes Linksabbiegen im Signalschutz 229
    5.10.4. Radfahrerfurten mit Zweirichtungsverkehr 230

5.11. Markierung von Radfahrerfurten 235

    5.11.1. Problembeschreibung 235
    5.11.2. Rechtliche Fragen 235
    5.11.3. Empfehlungen 240
    5.11.3.1. Einsatzgrenzen für Furtmarkierungen 240
    5.11.3.2. Lage der Radfahrerfurt 242
    5.11.3.3. Geometrie der Furtmarkierung 242
    5.11.3.4. Markierungen für das Linksabbiegen 251

5.12. Querungsstellen mit dem Schienenverkehr 252

    5.12.1. Problembeschreibung 252
    5.12.2. Rechtliche Fragen 252
    5.12.3. Empfehlungen 253

6. Bau von Radverkehrsanlagen 255

6.1. Deckenaufbau 255

    6.1.1. Übersicht 255
    6.1.2. Anforderungen an die Oberfläche 258
    6.1.3. Besondere Hinweise für bituminöse Decken 258
    6.1.4. Besondere Hinweise für Ortbetondecken 260
    6.1.5. Besondere Hinweise für Pflaster- und Plattendecken 260
    6.1.6. Besondere Hinweise für wassergebundene Wege 263
    6.1.7. Tragschichten und Verstärkungen 263

6.2. Farbgebung von Radwegen 264

    6.2.1. Problembeschreibung 264
    6.2.2. Rechtliche Fragen 266
    6.2.3. Empfehlungen 267

6.3. Nachträglicher Radwegebau unter Berücksichtigung
der Entwässerung 267

    6.3.1. Problembeschreibung 267
    6.3.2. Empfehlungen 268
    6.3.2.1. Umbau in Fällen einseitiger Entwässerung
              der Fahrbahn 268
    6.3.2.2. Umbau bei Dachprofil der Fahrbahn 269

⚊ ⚊ BERNSTORFF MARKIERUNGEN ⚊ ⚊

Erfahrung und Leistung

- Straßen-, Parkplatz-, Flugplatz-Markierungen
- Sportstätten-Markierungen
- Flächen-Spritzarbeiten
- Sandstrahlen
- Beschriftungen
- Kunststoffbeschichtung
- Straßenbeschilderungen
- Betonsanierung
- Farbliche Gestaltung von Lärmschutzwänden
- Entfernung von Wandschmierereien und Fahrbahnmarkierungen
- Versiegelungsarbeiten
- Werkshallenmarkierung mit 2K-Spezialfarbe, keine Abnutzung und Schwarzfärbung durch Staplerreifen

Radwegmarkierungen in Farbe

Radwegmarkierungen in Kaltplastik

Radweg zusätzlich mit Fahrradsymbol

Bernstorff Markierungen

Am Bahnhof 1 · 6524 Guntersblum
Telefon 06249 / 1311 / 1892

6.4. Bauliche Details 270
    6.4.1. Bordsteinabsenkungen 271
    6.4.2. Grundstückszufahrten 272
    6.4.3. Bauliche Trennung zwischen Radweg und Gehweg 273
    6.4.4. Geländer und Schutzeinrichtungen 274
    6.4.5. Schieberinnen 274
    6.4.6. Trennschwellen 276

7. Betrieb von Radverkehrsanlagen 279

7.1. Verkehrssicherungspflicht 279

7.2. Radverkehr an Arbeitsstellen 280

7.3. Reinigung und Schneeräumung 284

7.4. Beleuchtung von Radverkehrsanlagen 285

7.5. Fahrrad und öffentlicher Nahverkehr 286
    7.5.1. Bike + Ride (B + R) 286
    7.5.2. Fahrradtransport 289
    7.5.3. Fahrradvermietung 293

7.6. Wegweisung und Karten 294
    7.6.1. Wegweisung 294
    7.6.2. Karten für den Radverkehr 296

7.7. Abstellanlagen 298

8. Information und Mitwirkung der Bürger 301

9. Ansprechpartner in Fragen zum Radverkehr 305

9.1. Bund, Länder und Gemeinden 305

9.2. Kommunale Spitzenverbände 306

9.3.	Forschung, Normung, Beratung	306
9.4.	Sicherheit	307
9.5.	Berufsständische Vereine	308
9.6.	Verkehrsbetriebe	308
9.7.	Interessenverbände	308
9.8.	Industrie	309
9.9.	Zeitschriften	310
10.	Quellenverzeichnis	311

Stichwortverzeichnis 321

Bezugsquellen 325

Verzeichnis der Inserenten 339

1. Einführung

Die hiermit vorliegende 2. Auflage des Handbuches ist nicht nur in Teilen überarbeitet, sondern neu gefaßt, weil die Entwicklungen in Normengebung, Forschung und Praxiserfahrungen sehr viele neue Gesichtspunkte in die Diskussion um Radverkehrsanlagen und Radverkehr eingebracht haben. Während in den vergangenen Jahren die Radfahrer, die ihr Fahrrad häufiger benutzten, ihr Verhalten nicht wesentlich geändert haben, sind die Kenntnisse um die Führung der Radfahrer durch den Straßenverkehr wesentlich vorangeschritten. Dieses bedeutet nicht, daß die in der ersten Auflage veröffentlichten Kenntnisse überholt oder ins Gegenteil verwandelt werden. Es bedeutet vielmehr, daß heute praktische Erfahrungen und Detailkenntnisse in größerer Fülle vorliegen. Damit kann auf die Vielfalt der Situationen, die bei der Planung und dem Bau von Radverkehrsanlagen anzutreffen sind, konkreter und besser eingegangen werden.

Die „Empfehlungen für Planung, Entwurf und Betrieb von Radverkehrsanlagen" der Forschungsgesellschaft für Straßen- und Verkehrswesen (Ausgabe 1982) haben der Praxis ein umfangreiches Regelwerk angeboten. Dieses wird in dem vorliegenden Handbuch durch zahlreiche Beispiele und Abwägungsargumente, die durch Forschung und Praxiserfahrungen bekannt geworden sind, erläutert. Ähnliches gilt für andere Richtlinien zum Straßenentwurf, die zwischenzeitlich überarbeitet sind und Radverkehrsanlagen und Radverkehr verstärkt berücksichtigen.

Da die Bereitschaft der Kommunen und Straßenbaulastträger, den Radverkehr zu fördern, deutlich zugenommen hat, soll das Handbuch einen aktuellen Stand der Kenntnisse vermitteln. Damit kann es dem Ziel der Verwirklichung solcher Radverkehrsanlagen dienen, die auch von den Radfahrern angenommen werden und für die Radfahrer optimal sicher und bequem befahrbar sind.

Bekannterweise ist es leicht, dort Radverkehrsanlagen zu verwirklichen, wo Flächen und finanzielle Mittel verfügbar sind und Nutzungsansprüche nicht miteinander konkurrieren. Erfahrungsgemäß führen jedoch nur geschlossene Netze für den Radverkehr, die in allen Teilen sicher, bequem und annehmbar befahren werden können, zu dem gewünschten Erfolg. Infolgedessen gilt die Aufmerksamkeit besonders den Schwachstellen in solchen Netzen. Deshalb behandelt das Handbuch auch schwerpunktmäßig die Probleme, die bei beengten Verhältnissen, bei nachträglicher Verbesserung vorhandener Anlagen oder bei konkurrierenden Nutzungsansprüchen zu lösen sind.

Es bleibt zu hoffen, daß die folgenden Ausführungen diesen Ansprüchen praxisgerecht genügen.

Von der Praxis
für die Praxis

Handbuch für die Markierung von Straßen

HMS

Herausgegeben von
Bauassessor Dipl.-Ing. Hans Dieter Schönborn
unter Mitarbeit von
Regierungsbaumeister Dipl.-Ing. Martin Domhan

Preis: DM 69,50

Sofortbestellungen: Telefon (06151) 311630

OTTO ELSNER VERLAGSGESELLSCHAFT
mbH & Co KG · Postfach 4039 · 6100 Darmstadt 1

2. Entwicklungstendenzen und Förderung des Radverkehrs

Für die Förderung des Radverkehrs besteht ein Nachholbedarf. Nachdem in der Vergangenheit die verkehrsgerechte Stadt propagiert und teilweise realisiert wurde, ist eine sehr ungleiche Aufteilung der Verkehrsflächen erfolgt, die in *Abb. 1* am Beispiel Berlin dargestellt ist.

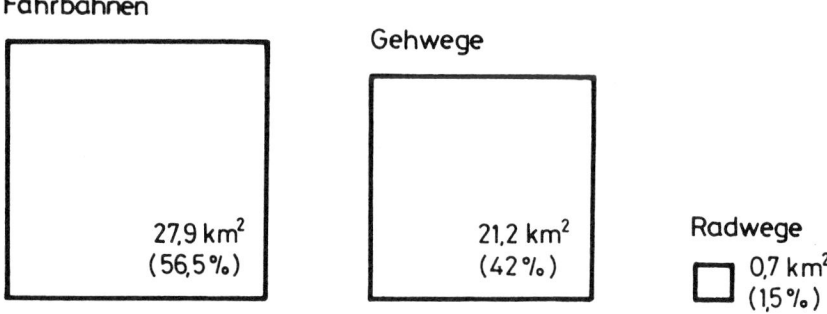

Abb. 1: Vergleich der in Berlin dem Verkehr zur Verfügung stehenden Flächen (79)

Die beständige Zunahme an Fahrrädern *[Tab. 1]* hat dazu geführt, daß inzwischen rund 85 % der Haushalte über mindestens ein Fahrrad verfügen. Dies schlägt sich auch in dem Verkehrsanteil der Radfahrer am Gesamtverkehr nieder. In Hannover wurde z. B. im Verlauf der Jahre 1976 – 1980 eine Zunahme des Verkehrsanteils Fahrrad/Mofa von 9,8 % auf 14,1 % verzeichnet (78). Leider ist die Zunahme des Radverkehrs auch – überproportional – aus der Unfallbeteiligung der Radfahrer ablesbar. Die Anzahl der Verunglückten nimmt jedes Jahr – seit dem niedrigsten Stand 1974 – um im Mittel 4,7 % zu (52).

Tab. 1: Bestand an Fahrrädern in der Bundesrepublik Deutschland (57)

	1960	1970	1975	1980	1982	1983
Bestand Mio.	18,6	22,1	29,3	36,5	40,2	41,8

Der Elsner

Handbuch für Straßen- und Verkehrswesen

Planung – Bau – Erhaltung – Verkehr – Betrieb

Herausgeber: Prof. Dr.-Ing. Eberhard Knoll

Inhalt:

Straßenbauprogramme, Straßenstatistik, Straßenverwaltung und Straßenausgaben, Straßenverkehr und Straßenverkehrstechnik, Straßen- und Verkehrsplanung, Untergrund und Unterbau, Straßenbaustoffe und Prüfverfahren, Befestigungen, Straßenbetrieb, Straßenbaumaschinen, Bauvertragswesen, Straßenbau in Entwicklungsländern, Forschung und Förderung, Straßenbauwirtschaft, Fachschrifttum.

Kart., ca. 1200 Seiten mit über 400 Abbildungen, Graphiken und Tabellen.

Sofortbestellungen: Telefon (06151) 311630

OTTO ELSNER VERLAGSGESELLSCHAFT
mbH & Co KG · Postfach 4039 · 6100 Damstadt 1

LÄRMSCHUTZ

Handbuch für Lärmschutz an Straßen und Schienenwegen

Hrsg. Prof. Dr.-Ing. Karl Krell

Inhalt: Lärmschutz an Straßen und Schienenwegen als Schwerpunkt der Umweltpolitik
Der von Verkehrswegen ausgehende Schall und seine Wirkung auf den Menschen
Rechtliche Regelungen für den Lärmschutz an Straßen und Schienenwegen
Physikalische Grundlagen des Lärmschutzes an Straßen und Schienenwegen
Maßnahmen zur Verminderung der Schallemission
Maßnahmen zur Verminderung der Schallimmission
Lärmschutzmaßnahmen an baulichen Anlagen
Verzeichnis der Schalltechnischen Prüfinstitute
Verzeichnis der Hersteller von Lärmschutzwänden
Verzeichnis der Hersteller von Lärmschutzfenstern
Literaturteil, Materialien
Bezugsquellenteil

Kart. mit über 235 Abbildungen, Tabellen und Übersichten für Lärmschutzsysteme   DM 49,–

NEU in Bearbeitung

von Prof. Dr.-Ing. Karl Krell

Lärmschutzrichtlinien

Kommentar der Richtlinien für die Praxis

Bestellungen: (0 61 51) 31 16 30

Otto Elsner Verlagsgesellschaft

mbH & Co KG · Postfach 40 39 · 6100 Darmstadt

Aus den genannten Gründen haben Bund und Länder Anstrengungen unternommen, den Radverkehr zu fördern und abzusichern. In diesem Kapitel sollen besonders die mit dem Aufbau von Radverkehrsanlagen verbundenen Aktivitäten dargestellt werden.

2.1. Bauprogramm und Zuwendungen des Bundes

2.1.1. Der Bundesminister für Verkehr

Der Bundesminister für Verkehr liefert mit seinem Programm zum Bau von Radwegen an Bundesstraßen (55), das Teil der Neuorientierung der investitionspolitischen Schwerpunkte für den Bundesfernstraßenbau ist, einen wichtigen Baustein zur Verbesserung der Fahrradinfrastruktur.

Zugleich wird damit auch der Auftrag des Bundeskabinetts vom 12. September 1979, die energiewirtschaftlichen Akzente der Verkehrspolitik zu verstärken, erfüllt.

Der Bundesminister sieht im Radwegeprogramm eine langfristige Aufgabe des Bundes, einen Beitrag zur Verbesserung von Radwegenetzen und Radwegeverbindungen zu leisten, den Fahrradverkehr zu fördern, die Umwelt zu entlasten, Energie einzusparen und die Verkehrssicherheit zu erhöhen.

Nach dem Bundesfernstraßengesetz (FStrG) kommt der Bau von Radwegen durch den Bund jedoch nur in Frage, wenn die Radwege Bestandteil von Bundesstraßen in der Baulast des Bundes sind. Ein weitergehender Radwegebau ist keine Bundesaufgabe. Für die Erstellung des Programms hat der Bundesminister für Verkehr folgende Grundsätze und Planungskriterien aufgestellt:

– Lückenschluß vorhandener Radverkehrsanlagen (Anbindungen an das Radwegenetz, Siedlungsgebiete in Randlagen, Zentrale Einrichtungen, wie z. B. Freizeiteinrichtungen in Außerortslage)
– Anbindung günstiger Gebiete für das Radwandern
– Verkehrsentflechtung bei geringen Fahrbahnbreiten
– Überschreitung bestimmter Verkehrsmengen im Kfz-Verkehr bzw. Radverkehr.

Die Länder haben hierzu Vorschläge gemacht und dabei zum Teil auch ländliche Wege nahe der Bundesstraßen einbezogen.

Längs der Bundesstraßen (rund 32 600 km) gibt es zur Zeit etwa 8000 km Radwege. Mit dem Radwegeprogramm sollen weitere rund 3000 km Radwege mit einem Gesamtkostenvolumen von 690 Mio. DM ausgebaut werden. Es ist sowohl der nachträgliche Anbau von Radwegen an vorhandene Bundesstraßen als auch der Bau von Radwegen im Rahmen von Bundesstraßenneubauten vorgesehen. Das Hauptgewicht liegt beim nachträglichen Anbau. Hierbei können ländliche Wege einbezogen werden. Bis zum Jahre 1990 werden insgesamt rd. 11 000 km Fahrradwege in der Baulast des Bundes zur Verfügung stehen. Mittel hierfür werden bereitgestellt [Tab. 2].

Tab. 2: Radwegeprogramm des Bundes
(aus DER ELSNER 1985, Handbuch für Straßen- und Verkehrswesen)

		1981-1985	1986-1990	1981-1990	Überhang ab 1991	Gesamtsumme
Längen (km)	Anbau*	1 300	1 100	2 400	200	2 600
	Neubau**	300	300	600	300	900
	Gesamt	1 600	1 400	3 000	500	3 500
Kosten (Mio DM)	Anbau*	300	230	530	70	600
	Neubau**	80	80	160	80	240
	Gesamt	380	310	690	150	840

*) Nachträglicher Anbau an Bundesstraßen
**) Bau im Rahmen von Bundesstraßenneubauten
Stand 31. 12. 1983 (jeweils Anbau und Neubau): 590 km fertiggestellt, 250 km im Bau

Einen wichtigen Beitrag leistet der Bund auch durch Gewähren von Zuschüssen: Zur Finanzierung von Radwegen an Straßen, die nicht in der Baulast des Bundes stehen, kann der Bund Zuwendungen gewähren. Voraussetzung hierfür ist, daß diese Straßen die Kriterien für die Förderung erfüllen:

a) Gemäß § 2 Gemeindeverkehrsfinanzierungsgesetz (GVFG) wird der Bau oder Ausbau
– von innerörtlichen Hauptverkehrsstraßen
– von verkehrswichtigen Zubringerstraßen zum überörtlichen Verkehrsnetz
– von verkehrswichtigen zwischenörtlichen Straßen in zurückgebliebenen Gebieten und im Zonenrandgebiet
– von Straßen im Zusammenhang mit der Stillegung von Eisenbahnstrecken

in der Baulast von Gemeinden, Landkreisen oder kommunalen Zusammenschlüssen, die an Stelle von Gemeinden oder Landkreis/Träger der Baulast sind, gefördert. Dabei muß die Bagatellgrenze für die zuwendungsfähigen Kosten (§ 3 GVFG) beachtet werden, die bei zur Zeit 200 000 DM liegt, was den Förderungsumfang für den Bau von Radwegen stark einschränkt.

b) Gemäß § 5a Bundesfernstraßengesetz (FStrG) wird der Bau oder Ausbau

- von Ortsdurchfahrten im Zuge von Bundesstraßen (soweit nicht in der Baulast des Bundes)
- von Gemeinde- oder Kreisstraßen, die Zubringerstraßen zu Bundesfernstraßen in der Baulast des Bundes sind

einschließlich der dort geplanten Radwege gefördert.

c) Ortsumgehungsprogramm 1981

Ergänzend zu dem Radwegeprogramm ist in diesem Zusammenhang auf das Ortsumgehungsprogramm 1981 für Bundesstraßen hinzuweisen, das 676 Ortsumgehungen mit zusammen 3500 km vorsieht. Diese Ortsumgehungen entlasten Ortsdurchfahrten und lassen sie wieder für den Radverkehr geeignet erscheinen. Gegebenenfalls ist dann auf diesen entlasteten Ortsdurchfahrten die Anlage von Radwegen möglich.

2.1.2. Der Bundesminister des Innern

Durch das ihm nachgeordnete Umweltbundesamt (UBA) hat der Innenminister das Forschungsprogramm „Fahrradfreundliche Stadt" aufgelegt. In diesem Zusammenhang wird mit Mitteln des UBA die Bereitstellung fahrradfreundlicher Infrastruktur in ausgewählten Städten geschaffen *(vgl. auch Kap. 2.3.).*

2.2. Bauprogramm und Zuwendungen der Länder

Die Bundesländer fördern den Radverkehr in unterschiedlichem Maße. Während einige Länder spezielle Zuschußprogramme aufgelegt haben, besteht in anderen Bundesländern kein eigener Titel für den Radwegebau. Eine Übersicht über den Radwegebestand zeigt *Tab. 3.*

Tab. 3a: Längen der mit Radwegen versehenen Straßen des überörtlichen Verkehrs (Stand 1. 1. 1984)

Straßenart	Netzlänge km	Radwege km	Anteil der Radwege (3 von 2) %
1	2	3	4
Bundesstraßen	31 553	9 048	28,7
Landesstraßen	65 713	8 076	12,3
Kreisstraßen	67 258	5 465	8,1
Zusammen	164 524	22 589	13,7

Tab. 3b: Radwegkilometer nach Bundesländern (Quelle: Bundesminister für Verkehr)

Land	Radwege an Bundesstraßen km	Radwege an Landesstraßen bzw. Staatsstraßen km	Radwege an Kreisstraßen (Stadtstraßen)[+] km
1	2	3	4
Baden-Württemberg	496	629	296
Bayern	591	477	294
Berlin	62	—	(532)
Bremen	53	—	(834)[++]
Hamburg	140	—	(1 530)[++]
Hessen	569	236	113
Niedersachsen	2 574	2 107	2 394
Nordrhein-Westfalen	2 601	3 274	1 366
Rheinland-Pfalz	456	377	232
Saarland	122	75	42
Schleswig-Holstein	1 384	901	720
Zusammen	9 048	8 076	8 361

[+]: Ergänzungen lt. Angaben der Stadtstaaten
[++]: bei beidseitig liegenden Radwegen ist die Länge doppelt gezählt

2.2.1. Baden-Württemberg

Für den Zeitraum zwischen 1981 und 1990 sind im Rahmen des Bundesprogrammes (55) 75 Mio. DM für die Anlagen von 355 km Radwegen an Bundesstraßen vorgesehen. Da die Aufnahme des Radwegebestandes an Landesstraßen und die Erarbeitung von Radverkehrsnetzplänen durch die Landkreise noch nicht abgeschlossen ist, konnte noch kein langfristiger Investitionsplan aufgestellt werden. Die Höhe der Investitionen wird im Rahmen der zur Zeit laufenden Fortschreibung des Generalverkehrsplanes Baden-Württemberg festgelegt.

Kommunale Baulastträger können für die Anlage von Radwegen Zuschüsse nach dem Gemeindeverkehrsfinanzierungsgesetz (GVFG) beantragen. Der zusätzliche Landesanteil hierzu beträgt 20 – 25 %. Das Land tritt jedoch auch im Rahmen des Finanzausgleichsgesetzes (FAG) als alleiniger Zuschußgeber auf (Anteil 50 – 70 % der zuwendungsfähigen Kosten). Diese Ausgaben haben steigende Tendenz: 1979 wurden rd. 3 Mio. DM, 1983 bereits 12,1 Mio. DM an Zuschüssen gezahlt.

2.2.2. Bayern

Nach dem Programm des Bundes zum Bau von Radwegen an Bundesstraßen sollen bis 1990 674 km Radwege mit einem Kostenaufwand von rd. 138 Mio. DM nachträglich gebaut werden. Zentral aufgestellte Programme zur Förderung des kommunalen Radwegebaus gibt es in Bayern nicht. In den einzelnen Regierungsbezirken werden jedoch in Zusammenarbeit mit den Landkreisen Programme und Konzepte für zusammenhängende Radwegenetze z. B. unter Benutzung vorhandener Wege aufgestellt.

Die Baulastträger für den kommunalen Radwegebau in Bayern können Zuwendungen vom Freistaat Bayern und auch vom Bund aus Mitteln

– des Finanzausgleichsgesetzes (FAG)
– des Gemeindeverkehrsfinanzierungsgesetzes (GVFG)
– nach § 5a Bundesfernstraßengesetz (FStrG)
– des Programms „Freizeit und Erholung" des bayrischen Staatsministerium für Landesentwicklung und Umweltfragen

erhalten.

2.2.3. Berlin

Das Programm des Bundesministers für Verkehr zum Bau von Radwegen an Bundesstraßen sieht vor, im Land Berlin 6,6 km Radwege anzulegen. Das Investitionsvolumen ist mit 3,65 Mio. DM angegeben. Entsprechend der Verwaltungsgliederung gibt es im „Land" Berlin keine besonderen Landesprogramme zur Förderung des Fahrradverkehrs. Der Radwegebau wird aus dem Tiefbauhaushalt finanziert – als selbständige Baumaßnahmen und im Rahmen von üblichen Straßenbaumaßnahmen. Darüber hinaus werden Lücken im Radwegenetz auch aus Mitteln der Straßenunterhaltung geschlossen.

Für Radwege als selbständige Baumaßnahmen stehen bis 1986 ca. 30 Mio. DM zur Verfügung. Auch in den folgenden Jahren soll das Radwegenetz mit gleicher Intensität ausgebaut werden. Das Land hat sich in den Ausführungsvorschriften für die Anlage von Geh- und Radwegen (AV-Geh- und Radwege, Dienstblatt des Senats von Berlin, Teil VI Nr. 9 vom 12. 8. 1981) ein eigenes Regelwerk geschaffen, zu dem es auch Rogolblättcr und Richtzeichnungen gibt.

2.2.4. Bremen

Das Bundesprogramm sieht für Bremen ein Investitionsvolumen von 3,4 Mio. DM vor. Das entspricht einer Baulänge von 5,4 km.

In der Finanzplanung des Landes sind keine separaten Ansätze für die Erweiterung des Radwegenetzes vorhanden. Radwege werden jedoch erstellt im Rahmen von Straßenbauten; die Kosten sind im Anschlag dieser Neubauten enthalten.

Für die geplante Anlage von Radwegen zur und in der Innenstadt von Bremen ist ein Konzept erarbeitet worden, mit dessen Verwirklichung im Jahr 1982 begonnen wurde. Die stufenweise Realisierung erfolgte zunächst durch Zuwendung Dritter und ist heute von der zur Zeit nicht gegebenen Mittelverfügbarkeit abhängig. Fehlende Baumittel behindern auch die Ausführung von gesamtstädtischen Projekten, die in einer in Abstimmung mit den Ortsämtern (Lokalparlamenten) erstellten Liste aufgeführt sind. Diese Liste kann als weiteres Radwegeprogramm angesehen werden, da sie eine Zusammenstellung vordringlicher Maßnahmen zur Schließung von Lücken im bestehenden Radwegenetz und zur Schaffung wichtiger lokaler Verbindungen darstellt.

2.2.5. Hamburg

Neben dem Bundesprogramm, das 7,49 Mio. DM für die Anlage von 7,8 km Radwegen vorsieht, wird in Hamburg der Bau von straßenbegleitenden Radwegen, wo immer dies möglich und sinnvoll ist, im Rahmen des Neu- und Ausbaues von Straßen realisiert. Aufgrund des zunehmenden Radverkehrs wurden in den letzten Jahren einige zusätzliche Vorhaben zur Förderung des Radwegebaues in Angriff genommen:

1980 wurde mit einem Radwegebauprogramm begonnen, für das die sieben Hamburger Bezirke finanzielle Mittel erhalten, um ihre eigenen Radwegeplanungen zu realisieren.

Zur Förderung des Freizeitradverkehrs wurde 1984 vom Senat ein Konzept für ein bezirksübergreifendes Netz von Radwanderwegen durch die Hamburger Grünflächen beschlossen. Das Konzept soll schrittweise durch Einzelmaßnahmen, die zu den jeweiligen Haushalten beantragt werden, realisiert werden. Aussagen zur zeitlichen Dauer der Umsetzung können nicht gemacht werden.

Von der Baubehörde ist 1984 der Entwurf für ein bezirksübergreifendes Hauptradverkehrsnetz fertiggestellt worden. Die Netzkonzeption soll wichtige übergeordnete Verkehrsbeziehungen des alltäglichen Radverkehrs abdecken und es ermöglichen, daß die bereits gebauten Radwege zielgerichtet zu einem zusammenhängenden Netz für das ganze Stadtgebiet ergänzt werden können. Wichtiger Bestandteil der Konzeption ist die Schaffung von Fahrradabstellanlagen an bedeutenden Schnellbahnstationen (bike + ride), um dadurch den ÖPNV zu fördern. Der Entwurf des Hauptradverkehrsnetzes liegt gegenwärtig den betroffenen Dienststellen und politischen Gremien der Bezirke zur Stellungnahme vor; der Beginn eines Bauprogramms wird für 1986 angestrebt. Es ist von der Baubehörde beabsichtigt, hierfür über die entsprechend der Finanzplanung Hamburgs für den Radwegebau geplanten Mittelansätze hinaus, weitere Mittel zur Verfügung zu stellen. Gemäß der gegenwärtigen mittelfristigen Finanzplanung Hamburgs sind in den nächsten Jahren folgenden Mittelansätze vorgesehen: 1985: 3,5 Mio. DM, 1986: 3,5 Mio. DM und ab 1987: 4,0 Mio. DM. Zu diesen geplanten Ausgaben müssen noch Mittel für den Radwegebau im Rahmen von Straßenbaumaßnahmen hinzugerechnet werden, die nicht bezifferbar sind, sowie die beabsichtigten zusätzlichen Ausgaben für das Radwanderwegenetz und das Hauptradverkehrsnetz, deren entgültige Höhe ebenfalls noch nicht angegeben werden können.

2.2.6. Hessen

Im Rahmen des Bundesprogrammes zum Bau von Radwegen an Bundesstraßen wird der Bund für Baumaßnahmen an Straßen seiner Baulast 28,89 Mio. DM investieren und mit diesen Mitteln rund 137 km Radwege anlegen.

Die kommunalen Körperschaften sind für den von ihnen zu vertretenen Bau von Radwegen selbst verantwortlich. Zur Förderung von Vorhaben der Kreise und Gemeinden stellt das Land Hessen bereits seit vielen Jahren Mittel zur Verfügung, allein im Jahr 1984 bis zu 15 Mio. DM. Die Voraussetzungen für eine Landesförderung sind in Verwaltungsvorschriften festgelegt (Staatsanzeiger 1979, S. 2493). Auch die radfahrergerechte Herrichtung von gemeindeeigenen landwirtschaftlichen Wegen kann gefördert werden, wenn der Weg Bestandteil einer Radwegeverbindung ist. Darüber hinaus bestehen die Förderungsmöglichkeiten durch den Bund nach GVFG und FStrG und durch das Land nach dem FAG.

Aus heutiger Sicht sollen in den nächsten Jahren für Radwege an Landesstraßen in der Baulast des Landes Hessen mindestens 15 Mio. DM jährlich aufgewendet werden. Eine weitere Steigerung hängt in erster Linie davon ab, ob die planungs- und baurechtlichen Voraussetzungen geschaffen werden können.

2.2.7. Niedersachsen

Das Bundesprogramm sieht im Lande Niedersachsen Investitionen in Höhe von 93,2 Mio. DM vor. Damit sollen rund 459 km Radwege an Straßen in der Baulast des Bundes erstellt werden.

Mit dem Haushaltsjahr 1985 hat das Land erstmals einen Titel „Radwegebau" eingerichtet, auf dem 1985 25 Mio. DM, 1986 35 Mio. DM bereitgestellt werden sollen. Mit diesen Mitteln wird der mittlerweile zum zweiten Mal fortgeschriebene Radwegebedarfsplan an Landesstraßen realisiert.

Des weiteren fördert das Land unter Einsatz von ABM-Mitteln die Dokumentation, Planung und den Ausbau von Radwanderwegen, indem den Kommunalverbänden Zuwendungen gegeben werden. Außerdem kann im Rahmen des Dorferneuerungsprogrammes die Anlage von Rad- und Gehwegen bis zu 60 % der zuwendungsfähigen Kosten bezuschußt werden.

2.2.8. Nordrhein-Westfalen

Für das Land Nordrhein-Westfalen sieht das Programm des Bundesministers für Verkehr Investitionen von 112,8 Mio. DM vor. Mit diesen Mitteln wird der Bund rund 443 km Radwege an Straßen seiner Baulast anlegen.

Die Bautätigkeit der Gemeinden und Kreise wird vom Land Nordrhein-Westfalen seit 1978 durch die Gewährung objektbezogener Landeszuwendungen in Höhe von 80 % der zuwendungsfähigen Ausgaben gefördert. Förderungsgrundlage sind die „Richtlinien über die Gewährung von Zuwendungen zur Förderung des kommunalen Radwegebaues" (104). Mittel aus diesem Landesprogramm können nur in Anspruch genommen werden, wenn eine Bezuschussung nach dem GVFG oder § 5a FStrG ausscheidet. Seit Einführung des Förderungsprogramms „kommunaler Radwegebau" wurden bis 1983 mit 127,8 Mio. DM 530 km neue Radwege gebaut. Das

z. Z. laufende Programm enthält weitere 470 km Radwege. Für die Haushaltsjahre 1985 und 1986 sind jährlich 38 Mio. DM vorgesehen. Ob diese Ansätze bereitgestellt werden können, muß der Entscheidung bei der jeweiligen Haushaltsberatung vorbehalten bleiben.

Weitere Förderungsmöglichkeiten im Sinne des Radverkehrs bestehen in dem Programm „Verbesserung des Wohnumfeldes", dessen Förderungsrichtlinien der Minister für Landes- und Stadtentwicklung herausgegeben hat (Runderlaß des Ministers für Landes- und Stadtentwicklung vom 16. 3. 1983).

2.2.9. Rheinland-Pfalz

Das Bundesprogramm sieht im Land Rheinland-Pfalz vor, 394 km neue Radwege an Straßen in der Baulast des Bundes mit einem geschätzten Kostenaufwand von rd. 90 Mio. DM anzulegen. Darüber hinaus fördert das Land Rheinland-Pfalz den Bau von Radwegen auch unabhängig vom Bau von Straßen aus dem „Radwegetitel" des Landeshaushalts. Dies besonders dann, wenn sie

– der Vervollständigung des von der Landesregierung beschlossenen großräumigen Radwegenetzes dienen
– eine verkehrswichtige, regionale Netzergänzung darstellen oder
– eine besondere örtliche Verkehrsbedeutung haben.

Neben Zuschüssen für Maßnahmen nach dem GVFG oder § 5a FStrG fördert das Land den kommunalen Radwegebau nach dem FAG.

2.2.10. Saarland

Das Investitionsvolumen des Bundes für den Bau von Radwegen an Straßen seiner Baulast beträgt rund 4,1 Mio. DM. Mit diesen Mitteln sollen etwa 20 km Radwege angelegt werden.

Speziell für die Förderung von kommunalen Radwegen stehen keine Mittel zur Verfügung. Radwege können jedoch mit Zuweisungen aus dem Programm „Gemeindestraßenbaumaßnahmen in Altbaugebieten" und GVFG gefördert werden, wenn sie als sog. unselbständige Radwege dem Verlauf einer Straße folgen, im Zusammenhang mit dem Ausbau dieser Straße gebaut werden und diese Straße auch gefördert wird. Der Minister für Umwelt, Raumordnung und Bauwesen (MURB) hat in Zusammenarbeit mit den saarländischen Städten und Gemeinden ein Radwege-Netzmodell konzipiert. Die darin enthaltenen Fahrtrouten stehen dem Radwanderer seit

1982 zur Verfügung und sind im Zuständigkeitsbereich der Straßenbauverwaltung des Landes auch bereits gekennzeichnet *(siehe auch Kap. 3.4.5.).* Darüberhinaus wurde 1983 ein Radwegebedarfsplan aufgestellt, der alle 5 Jahre fortgeschrieben werden soll.

2.2.11. Schleswig-Holstein

Das Bundesprogramm sieht im Land Schleswig-Holstein die Neuanlage von 122 km Radwegen an Straßen in der Baulast des Bundes mit einem geschätzten Gesamtaufwand von 34,5 Mio. DM vor.

Im Rahmen der Förderungsprogramme des Landes mit Mittel des GVFG und des Finanzausgleichsgesetzes (FAG) zur Verbesserung der Verkehrsverhältnisse in den Gemeinden gibt es keine speziellen Programme für den kommunalen Radwegebau.

In den Haushaltsjahren 1982/83 ist durch Bereitstellung zusätzlicher Landesmittel für „Investitionshilfen" zur Verstärkung des kommunalen Straßenbaus vorrangig der Bau von Radwegen in zurückgebliebenen Gebieten gefördert worden. Ebenso hat das Schleswig-Holstein-Programm für Arbeitsplätze 1983 – 1985 einen starken Impuls zum Bau von Radwegen ausgelöst. Die Absicht der Landesregierung, ab 1985 für den Landesteil Schleswig und andere zurückgebliebene Gebiete zusätzliche Mittel bereitzustellen, wird ebenfalls den Bau von Radwegen verstärken.

Forst- und Wirtschaftswege, die teilweise in Radwegenetze einbezogen worden sind, werden aus Mitteln der Flurbereinigung, des Küstenschutzes und Mitteln zur Verbesserung der Agrarstruktur finanziert.

2.3. Forschung auf dem Gebiet des Radverkehrs

In den letzten Jahren hat eine umfangreiche Forschungstätigkeit auf dem Gebiet des Fahrradverkehrs eingesetzt, die auch noch weiterhin anhält. Die wichtigsten Untersuchungsfelder erstrecken sich dabei auf folgende Fragen:

- Entwicklung und Potential des Fahrradverkehrs
- Unfallgeschehen im Fahrradverkehr
- Einfluß bestimmter Maßnahmen auf die Verkehrssicherheit
- Sichere Führung des Radverkehrs an Knoten und Streckenabschnitten verkehrsreicher Straßen
- Erprobung von neuen Maßnahmen zur Führung des Radverkehrs.

Wichtige Forschungsträger für den Bereich des Straßenverkehrs und speziell des Fahrradverkehrs sind:

- Bundesminister für Verkehr mit dem Forschungsprogramm Stadtverkehr
- Bundesanstalt für Straßenwesen (BASt), die das Forschungsprogramm des Bundesministers für Verkehr koordiniert und eigene Forschungsarbeiten vergibt, insbesondere im Bereich Unfallforschung
- Forschungsgesellschaft für Straßen- und Verkehrswesen (FGSV) mit dem gemeinsamen Forschungsprogramm des Bundesministers für Verkehr und der FGSV
- Bundesminister für Raumordnung, Bauwesen und Städtebau und
- Umweltbundesamt als Dienststelle des Bundesministers des Innern.

Die Forschungsarbeiten werden i. a. in folgenden Schriftenreihen veröffentlicht:

- Forschung Straßenbau und Straßenverkehrstechnik (BMV)
- Forschung Stadtverkehr (BMV)
- Forschungsarbeiten aus dem Straßenwesen (FGSV)
- Unfall- und Sicherheitsforschung im Straßenverkehr (BASt)
- Forschungsberichte der BASt, Bereich Unfallforschung
- Städtebauliche Forschung (Bundesminister für Raumordnung, Bauwesen und Städtebau)
- Texte (Umweltbundesamt).

Die Ergebnisse der Forschungsarbeiten sind jeweils in den folgenden Kapiteln, die sich mit Planung, Entwurf, Bau- und Betrieb von Radverkehrsanlagen beschäftigen, berücksichtigt. Auf die jeweilige Literatur wird verwiesen. Die Ergebnisse der Forschung haben oft direkte Auswirkungen auf die Praxis und fließen auch in die technischen Regelwerke ein, so z. B. in die neue Generation der Entwurfsrichtlinien der FGSV (u. a. 5, 21, 23).

Über die auf Bundesebene laufende Forschung hinaus werden auch von einigen Bundesländern Forschungsarbeiten zu Radverkehrsfragen vergeben oder finanziell unterstützt.

Aus der Vielzahl der Forschungsarbeiten sollen hier nur zwei wegen ihrer speziell für den Fahrradverkehr besonderen Bedeutung kurz vorgestellt werden.

a) Verbesserte Führung des Radverkehrs im Innerortsbereich

Forschungsträger: Bundesanstalt für Straßenwesen

Beengte Verkehrsflächen im Bereich traditionell gewachsener Stadtkerne zwingen oft dazu, Einbahnstraßensysteme einzurichten, die für den umwegempfindlichen Radverkehr besonders nachteilig sind. Soweit die Radfahrer aus diesen Gebieten nicht gänzlich verdrängt werden, weichen sie vielfach auf gefahrenreiche Straßen mit dichtem Kraftfahrzeugverkehr aus oder fahren entgegen der vorgeschriebenen Einbahnrichtung.

Ziel dieses Projektes soll es sein, anhand von Fallbeispielen aufzuzeigen, wie die Situation des Radverkehrs in beengten Innenstadtquartieren durch bauliche und verkehrslenkende Maßnahmen unter den jeweiligen örtlichen Bedingungen wirkungsvoll verbessert werden kann (51).

Die Fallbeispiele, zu denen einzelne Forschungsaufträge vergeben wurden, betreffen:
- Führung des Radverkehrs entgegen der Fahrtrichtung in Einbahnstraßen
- Führung des Radverkehrs in Fußgängerzonen
- Führung des Radverkehrs im Kreuzungsbereich (insbesondere Behandlung linksabbiegender Radfahrer)
- Führung des Radverkehrs in verkehrsberuhigten Bereichen
- Führung des Radverkehrs auf Radwegtrassen (Fahrradstraßen)
- gemeinsame Verkehrsflächen für Fußgänger und Radfahrer.

Alle Forschungsarbeiten sind mittlerweile beendet und in der Reihe „Forschungsberichte der Bundesanstalt für Straßenwesen, Bereich Unfallforschung" veröffentlicht.

b) Modellvorhaben Fahrradfreundliche Stadt

Forschungsträger: Umweltbundesamt

Das Modellvorhaben ist 1981 in den Städten Detmold und Rosenheim gestartet worden. Beide Städte wollen mit wissenschaftlicher, planerischer und organisatorischer Unterstützung des Umweltbundesamtes in einem 5jährigen Entwicklungsprozeß eine modellhafte Fahrradverkehrs-Infrastruktur und ein insgesamt fahrradfreundliches Klima schaffen.

Ziel des Vorhabens ist es, zu einer spürbaren Verlagerung von Verkehrsanteilen vom Kraftfahrzeug auf den Fahrradverkehr und damit zu einer Verbesserung der städtischen Umweltqualität zu kommen. Die Lärm- und Abgasbelastungen sollen sinken und die Stadtstraßen ihre vielfältigen und sozialen Funktionen wiedergewinnen.

Das Umweltbundesamt finanziert die modellhafte Planung, Beratung und Begleitforschung, während die Realisierung der Maßnahmen bei den Städten liegt (133).

Das Modellvorhaben wird von einer umfassenden verkehrs- und sozialwissenschaftlichen Forschung zum Verkehrsverhalten, dem Potential des Fahrradverkehrs, zur Wirksamkeit verschiedener Maßnahmen, zur Unfallentwicklung und zur Umweltentlastung begleitet. Zusätzlich werden halbjährliche Planungsseminare durchgeführt und Sachexpertisen zu bestimmten Themen vergeben.

Die Ergebnisse dieser Arbeiten werden in der Reihe „Texte" des Umweltbundesamtes als Werkstattberichte im Rahmen des Modellvorhabens fahrradfreundliche Stadt veröffentlicht.

Neben Forschungsthemen, die sich speziell mit dem Fahrrad beschäftigen, berühren natürlich alle Arbeiten, die sich mit dem verkehrlichen Entwurfsrepertoire von Straßen und Straßenraumgestaltung allgemein beschäftigen, unmittelbar den Radverkehr. Schwerpunkte einer Vielzahl von Forschungsprojekten sind vor allem Verkehrsberuhigung, Integration innerörtlicher Hauptverkehrsstraßen im bebauten Bereich sowie Möglichkeit und Auswirkung von Geschwindigkeitsbegrenzungen. Erwähnt werden soll hier nur das Großvorhaben „Flächenhafte Verkehrsberuhigung", das in 6 Modellstädten (Berlin, Borgentreich, Buxtehude, Esslingen, Ingolstadt, Mainz) durchgeführt und von der Bundesanstalt für Landeskunde und Raumordnung, dem Umweltbundesamt und der Bundesanstalt für Straßenwesen mit einer umfangreichen Begleitforschung betreut wird.

3. Planung von Radverkehrsanlagen

3.1. Anlaß und Ziele

Anlaß von Planungsmaßnahmen für den Radverkehr sind vielfach:

- Defizite, die durch eine in der Vergangenheit oft unzureichende Berücksichtigung des Radfahrens in der Verkehrsplanung entstanden sind. Dazu gehören u. a.:
  - Fehlen eines zusammenhängenden, bedarfsorientierten Netzes von Radverkehrsanlagen
  - einzelne Lücken oder Schwachstellen im Zuge vorhandener Radverkehrsverbindungen
  - autogerechte Straßenzüge, die meist mit zu hohen Geschwindigkeiten befahren werden
  - Unfallschwerpunkte und unfallreiche Straßenzüge
  - Mängel an bestehenden Radverkehrsanlagen hinsichtlich der Befahrbarkeit
  - zu wenig oder den Anforderungen nicht genügende Abstellanlagen.
- Veränderte Rahmenbedingungen der Stadt- und Verkehrsplanung, wie Erschließung von Neubaugebieten, Einrichtung von Fußgängerzonen bzw. verkehrsberuhigten Bereichen oder Um- bzw. Neubau von Hauptverkehrsstraßen.
- Politische Zielsetzungen, die das Fahrrad als umweltfreundliches, für den Nahverkehr ideales Verkehrsmittel ansehen und deshalb eine Verlagerung von Verkehrsanteilen zu Gunsten des Fahrradverkehrs anstreben.

Als verkehrspolitisches Ziel nennt der Deutsche Städtetag:

„Öffentlicher Personennahverkehr, sei es zu Fuß, mit dem Fahrrad oder mit dem Auto müssen als Gesamtverkehrssystem zusammen betrachtet und jeweils dort gefördert werden, wo sie unter ökonomischen, städtebaulichen und sozialen Aspekten die größten Vorteile bieten ... Es geht entscheidend um die Verbesserung der Verkehrssicherheit und der Einsatzbedingungen des Fahrrades. Beide Ziele können nur durch die Schaffung zusammenhängender Verkehrsnetze erreicht werden." (59)

Über bauliche Maßnahmen hinausgehende Zielsetzungen zur Förderung des Radverkehrs wurden im Rahmen des „Modellvorhabens fahrradfreundliche Stadt" aufgestellt (134):

(1) Verbesserung der Verfügbarkeit des Fahrrades
 (u. a. Fahrradmietstationen, Dienstfahrräder)
(2) Verbesserung der Infrastruktur
 (u. a. flächendeckendes Netz zur sicheren umwegfreien Erreichbarkeit möglichst aller Ziele; benutzergerechte und sichere Ausbildung der Wege und Kreuzungsstellen)
(3) Kombination mit anderen Verkehrsmitteln
 (u. a. bike-and-ride, Mitnahme in öffentlichen Verkehrsmitteln)
(4) Verbesserung des „Fahrradklimas"
 (u. a. Öffentlichkeitsarbeit, Vorbildwirkung führender Persönlichkeiten)
(5) Schaffung organisatorischer Voraussetzungen
 (u. a. Bürgerbeteiligung, Arbeitsgruppen, Bereitstellen der nötigen Finanzmittel).

3.2. Planungsgrundlagen

3.2.1. Bedeutung des Radverkehrs

Der Bestand an Fahrrädern in der Bundesrepublik liegt bei 41,8 Mio. Rädern (1983) (57). Damit verfügen ca. 60 % aller Bundesbürger oder 85 % aller Haushalte über ein Fahrrad. Die Verfügbarkeit ist damit weitaus höher als beim PKW (Bestand 25,2 Mio) (57).

Etwa jeder 8. Weg wird im Bundesgebiet mit dem Fahrrad zurückgelegt. Das bedeutet gegenüber 1976 eine Steigerung des Radfahreranteils um ca. 20 % *[Tab. 4]*.

Tab. 4: Verkehrsmittelwahl 1976 und 1982 nach KONTIV (127)

	1976	1982
zu Fuß	33,2 %	26,7 %
Fahrrad/Mofa	10,2 %	12,3 %
PKW (Fahrer u. Mitfahrer)	43,4 %	46,6 %
Öffentliche Verkehrsmittel	13,2 %	14,2 %

Die Bedeutung des Radverkehrs ist mit diesen Zahlen allerdings nur pauschal zu beschreiben. Regional gibt es teilweise große Unterschiede, die sich aus verschieden ausgeprägten Einflußfaktoren (z. B. Tradition, Topographie, Siedlungs- und Sozialstruktur, Verkehrsbedingungen) erklären.

Abb. 2: Anteil von Radwegen an allen Verkehrswegen in % (108)

3.2.2. Fahrtzwecke

Die Verteilung der Wege auf die einzelnen Fahrtzwecke zeigt, daß im Ausbildungsverkehr der Anteil der Fahrradfahrten am höchsten ist *[siehe Tab. 5, linke Spalte]*. Zu beachten ist, daß immerhin auch jede 12. Fahrt zum Arbeitsplatz mit dem Fahrrad zurückgelegt wird. Damit werden zahlenmäßig sogar mehr Arbeitswege mit dem

Fahrrad absolviert als Ausbildungswege. Weitaus am häufigsten wird das Fahrrad für Versorgungs- und Freizeitwege genutzt. Insgesamt wurden 1982 im Bundesgebiet 6.014 Mio. Wege mit dem Fahrrad zurückgelegt (57).

Tab. 5: Fahrradnutzung bei den wichtigsten Fahrtzwecken (57)

Fahrtzweck	Fahrradanteil an allen Wegen (%)	Anzahl der Fahrradwege (Mio.)
Beruf	8,3	1 023
Ausbildung	14,9	848
Versorgung	11,4	1 885
Freizeit	10,8	2 208

3.2.3. Fahrradnutzer

Das Fahrrad wird in überdurchschnittlichem Maße von den Bevölkerungsgruppen benutzt, die nicht im Erwerbsleben stehen. Dies sind besonders Kinder und Jugendliche, die für über ein Viertel ihrer Wege das Fahrrad benutzen. Fast 60 % aller Radfahrten werden von unter 18 Jahre alten Menschen zurückgelegt. Am wenigsten wird von Männern im Alter zwischen 21 und 55 Jahren radgefahren (ca. 3–5 %), bei Frauen gleichen Alters liegt der Fahrradanteil fast doppelt so hoch (126).

3.2.4. Fahrtweiten

Der durchschnittliche Weg mit dem Rad ist 2,5 km lang und dauert rund 15 Minuten. Über 60 % aller Radfahrten sind kürzer als 2 km. Weiter als 5 km fahren 6,2 %.

In *Abb. 3* ist zur Summenlinie des Fahrrades auch die der PKW-Fahrten eingetragen. Auf den für den Fahrradverkehr vor allem interessanten Nahbereich entfallen ca. 50 % aller PKW-Fahrten (126).

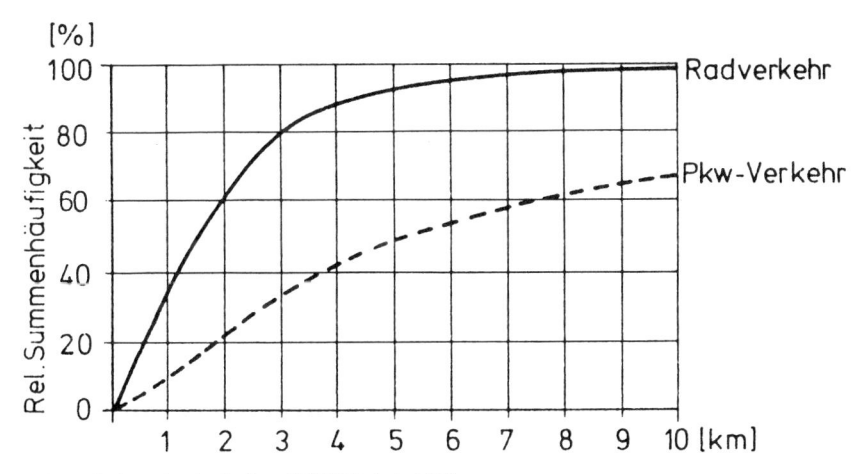

Abb. 3: Reiseweiten im Rad- und PKW-Verkehr (108)

3.2.5. Wegewahl der Radfahrer

Das Fahrrad als mit eigener Körperkraft bewegtes Verkehrsmittel ist naturgemäß umwegempfindlich. Dies ist bei der Radverkehrsnetzplanung zu berücksichtigen. Neben der Entfernung ist aber auch die Fahrtzeit als gleichwertiger vorrangiger Einflußfaktor für die Routenwahl zu sehen. Deutlich geringer, wenngleich noch beachtenswerte Bedeutung für die Wahl eines Weges besitzt die Verkehrssicherheit bzw. das Vorhandensein von Radwegen (45, 125). In der Regel stehen einem Radfahrer für die Bewältigung eines Weges mehrere Alternativen zur Verfügung. Die meisten Radfahrer wählen dabei die schnellste Verbindung, die häufig auch identisch mit der kürzesten ist. Ca. 70 % der Radfahrer, die von der kürzesten Verbindung z. B. aus Gründen der Sicherheit oder des Komforts abweichen, nehmen dabei nur einen Zeitverlust von höchstens 10 % in Kauf. Die obere Grenze der Umwegbereitschaft liegt bei ca. 30 % (45).

Wenn man Radfahrern im Zuge einer Netzplanung bestimmte Hauptverbindungen, z. B. Velorouten anbietet, so ist dementsprechend zu beachten:

– Radfahrer sind bereit, einen weiteren oder länger dauernden Weg anzunehmen, wenn dieser Nachteil durch andere Vorteile (z. B. Verkehrssicherheit, Fahrkomfort, Erlebnisqualität) kompensiert werden kann. Eine realistische Grenze ist bei 10 % Wegverlängerung zu sehen.

- Für kurze Wege ist die Umwegbereitschaft offenbar größer, ebenso für die Fahrtzwecke Einkaufen und Freizeit.
- Die besten Chancen zur Verlagerung von Radverkehr auf eine gewünschte Route gibt es, wenn es durch geeignete Maßnahmen gelingt, die Verbindungen gleichzeitig sicher und schnell befahrbar zu machen.
- Ca. 90 % der Radfahrer fahren auf regelmäßig zurückgelegten Beziehungen immer die gleiche Strecke. Sie sind häufig davon nur schwer wieder abzubringen. Um die Annahme neu geschaffener Verbindungen zu erhöhen, ist deshalb auch eine begleitende Öffentlichkeitsarbeit notwendig.

3.2.6. Entwicklung und Potential des Radverkehrs

Das Fahrrad befindet sich gegenwärtig im Aufwind. Begünstigt durch ein allgemein fahrradfreundliches Klima werden bundesweit zum Teil deutliche Steigerungsraten ermittelt *[siehe auch Tab. 4]*. Dabei werden auch Zunahmen in Orten festgestellt, in denen keine besonderen Verbesserungen im Radverkehrsnetz durchgeführt wurden.

Die Zugewinne des Radverkehrs gehen allerdings bisher offenbar nur zum kleinen Teil zu Lasten der Fahrten mit dem Kraftfahrzeug. Der Hauptanteil der Steigerung erklärt sich aus Verlagerung von Wegen, die bisher mit dem öffentlichen Verkehrsmittel oder zu Fuß zurückgelegt werden sowie mit vermehrten Fahrten der ohnehin schon radfahrenden Bürger (47, 132). Verschiedene in den letzten Jahren aufgestellte Szenarien möglicher Entwicklungen des Fahrradverkehrs kommen allerdings auch zu dem Ergebnis, daß auch die gewünschte Umverteilung von PKW-Fahrten auf Radfahrten bei entsprechenden Maßnahmen ein durchaus nennenswertes Potential hat (36, 48, 80, 121, 129, 132). Danach liegt der erreichbare Anteil für den Radverkehr an allen Wegen bei Verwirklichung einer konsequent fahrradfreundlichen Verkehrspolitik etwa zwischen 20 – 30 %; das entspricht einer Verdopplung der jetzigen Fahrtenzahl. Die Schätzungen einer möglichen Abnahme von PKW-Fahrten schwanken zwischen ca. 10 – 30 % und sind abhängig von den ergriffenen Maßnahmen. Die Umverteilungsmöglichkeit konzentriert sich dabei auf einen Entfernungsbereich bis 5 km, in der 50 % aller PKW-Fahrten liegen. In diesem Zusammenhang ist zu beachten, daß beispielsweise eine Abnahme von 20 % Fahrten im Entfernungsbereich bis 5 km einer Abnahme der mit dem PKW gefahrenen Kilometer von nur ca. 3 % entsprechen würde. Bezogen auf den Innerortsverkehr können sich dabei dennoch beachtenswerte Verschiebungen ergeben.

Um eine Zunahme des Radverkehrs zu erreichen, sind Hemmnisse bei den potentiellen Radbenutzern abzubauen. Diese Hemmnisse sind teils objektiver, teils subjektiver Art. Zu nennen sind:

- ungünstiges Reisezeitverhältnis zu anderen Verkehrsmitteln
- mangelhafte Infrastruktur an Radverkehrsanlagen
- ungenügende Abstellanlagen
- mangelnde Fahrradverfügbarkeit oder ungenügende Ausstattung (z. B. Gepäckmitnahme, Wetterschutz)
- fahrradunfreundliches Klima und Informationsdefizite.

Einig sind sich die verschiedenen Szenarien darin, daß wegen der verflochtenen Wirkung der Hemmnisse durch isolierte Maßnahmen allein keine wesentliche Änderung bezüglich der Benutzung des Fahrrades zu erreichen ist. Eine nachhaltige Wirkung kann nur von Maßnahmebündeln ausgehen (53). Dabei ist insbesondere der Einfluß eines günstiges Fahrradklimas und von Öffentlichkeitsarbeit nicht zu vernachlässigen, da hierdurch insbesondere subjektive Hemmnisse der Fahrradbenutzung abgebaut werden können.

Maßnahmen zur Verbesserung und Ausweitung an Radverkehrsanlagen können allein keine gesteigerte Fahrradbenutzung bewirken (132). Eine neue Radwegverbindung kann beispielsweise nicht das Potential derjenigen aktivieren, die aus Angst vor Diebstahl ihr Rad nicht benutzen. Infrastrukturverbesserungen bleiben natürlich dennoch wichtig, dienen sie doch vor allem den bereits jetzt radfahrenden Bürgern zur sichereren und bequemeren Fortbewegung. Sie können so auch zur Erhaltung eines einmal erreichten Levels der Fahrradnutzung beitragen, der sonst bei einem Umkippen des zur Zeit günstigen Trends wieder sinken könnte.

Um ein erwünschtes Umsteigen vom Auto auf das Fahrrad zu erreichen, sind Maßnahmen vor allem auf eine Verbesserung des Reisezeitverhältnisses zugunsten des Fahrrades auszurichten. Fahrtzeitverkürzungen für die Radfahrer sollten dabei auch für die Autofahrer offenkundig werden, wie dies z. B. bei Durchlässen durch Sackgassen oder bei Ermöglichen des Fahrens gegen Einbahnstraßen der Fall ist. Durch Restriktionen für den KFZ-Verkehr (z. B. Geschwindigkeitsbegrenzung, Parkplatzlimitierung) kann nicht nur der Fahrradverkehr, sondern auch der Fußgängerverkehr und öffentliche Nahverkehr gesteigert werden.

Um das nicht erwünschte Umsteigen vom öffentlichen Verkehr auf das Fahrrad zu begrenzen, sind wirksame Kombinationen beider Verkehrsmittel *(siehe Kap. 7.5.)* zu ermöglichen.

Nicht zu vernachlässigen, wenngleich nur langfristig wirksam, ist der Einfluß der Stadtplanung auf die Verkehrsmittelwahl. Durch ein Stadtentwicklungskonzept, das die Erfüllung von Verkehrsbedürfnissen im Nahbereich fördert, können ebenfalls unnötige Autofahrten reduziert, Fußgänger- und Fahrradfahrten initiiert werden (100).

Beispiele im In- und Ausland zeigen, daß die hier aufgezeigten Entwicklungsmöglichkeiten keine Utopie sind (36). So konnte in Erlangen durch eine gezielte Fahrradförderung, die alle genannten Bereiche umfaßt, von 1974 – 1982 eine Zunahme des Radverkehrs von 14 auf 26 % aller Fahrten und eine Abnahme der PKW-Fahrten von 41 auf 35 % erreicht werden (62).

3.3. Umsetzung von Planungsvorhaben

3.3.1. Planungsablauf

Planungsabläufe lassen sich vereinfacht darstellen:

(1) Anlaß
 – siehe Kapitel 3.1.

(2) Vorbereitung der Planung

 – Erforderlichkeit und Dringlichkeit prüfen
 – Vorentscheidung über Fortführung oder Einstellung der Planungen
 – Geeignete Planer bestimmen und beauftragen
 – Zusammenstellung von Rahmenbedingungen und Zwangspunkten aus Literatur und örtlichen Gegebenheiten, die sich auf die Radverkehrsanlagen maßgebend auswirken.

(3) Vorentwurf der Planungen

 – Begründung der Planungen, gegebenenfalls der Alternativen
 – Ziele und Zwecke der Planungen
 – Auswirkungen (Nutzen), z. B. Verbesserungen gegenüber dem derzeitigen Zustand
 – Erforderlicher Aufwand (Kosten) und Zeitbedarf
 – Verwirklichungsmöglichkeiten.

(4) Abwägung

 – Nutzen, Kosten und Funktionssicherheit der geplanten Radverkehrsanlagen gegen Nutzen und Kosten anderer Planungen, die zur Erfüllung anstehender Aufgaben erforderlich sind, abwägen, um zu einem sinnvollen Einsatz der Arbeitskräfte, Arbeitsmaschinen und der begrenzten Geldmittel zu kommen.

(5) Entscheidung

- Die Planungen sollen, gegebenenfalls mit Einschränkungen von Umfang und Qualität der ersten Planungsentwürfe, fortgeführt und später verwirklicht werden
- Planungen sollen möglicherweise zurückgestellt oder sogar eingestellt werden.

(6) Planaufstellung

Die Vorentwürfe der Planungen werden in allen Einzelheiten ausgearbeitet, so daß sie verwirklicht werden können.

(7) Abstimmung der Pläne mit den in ihren Interessen und Rechten Betroffenen

In den meisten Planungsabläufen werden heute Bürger und Träger öffentlicher Belange nach Darstellung der Ziele und Zwecke der Planung angehört; ihre Bedenken und Anregungen werden entgegengenommen und in die Entscheidung des verbindlichen Planens einbezogen.

(8) Entscheidung der verbindlichen Planung

Nach Abwägung der von den Betroffenen geäußerten Bedenken und Anregungen wird der Plan, gegebenenfalls unter Berücksichtigung von Anregungen, als verbindlicher Plan beschlossen.

(9) Genehmigung verbindlicher Pläne

Um rechtsverbindlich werden zu können, bedürfen einige Pläne der Genehmigung durch die Aufsichtsbehörde.

(10) Vorbereitung und Durchführung der geplanten Radverkehrsanlagen

- Ausschreibung, Vergabe, Baudurchführung.

3.3.2. Planungsrechtliche Aspekte

Einzelne Maßnahmen für den Radverkehr sollten in ein Gesamtkonzept integriert sein, aus dem sich die Notwendigkeit und Dringlichkeit jeweils ableiten, sowie eine Abstimmung mit anderen Vorhaben vornehmen läßt. Solche Gesamtkonzepte können sein:

Planungsrechtliche Aspekte

- Stadtentwicklungsplan

  Hier werden die Grundzüge der gesamten zukünftigen Stadt- und Verkehrsplanung festgelegt. Durch eine gezielte Siedlungspolitik können bereits frühzeitig Weichen gestellt werden, die eine weitere Entwicklung zu KFZ-Verkehr begünstigenden Entfernungsstrukturen bremsen oder rückläufig machen.

- Generalverkehrsplan

  Im Generalverkehrsplan werden die voraussichtliche Verkehrsentwicklung abgeschätzt und Vorschläge zur Neuordnung des Verkehrs entwickelt. Wurde früher dabei häufig nur der motorisierte Individualverkehr und der öffentliche Personennahverkehr betrachtet, sind in neueren Generalverkehrsplänen in der Regel auch Aussagen zum Radverkehr enthalten, die eine in den Gesamtverkehr integrierte Planung ermöglichen.

- Radverkehrsförderprogramme oder Bedarfspläne

  Spezielle Programme für den Radverkehr ergänzen bzw. vertiefen die Aussagen der übergeordneten Pläne (Stadtentwicklungsplan oder Generalverkehrsplan). Sie enthalten einen Netzplan sowie andere Fördermaßnahmen und in der Regel Dringlichkeiten sowie Zeitangaben für die Umsetzung der Maßnahmen. Bedarfspläne werden vor allem von den Straßenbaulastträgern klassifizierter Straßen aufgestellt. Radverkehrsnetzpläne werden häufig als eine Voraussetzung für die Gewährung von Zuschüssen gefordert, um die sinnvolle Einfügung in den Bestand gegenüber dem Zuwendungsgeber nachweisen zu können.

Die vorgenannten Pläne besitzen in der Regel keine verbindliche Rechtswirkung nach außen, sondern werden von den zuständigen Kommunen als Willensbekundung beschlossen. Sie stecken jedoch den Rahmen ab, in dem sich die Planung bewegt und sind (z. B. Stadtentwicklungsplan nach dem Bundesbaugesetz) bei der Aufstellung von Bauleitplänen zu berücksichtigen.

Zur rechtlichen Durchsetzung besteht grundsätzlich auch für Radverkehrsmaßnahmen die Möglichkeit, sich der Bauleitplanung nach dem Bundesbaugesetz oder der Planfeststellung nach den Straßengesetzen (Bundesfernstraßengesetz, Straßengesetze der Länder) zu bedienen.

Im Flächennutzungsplan sollen Flächen für den überörtlichen Verkehr und die örtlichen Hauptverkehrsstraßen dargestellt werden. Hier sollten dementsprechend auch Hauptverbindungen des Radverkehrs ausgewiesen werden, zumindest wenn diese unabhängig von Straßen laufen. Es empfiehlt sich, in einem Beiplan zum Flächennutzungsplan auch den Nachweis eines geschlossenen Netzes für den Radverkehr zu liefern. Flächennutzungspläne enthalten auch die für den Radverkehr wichtigen Ziele und Einrichtungen und sind deshalb wichtige Planungsgrundlage für eine Netzplanung.

Bebauungspläne als verbindliche Bauleitpläne müssen u. a. Festsetzungen über die örtlich vorhandenen oder geplanten Verkehrsflächen enthalten. Es besteht die Möglichkeit, Verkehrsflächen besonderer Zweckbestimmung wie z. B. Radwege gesondert festzusetzen. Dies empfiehlt sich vor allem dann, wenn durch die Festsetzung Belange anderer berücksichtigt werden müssen, insbesondere wenn zur Anlage eines Radweges Grunderwerb notwendig ist.

Bei nachträglichen Maßnahmen innerhalb der öffentlichen Verkehrsflächen wird i. a. auf ein besonderes Planverfahren verzichtet. In diesen Fällen sollten zumindest die Anlieger rechtzeitig unterrichtet werden, um ein Mindestmaß an Bürgerbeteiligung herzustellen.

Im Planfeststellungsverfahren werden die genauen Entwurfsdetails der Baumaßnahmen einschließlich der geplanten Verkehrsanlagen dem vorgeschriebenen Abstimmungsverfahren unterworfen. Die Planfeststellung kann entfallen, wenn die Änderung oder Erweiterung von unwesentlicher Bedeutung ist, z. B. wenn Rechte anderer nicht beeinflußt werden oder wenn mit den Beteiligten entsprechende Vereinbarungen getroffen werden.

Die Widmung zum öffentlichen Verkehr bezieht sich auf den gesamten öffentlichen Straßenraum ohne Differenzierung z. B. nach Radweg oder Fahrbahn. Durch Widmungsbeschränkung können bestimmte Verkehrsarten, z. B. der Radverkehr auf einer KFZ-Straße, ausgeschlossen werden. Soll in Fußgängerzonen auf Dauer der Radverkehr zugelassen werden, ist in der Regel eine Änderung der Widmungsbestimmung erforderlich.

Die in den Landesbauordnungen festgelegte Verpflichtung zur Schaffung privater Stellflächen und Garagen für Kraftfahrzeuge findet für den Radverkehr bis auf allgemeine Regelungen für Mehrfamilienhäuser keine Entsprechung. Wegen der hohen Bedeutung, die sichere und bequem zugängliche Abstellanlagen im Wohnbereich für die Nutzung des Fahrrades haben, wäre eine Änderung wünschenswert.

3.3.3 Organisation in der Verwaltung

Voraussetzung für erfolgversprechende Planung sind in allen Planungsebenen Personen, die

- bereitwillig Planungsideen aufgreifen
- den Anstoß zur Planung geben
- die Interessen der Radfahrer vertreten und in ein Gesamtkonzept einordnen können
- die Planung mit Geschick und Ausdauer vorantreiben.

Häufig hängen die Chancen, eine radfahrerfreundliche Verkehrsplanung zu verwirklichen, von einzelnen Personen ab, die sich mit Interesse und Durchsetzungskraft für den Radverkehr einsetzen. So wichtig dies auch ist, ist es nach den Erfahrungen vieler Kommunen auch notwendig, diesem Engagement durch Schaffung organisatorischer Voraussetzungen den entsprechenden Rückhalt zu geben. Besondere Organisationsstrukturen für den Radverkehr erscheinen zumindest solange wichtig, wie es auf diesem Gebiet einen Nachholbedarf gibt, den es durch gezielte Förderung abzubauen gilt. Es muß aber eine ständige Abstimmung mit den anderen Planungsbereichen gewährleistet sein, um eine unerwünschte Konkurrenzsituation von vornherein zu vermeiden. In einer Kommune, in der der Radverkehr bereits gleichberechtigt in der Gesamtverkehrsplanung seinen Platz hat, sind solche besonderen Strukturen nicht mehr notwendig.

Als verwaltungsinterne Organisationsform bietet sich eine ämterübergreifende Arbeitsgruppe an, die aus den Bereichen Stadtplanung, Tiefbau, Straßenverkehr, Kämmerei, gegebenenfalls auch Gartenbau, Liegenschaften, Öffentlichkeitsarbeit zusammengesetzt ist und zu der u. U. externe Berater (z. B. von der Kommune beauftragte Planer, Polizei) hinzugezogen werden können. Beispielhaft soll hier die vorbildliche Organisation in Erlangen vorgestellt werden (zitiert nach [90]):

„Die Arbeitsgruppe besteht aus sieben bis acht leitenden Personen aus verschiedenen Dienststellen, die koordinierend arbeiten und die in ihren Ämtern die Förderung des verstärkten Fahrradeinsatzes wahrnehmen. Diese Kommission tagt alle vier bis sechs Wochen, legt genau fest, was zu laufenden Dingen zu geschehen hat, welche Mittel für den nächsten Haushalt anzufordern sind usw. und nimmt nach bestimmten selbstgesetzten Fristen eine Erfolgskontrolle vor. Die Kommission befaßt sich außerdem – und das ist ebenso wichtig wie effizient – mit dem notwendigen sogenannten ‚Kleinkram'. Da der Arbeitsgruppe kompetente und entscheidungsbefugte Personen angehören, können viele kleinere Dinge wie Versetzung eines störenden Verkehrsschildes, kleinere Korrekturen in der Linienführung von Radwegen, Verbesserung einer Anrampung usw. unbürokratisch und schnell durch eine Art ‚Entstörtrupp' erledigt werden, ohne erst große Entscheidungsprozesse in Gang setzen zu müssen."

Wichtig ist, daß eine derartige Arbeitsgruppe aufgrund der Ansiedlung in der höheren Verwaltungebene wirklich kompetent ist, Entscheidungen zu treffen und auch sofort durchzuführen. Um Ressortegoismus zu vermeiden, wurde in Erlangen darüber hinaus zur Leitung der Arbeitsgruppe eine Person eingesetzt, die entscheidungsbefugt über den gleichrangigen Ämtern steht. Sie sollte deshalb direkt dem (Ober)Bürgermeister bzw. dem (Ober)Stadtdirektor unterstehen. Diese Federführung kann auch ein sogenannter Fahrradbeauftragter übernehmen, der Koodinationsaufgaben für alle das Fahrrad betreffende Fragen besitzt und mit entsprechenden Kompetenzen und Befugnissen ausgestattet sein muß. Dieser Fahrradbeauftragte kann auch der maßgebliche Ansprechpartner für alle von außen (z. B. von Bürgerinitiativen) kommenden Anregungen sein.

Zur Umsetzung gehört nicht nur die Planung, sondern auch die Baudurchführung. Viele gut geplante Vorhaben leiden darunter, daß für die Radfahrer wichtige Detaillösungen (z. B. Bordsteinabsenkungen) von der örtlichen Bauleitung nicht mit der notwendigen Sorgfalt beachtet werden. Neben einer allgemein verbesserten Ausbildung in dieser Hinsicht kann es für die Phase des starken Nachholbedarfs an Radwegen sinnvoll sein, speziell für den Radwegebau zuständige Bauleiter vorzusehen (Beispiel Erlangen).

Für alle an der Radverkehrsplanung Beteiligten sollte die Möglichkeit eröffnet werden, sich fachlich weiterzubilden; sei es durch Beschaffung aktueller Literatur, durch Teilnahme an Seminaren oder durch Besichtigung von beispielhaft durchgeführten Maßnahmen und nicht zuletzt durch persönliche Radfahrten.

3.3.4. Finanzierung

In Zeiten knappen Geldes der öffentlichen Hand ist eine vorausschauende wirtschaftliche Planung unabdingbar. Viele wirksame Maßnahmen für den Radverkehr sind von vornherein wenig kostenintensiv (z. B. verkehrslenkende Maßnahmen wie Ausnahmeregelung von Verboten). Andererseits kann eine nachträgliche Einrichtung von Radwegen in der Regel nicht mit geringen Mitteln bewältigt werden, wenn ein hinreichender Standard erreicht werden soll. Nachdem in den vergangenen Jahrzehnten bei vielen Straßenbaulastträgern Mittel fast ausschließlich dem KFZ-Verkehr zugute kamen, kann nun auch der politische Wille gefordert werden, den Nachholbedarf des Radverkehrs nicht ausschließlich durch Billigstmaßnahmen zu decken. Um rechtzeitig Mittel für den Radverkehr zu sichern, müssen jährliche Bauprogramme aufgestellt und hierfür Haushaltsmittel beantragt werden. Für kleinere Maßnahmen, z. B. Markierungen, hat es sich bewährt, eine Pauschale bereitzustellen. Dadurch kann eine schnelle und flexible Bearbeitung erleichtert werden (90).

Bei der erstmaligen Herstellung eines Radweges, soweit es sich um eine Erschließungsanlage nach dem Bundesbaugesetz handelt, müssen bis zu 90 % der Kosten auf die Anlieger umgelegt werden. Für den Um- oder Ausbau der Straßen regeln die Kommunalabgabengesetze der Länder sowie kommunale Satzungen Kostenbeteiligungen der Anlieger. Die Mustersatzungen sehen Radwege dabei generell als beitragsfähige Anlagen an (58). Strittig ist allerdings noch die Definition des notwendigen wirtschaftlichen Vorteils für die Anlieger.

Für innerörtliche Radwege besteht die Möglichkeit, Zuschüsse von Bund und Ländern zu erhalten *(vgl. auch Kap. 2.)*.

Das Gemeindeverkehrsfinanzierungsgesetz (GVFG) sieht die Förderung zum Bau von Radwegen, die Bestandteile von Hauptverkehrsstraßen sind, mit bis zu 60 % der Kosten (Zonenrandgebiet 75 %) vor. Auch Abstellanlagen an Haltestellen des öffentlichen Personennahverkehrs (bike-and-ride) können in Verbindung mit park-and-ride-Maßnahmen gefördert werden. Die Bagatellgrenze von 200 000 DM erweist sich gerade für kleinere nicht kostenintensive Maßnahmen als hinderlich.

Nach § 5a Bundesfernstraßengesetz (FStrG) kann die nachträgliche Anlage von Radwegen an Ortsdurchfahrten in der Baulast des Bundes und an Kreis- oder Gemeindestraßen mit Zubringerfunktion zu Bundesfernstraßen mit bis zu 50 % der zuwendungsfähigen Kosten gefördert werden.

Die Finanzausgleichsgesetze der Länder regeln darüberhinaus eine weitere Bezuschussung des Baus innerörtlicher Radwege. Im Unterschied zum GVFG und FStrG besteht hier in einigen Ländern die Möglichkeit, auch selbständige, von Straßen unabhängig geführte Radwege zu bezuschussen (z. B. Baden-Württemberg, Bayern, Hessen).

Einige Länder haben besondere Zuschußprogramme für Radverkehrsmaßnahmen, die sich größtenteils auf den Bereich Freizeit und Erholung erstrecken und so gerade selbständig geführte Radwege abdecken (z. B. Radwanderwegprogramm in Niedersachsen, Programm „Freizeit und Erholung" in Bayern).

Eine umfassende Förderung des Radwegebaus ist aus Nordrhein-Westfalen bekannt. Danach werden der Bau selbständiger und unselbständiger Radwege (einschließlich Brücken und Unterführungen) mit bis zu 80 % der zuwendungsfähigen Kosten gefördert, sofern die geplante Maßnahme in eine Radverkehrsnetzkonzeption einzuordnen ist (104).

3.3.5. Öffentlichkeitsarbeit

Auf die Bedeutung der Öffentlichkeitsarbeit und die Schaffung eines allgemein fahrradfreundlichen Klimas für die Fahrradnutzung wurde schon in Abschnitt 3.2.6. hingewiesen. Ziel ist es, über Planungsvorhaben oder durchgeführte Maßnahmen zu informieren und langfristig einen Bewußtseinswandel zu schaffen, so daß das Fahrrad als gleichberechtigtes Fortbewegungsmittel allgemein akzeptiert wird.

Für die Information über aktuelle Vorhaben bieten sich u. a. an:
- Pressemitteilungen
- Information an zentralen Zielen (z. B. an Schulen)
- allgemein verteilte Kurzinformationen *[Abb. 4]*
- Herausgabe von Radverkehrsnetzkarten, Schulwegplänen, Radwanderkarten.

MERKBLATT

Im Stadtteil KIRCHENFELD / SCHOSSHALDE / ELFENAU
sind 3 Routen für Rad- und Mofafahrer signalisiert!

Wir raten deshalb: **Fahr sicherer - uf dr Veloroute!**

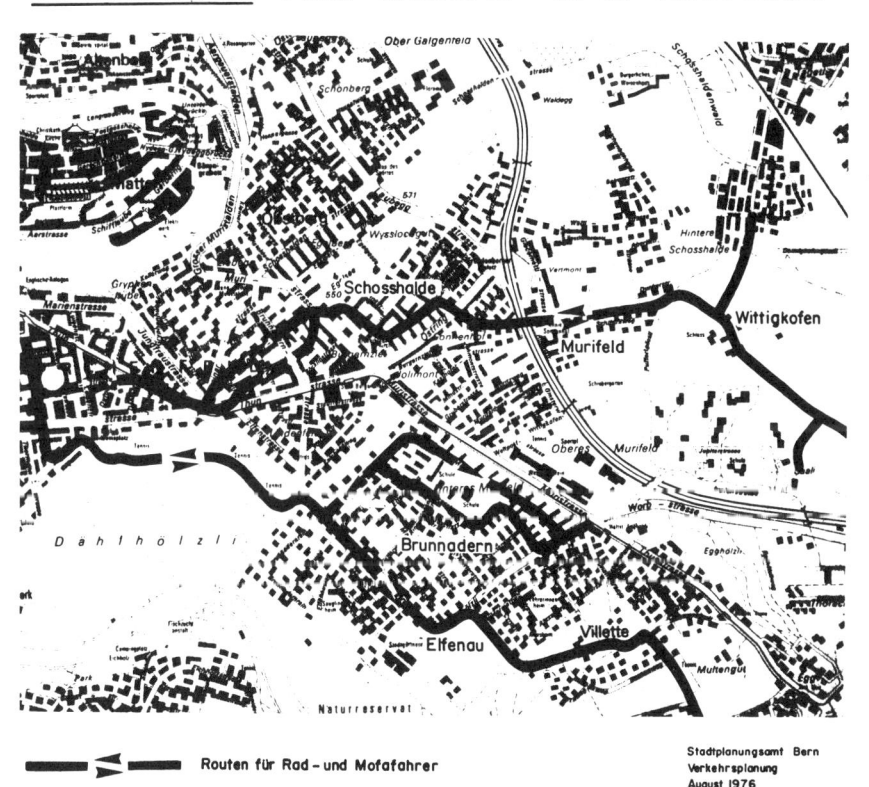

▬▬◄▬▬ Routen für Rad- und Mofafahrer

Stadtplanungsamt Bern
Verkehrsplanung
August 1976
ergänzt April 1981

Abb. 4: Information über eine neue Veloroute (Stadtplanungsamt Bern)

Vielschichtiger und nur in kleinen Schritten vollziehbar ist der langfristige Aspekt der Öffentlichkeitsarbeit zur Erzielung eines allgemein fahrradfreundlichen Klimas. Aus verschiedenen Orten bekannt sind folgende Maßnahmen:

- Fahrradbüro als Informations- und Beratungsstelle für Fragen des Fahrradverkehrs
- Informations- oder Vortragsveranstaltungen bzw. Ausstellungen
- Organisation eines „Tages des Fahrrades" oder einer Aktionswoche
- Volksradwanderfahrten
- öffentlicher Fahrradverleih
- Dienstfahrräder in den öffentlichen Verwaltungen
- Einrichtung von zielnahen Fahrradparkplätzen bei Großveranstaltungen
- Einrichtung einer Selbsthilfewerkstatt oder eines Pannendienstes
- Gewährung einer angemessenen Unterstützung für private Interessengruppen, die sich dem Fahrradverkehr widmen, z. B. indem Räumlichkeiten zur Verfügung gestellt werden
- Schulung der Radfahrer in Kindergärten und Schulen
- Vorbildwirkung führender Persönlichkeiten des öffentlichen Lebens, die z. B. regelmäßig mit dem Fahrrad fahren
- Durchführung eines Fahrrad-TÜV's mit Unterstützung der Polizei.

Wichtig ist bei allen diesen Maßnahmen eine Einbeziehung und Mitarbeit der Medien, insbesondere der örtlichen Presse. Sie ist in der Regel bereit, über entsprechende Veranstaltungen ausführlich zu berichten und kann selbst initiativ werden, in dem sie beispielsweise ihre Leser über Mängel oder persönliche Erfahrungen bei der Benutzung des Fahrrades berichten läßt. Geeignete Pressemeldungen erleichtern die Berichterstattung.

3.4. Planung von Radverkehrsnetzen

3.4.1. Allgemeines

In der Vergangenheit wurden Radwege vielfach unsystematisch und ohne Netzzusammenhang angelegt, ganze Stadtteile, wie z. B. die Innenstädte, wurden nahezu völlig ausgeklammert. Erst mit den „Empfehlungen für Planung, Entwurf und Betrieb von Radverkehrsanlagen" (5) der Forschungsgesellschaft für Straßen- und Verkehrswesen wurde der Forderung nach einem umfassenden geschlossenen Radverkehrsnetz auch in einem Richtlinienwerk ein gebührender Stellenwert eingeräumt und eine Planungsmethodik für ein Radverkehrsnetz ausführlich beschrieben (siehe Kap. 3.4.4.).

Ein solches Radverkehrsnetz bildet dann die Grundlage für die Entscheidung
- wo Radverkehrsverbindungen notwendig sind und welcher Art sie sein müssen
- welche Maßnahmen notwendig sind, um die Verbindungen in einen verkehrssicheren und annehmbar befahrbaren Zustand zu versetzen
- welche Dringlichkeit für die Maßnahmen besteht
- wie ihre Verwirklichung mit anderen Planungsvorhaben zu koordinieren ist.

Auch dort, wo mit einer Verwirklichung des gesamten Netzes in absehbarer Zeit nicht zu rechnen ist, können Netzplanungen als Grundlage der durchzuführenden Einzelmaßnahmen dienen.

Die hier beschriebene Planung von Radverkehrsnetzen bezieht sich vorwiegend auf den innerörtlichen Raum, da hier naturgemäß der Bedarf, aber auch die Schwierigkeiten am größten sind. Besondere Aspekte der Planung in ländlichen Räumen werden in Kapitel 3.4.5. behandelt.

3.4.2. Grundsätze der Radverkehrsnetzplanung

Radverkehrsplanung ist vor allem eine pragmatische, auf die detaillierte Ortskenntnis ausgerichtete Planung. Erforderlich ist weniger ein wissenschaftliches Konzept (ohne dies damit als unwesentlich abtun zu wollen) als die Kenntnis der alltäglichen Radfahrerprobleme, die man sich auch nur mit dem Fahrrad aneignen kann.

Als Grundsätze sind zu nennen:

- Radverkehrsnetzplanung ist eigenständig, aber integriert in ein Entwicklungskonzept des Gesamtverkehrs.
- Radverkehrsplanung ist Angebotsplanung, die einen in Zukunft erwünschten, möglicherweise auch stärker werdenden Radverkehr berücksichtigt. Die Notwendigkeit von Radverkehrsanlagen bestimmt sich danach aus der Lage und Bedeutung der Ziele und Quellen des Radverkehrs mehr als nach heute erkennbaren Radfahrerströmen.
- Radverkehrsnetzplanung versucht die Nachteile, die die Radfahrer durch eine vorwiegend am Kraftfahrzeug orientierte Planung erlitten haben (z. B. Barrierewirkung von Hauptverkehrsstraßen) wieder aufzuheben. Sie beseitigt Restriktionen, die zur Regelung des Kraftfahrverkehrs notwendig sind, soweit wie möglich (z. B. Einbahnstraßen, Abbiegevorschriften) und verbessert dadurch das Reisezeitverhältnis zugunsten der Radfahrer.
- Radverkehrsnetzplanung hat nicht zum Ziel, den Radverkehr aus bestimmten Straßenzügen gänzlich zu verdrängen. Auch wenn Hauptverbindungen des Radverkehrsnetzes über verkehrsarme Straßen parallel zur Hauptverkehrsstraße

laufen, behält die verkehrsreiche Straße wegen der hier innerörtlich fast immer vorhandenen Quellen und Ziele zumindest Erschließungsfunktion für den Radverkehr. Das ist bei der Festlegung von Maßnahmen zu berücksichtigen.
- Schwierige Bereiche werden nicht ausgeklammert, sondern mit Phantasie und Kenntnis der technischen und rechtlichen Möglichkeiten bewußt angegangen. Barrieren werden durchlässig gemacht.
- Die besonderen Eigenschaften der Radfahrer werden berücksichtigt. Der Verlauf der Netzverbindungen erfolgt nach den Kriterien:
  - größtmögliche Sicherheit
  - weitgehende Umwegfreiheit
  - klare Wegführung und Orientierungsmöglichkeit
  - hohe Attraktivität in Bezug auf Befahrbarkeit und Erlebnisqualität.

3.4.3. Bestandteile von Radverkehrsnetzen

Während für den KFZ-Verkehr eine Bündelung auf einigen Hauptverkehrsstraßen angestrebt wird, ist für das Fahrrad eine engmaschige Flächenerschließung das Ziel. Über die Maschenweite können dabei keine allgemeingültigen Aussagen getroffen werden, da hier örtlich zu verschiedene Gegebenheiten eine Rolle spielen.

Eine Hierarchie der Radverkehrsverbindungen in den drei Stufen „Veloroute", „Hauptverbindung", „Netzergänzung" hat sich als sinnvoll erwiesen, um den unterschiedlichen Anforderungen, die sich aus verschiedenen Fahrtzwecken und -weiten, sowie aus verschiedenen Zielvorstellungen der einzelnen Nutzergruppen ergeben, gerecht werden zu können. Diese Stufen können wie folgt beschrieben werden:

(1) Velorouten

Sie stellen die Magistralen des Radverkehrsnetzes dar und eignen sich für Verbindungen, auf denen zahlreiche wichtige Ziele berührt werden und sich mehrere Fahrtzwecke überlagern. Sie führen über längere Strecken durch den gesamten Planungsraum oder zumindest bis zu einem wichtigen Ziel (z. B. bis in die Innenstadt).

Velorouten zeichnen sich durch besonders großzügige Bemessung und hohen Fahrkomfort aus. Überholvorgänge von Radfahrern untereinander sind grundsätzlich möglich. In Knotenpunkten mit Nebenstraßen können sie Vorrang erhalten. Dazu sind besondere Gestaltungskriterien zu erfüllen (vgl. Kap. 4.7.2.2.).

Eine straßenbegleitende Veloroute nach holländischem Vorbild kann etwa eine Querschnittsausbildung nach Abb. 5 oder 6 aufweisen.

Bestandteile von Radverkehrsnetzen 55

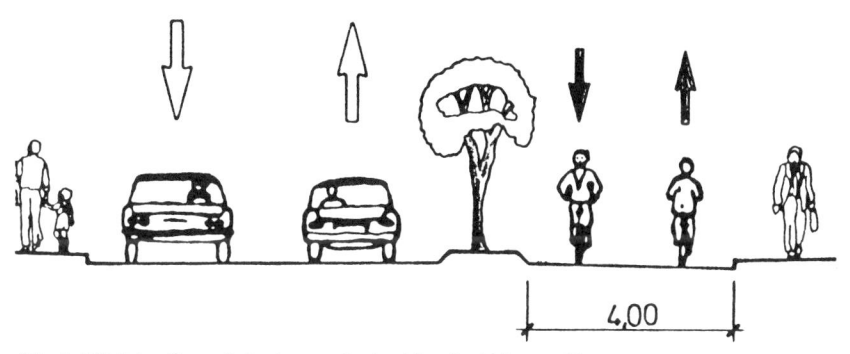

Abb. 5: Möglicher Querschnitt einer straßenbegleitenden Veloroute (5)

Abb. 6: Fietsroute in Den Haag

Die Erfahrungen aus Holland zeigen, daß auf solchen Routen der Radverkehr stark zunehmen kann. Allerdings ist eine Bündelung des Radverkehrs wegen dessen Umwegempfindlichkeit nur begrenzt möglich (144).

(2) Hauptverbindungen

Sie sichern zusammen mit den Velorouten die flächendeckende, sichere und weitgehend umwegfreie Verbindung aller wichtigen Quellen und Ziele des Planungsraumes und bilden ein geschlossenes Netz. Für den Erholungsverkehr werden Hauptverbindungen vor allem nach dem Gesichtspunkt der Erlebnis- und Umweltqualität geführt.

Da auch auf Hauptverbindungen starker Radverkehr über mittlere bis weite Entfernungen auftritt, sind neben der Verkehrssicherheit eine zügige Befahrbarkeit und in der Regel Überholmöglichkeiten zu gewährleisten. Für Hauptverbindungen kommen bei entsprechender Ausbildung alle Netzbestandteile infrage. Hauptverbindungen sollten nach Möglichkeit nicht über gefährliche Straßenzüge führen, auf denen aus Platzgründen keine Radverkehrsanlagen angelegt werden können.

(3) Netzergänzungen und Nahbereichsrouten

Sie binden die einzelnen Ziele und Quellen an das Netz der Hauptverbindungen und Velorouten an und ermöglichen Binnenverkehr in einzelnen Quartieren und Ortsteilen. Netzergänzungen runden das Hauptverbindungsnetz für weniger wichtige Quelle/Ziel-Beziehungen ab.

Für die Ausweisung von Nahbereichsrouten ist die detaillierte Ortskenntnis besonders wichtig. Häufig bieten sich „Schleichwege" und Durchlässe als günstige Verbindungen an.

Alle hier beschriebenen Verbindungsstufen des Radverkehrsnetzes können sich aus verschiedenen Arten von Radverkehrsanlagen zusammensetzen *[Tab. 6]*. Radverkehrsanlagen sind nach dieser Definition:

Tab. 6: Empfohlene Netzelemente für die drei Ausbaustufen

Netzelemente	Ausbaustufe	Veloroute	Hauptverbindung	Netzergänzung
(a) selbständig geführte Radwege		+	+	+
(b) straßenbegleitende Radwege		+	+	+
(c) Radfahrstreifen		O	+	+
(d) Radverkehr auf Busspuren		–	O	+
(e) Mehrzweckstreifen		–	–	O
(f) Straßen mit geringem Gefährdungspotential		+	+	+
(g) land- und forstwirtschaftliche Wege		+	+	+
(h) Fahrradstraßen		+	O	–
(i) Radverkehr in Gegenrichtung zu Einbahnstraßen		O	+	+
(j) Fußgängerbereiche		–	O	+

+ geeignet, O bedingt geeignet, – in der Regel nicht geeignet

– alle Sonderwege für Radfahrer im verkehrsrechtlichen Sinne, sowie
– alle weiteren Verkehrswege, auf denen Radfahrer sicher und angenehm fahren können.

Dabei ist auf die begriffliche Unterscheidung zwischen einem „Rad**wege**netz" und einem „Rad**verkehrs**netz" hinzuweisen: Die herkömmliche Bedeutung des Radwegenetzes beschränkt sich im wesentlichen auf die an verkehrsreichen Straßen anzulegenden Sonderwege für die Radfahrer. Mit ihnen allein ist ein wirklich funktionsfähiges Netz nicht zu schaffen, zumal sie auch in ihrer Qualität und verkehrssicheren Ausbildung in beengten Verhältnissen den Anforderungen oft nicht genügen können. Ein Radverkehrsnetz im Sinne der „Empfehlungen" (5) setzt sich dagegen aus den im folgenden vorgestellten Netzbestandteilen zusammen (Entwurf und verkehrsrechtliche Aspekte siehe Kap. 4 und 5):

(a) Selbständig geführte Radwege und gemeinsame Geh- und Radwege, die nicht im Zuge von Straßen verlaufen *(siehe Kap. 4.6.)*

Dazu gehören attraktive Verbindungen durch Grünzonen oder entlang von Wasserläufen ebenso wie kleine Verbindungswege, die Abkürzungen im bebauten Bereich ermöglichen. Für selbständige Radwege als Bestandteile von Hauptverbindungen oder Velorouten sollten besonders großzügige Trassierungselemente gewählt werden.

Abb. 7: Selbständiger Geh- und Radweg in einer Grünanlage

(b) Straßenbegleitende Radwege *(siehe Kap. 4.)*

Straßenbegleitende Radwege bzw. gemeinsame Geh- und Radwege sind von der Fahrbahn baulich getrennt. Sie können einseitig oder beidseitig der Straße angelegt sein. Einseitig angelegte Radwege werden in der Regel von Radfahrern in beiden Richtungen befahren, auf beidseitigen Radwegen kann Radfahren in Gegenrichtung unter bestimmten Bedingungen zugelassen werden.

(c) Radfahrstreifen *(siehe Kap. 4. und 5.1.3.)*

Radfahrstreifen liegen auf Fahrbahnniveau am Fahrbahnrand oder neben Fahrstreifen. Sie sind vom KFZ-Verkehr durch eine Markierung, durch einen Parkstreifen oder durch eine Schwelle getrennt.

(d) Radverkehr auf Busspuren *(siehe Kap. 5.3.)*

In einzelnen Fällen kommt auch die Führung des Radverkehrs auf Busspuren in Betracht, wenn anders eine verkehrssichere Unterbringung des Radverkehrs im Straßenquerschnitt nicht zu erreichen ist und zwischen Bus- und Fahrradverkehr keine nennenswerten gegenseitigen Behinderungen auftreten können.

Abb. 8: Straßenbegleitender Radweg

Bestandteile von Radverkehrsnetzen 59

Abb. 9: Radfahrstreifen

Abb. 10: Zugelassener Radverkehr auf einer Busspur

(e) Radverkehr auf Mehrzweckstreifen *(siehe Kap. 5.1.2.)*

Die vor allem an Straßen außerhalb bebauter Gebiete angelegten Mehrzweckstreifen sind für alle langsamen Fahrzeuge und abzustellende Fahrzeuge vorgesehen. Sie können deshalb einen eigenen Sonderweg für Radfahrer nicht ersetzen, jedoch dessen Dringlichkeit herabstufen.

(f) Straßen mit geringem Gefährdungspotential für den Radverkehr
(siehe Kap. 5.6.)

Straßen, auf denen Radfahrer die Fahrbahn gefahrlos benutzen können, sind für Radfahrer häufig attraktiver als straßenbegleitende Radwege. Sie sollten deshalb bei der Planung von Radverkehrsnetzen von vornherein berücksichtigt und bei weitgehend umwegfreier Führung gegenüber den Hauptverkehrsstraßen bevorzugt werden. Neben verkehrsberuhigten Straßen kommen hierfür Straßen mit relativ geringem KFZ-Verkehr (Anhaltswert etwa 250 KFZ/Spitzenstunde) oder in seiner Geschwindigkeit gedämpftem KFZ-Verkehr in Betracht.

In Fällen, in denen diese Straßen als Alternative zur Hauptverkehrsstraße gedacht sind, ist es wichtig, sie besonders attraktiv zu gestalten, damit ihre Vorteile für die Radfahrer offenkundig werden.

Abb. 11: Mehrzweckstreifen

Abb. 12: Radverkehr auf einer verkehrsarmen Straße

(g) Land- und Forstwirtschaftliche Wege *(siehe Kap. 5.1.4.)*

Die Benutzung land- und forstwirtschaftlicher Wege ist den Radfahrern in allen Bundesländern grundsätzlich erlaubt. Sind sie Bestandteile eines Radverkehrsnetzes, so sollten sie auch baulich in einen gut befahrbaren Zustand versetzt werden. Geeignet als Netzverbindungen sind diese Wege vor allem im überörtlichen Verkehr und im Freizeit- und Radwandervorkehr.

(h) Fahrradstraßen *(siehe Kap. 5.9.)*

Fahrradstraßen sind Straßen, auf denen Radfahrer durch eine besondere Beschilderung Vorrang erhalten. Kraftfahrer dürfen sie nur als Anlieger benutzen, auf ihnen nicht schneller als Radfahrer fahren und diese nicht behindern. Fahrradstraßen können einen sehr hohen Komfort für die Radfahrer besitzen und eignen sich deshalb besonders für stark befahrene Teile eines Radverkehrsnetzes. Die Straßenverkehrsordnung läßt eine derartige Kennzeichnung zur Zeit nicht zu. Eine ähnliche Wirkung kann aber durch Beschilderungskombinationen erreicht werden.

Abb. 13: Radverkehr auf landwirtschaftlichem Weg

Abb. 14: Fahrradstraße

Bestandteile von Radverkehrsnetzen 63

(i) Radverkehr in Gegenrichtung von Einbahnstraßen *(siehe Kap. 5.4.)*

Ein besonderes Problem bei der Schaffung umwegfreier Radverkehrsverbindungen stellen Einbahnstraßen dar.

Es wird deshalb bei der Verwirklichung von Radverkehrsnetzen eine sehr wichtige Maßnahme sein, Einbahnstraßen für Radfahrer in beide Richtungen befahrbar zu machen. Als Möglichkeiten kommen in Betracht:

    Sonderweg für Radfahrer für die Gegenrichtung (Radweg oder Radfahrstreifen)
    – Umwandlung in eine „unechte" Einbahnstraße.

Abb. 15: Radfahrstreifen in Gegenrichtung zur Einbahnstraße

(j) Radverkehr in Fußgängerbereichen *(siehe Kap. 5.5.)*.

Fußgängerzonen sind in der Regel wichtige Ziele für den Radverkehr sowie ideale Verbindungen durch oder in die Innenstadt. Die Wiederzulassung des Radverkehrs in Fußgängerzonen wird deshalb in vielen Städten diskutiert und auch praktiziert.

Abb. 16: Erlaubter Radverkehr in einer Fußgängerzone

3.4.4. Planungsschritte

In den „Empfehlungen" (5) wird eine vor allem für städtische Bereiche geeignete und praxisnahe Planungsmethodik vorgestellt, die sich bereits bei der Erstellung zahlreicher Radverkehrsnetze bewährt hat *(Abb. 17)*. Diese Methodik ist allerdings nicht dazu geeignet, schablonenhaft angewandt zu werden. In jedem Planungsraum müssen die ortsspezifischen Gegebenheiten den Ablauf und das Gewicht einzelner Planungsstufen bestimmen.

3.4.4.1. Festlegung des Planungsraums

Der Planungsraum umfaßt in der Regel eine gesamte Stadt. Bei Großstädten ist allerdings eine Gliederung in überschaubare Planungsbereiche sinnvoll, deren Einteilung sich nicht an Verwaltungsgrenzen sondern an der Stadtstruktur orientiert.

```
┌─────────────────────┐
│   Festlegung des    │
│   Planungsraumes    │
└─────────────────────┘
           ▼
┌───────────────────────────────────────────────────┐
│              Planungsunterlagen                   │
├──────────────┬───────────┬────────┬───────────────┤
│ Straßen/Wege │Quelle/Ziel│Unfälle │Radverkehrsaufkommen│
└──────────────┴───────────┴────────┴───────────────┘
           ▼                            ▼
┌──────────────────┐         ┌──────────────────┐
│  Angebotskarte   │         │   Problemkarte   │
└──────────────────┘         └──────────────────┘
           ▼
┌──────────────────┐
│  Wunschliniennetz │
└──────────────────┘
           ▼
┌──────────────────┐
│   Umlegung auf   │
│  Straßen und Wege│
└──────────────────┘
           ▼
┌──────────────────┐
│  Radverkehrsnetz │
└──────────────────┘
           ▼
┌──────────────────┐
│    Maßnahmen     │
├──────┬───────────┤
│ Netz │übrige Straßen│
└──────┴───────────┘
           ▼
┌──────────────────┐
│   Dringlichkeit  │
└──────────────────┘
```

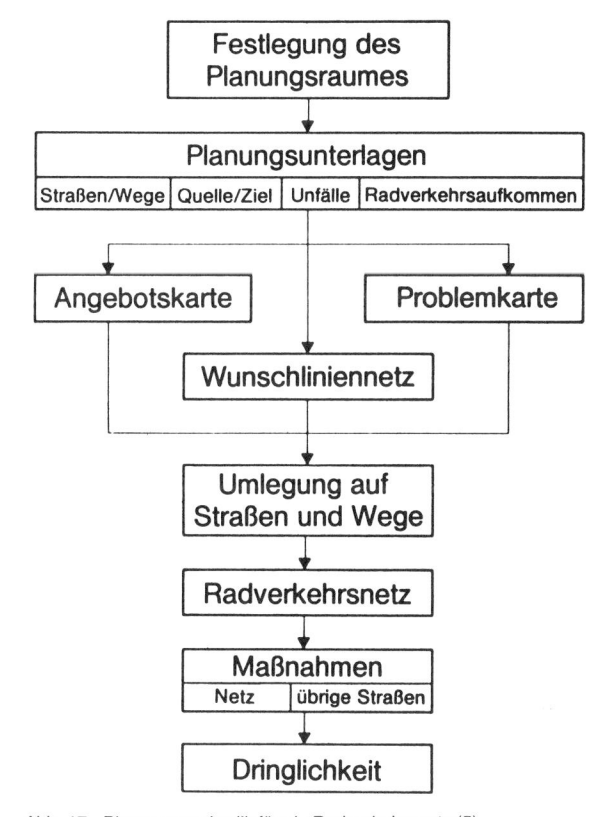

Abb. 17: Planungsmethodik für ein Radverkehrsnetz (5)

3.4.4.2. Planungsunterlagen

Im Rahmen der Netzplanung müssen folgende Unterlagen beschafft werden:

a) Erfassung der Infrastruktur für den Radverkehr

Die Straßen und Wege des Planungsraumes müssen hinsichtlich ihrer Eignung für den Radverkehr bewertet werden, d. h. es muß festgestellt werden, auf welchen Straßen besondere Schutzmaßnahmen für die Radfahrer erforderlich sind.

Wichtig ist auch eine Erfassung von Einbahnstraßen sowie der für Radfahrer nur an wenigen Stellen überwindbaren „Barrieren", wie z. B. Schnellstraßen, Bahnlinien, Wasserläufe. In diesem Planungsschritt ist auch eine Bestandsaufnahme der vorhandenen Radverkehrsanlagen erforderlich, wobei auch die Mängel zu erfassen sind. Ein Abfahren der Radwege mit dem Fahrrad ist hierfür unabdingbar.

b) Erfassung der Quellen und Ziele für den Radverkehr

Wichtige Ziele sind u. a. Schulen, Einkaufsbereiche, Industrie und Gewerbegebiete, Erholungsgebiete, Freizeiteinrichtungen, öffentliche Ämter mit starkem Publikumsverkehr, Bahnhöfe und wichtige Haltestellen des ÖPNV. Als Quellen des Radverkehrs sind zusammenhängende Wohngebiete anzusehen. Sie brauchen nur gesondert erfaßt zu werden, wenn sie keine Ziele enthalten, die über den Wohnbereich hinausgehende Bedeutung haben. Aus Flächennutzungsplänen und Bebauungsplänen können viele dieser Daten erhoben werden.

c) Unfallanalyse

Eine Unfallanalyse liefert die Übersicht über die für die Radfahrer besonders kritischen Stellen und zeigt, wo und ggf. wie Verbesserungsmaßnahmen besonders dringlich sind.

d) Radverkehrsaufkommen

Untersuchungen zur Stärke des Radverkehrs sind nicht unbedingt notwendig, weil die Radverkehrsplanung eine Angebotsplanung sein soll, die sich nicht nach dem derzeitigen Radverkehrsaufkommen richtet. Zählungen oder Befragungen können allerdings hilfreich sein, um die Bedeutung einzelner Ziele für den Radverkehr abschätzen zu können und um Dringlichkeiten für die Herrichtung einzelner Routen festzulegen.

3.4.4.3. Angebots- und Problemkarte

Aus den genannten Planungsunterlagen können die Angebots- und die Problemkarte erstellt werden. In der Angebotskarte sind diejenigen Straßen und Wege dargestellt, die bereits gut für den Radverkehr geeignet sind. Die Problemkarte *(Abb. 18)* enthält alle Straßenzüge und Knotenpunkte, die für Radfahrer als gefährlich anzusehen sind und wo eine den Ansprüchen genügende Führung des Radverkehrs nur mit beträchtlichem Aufwand zu erreichen ist.

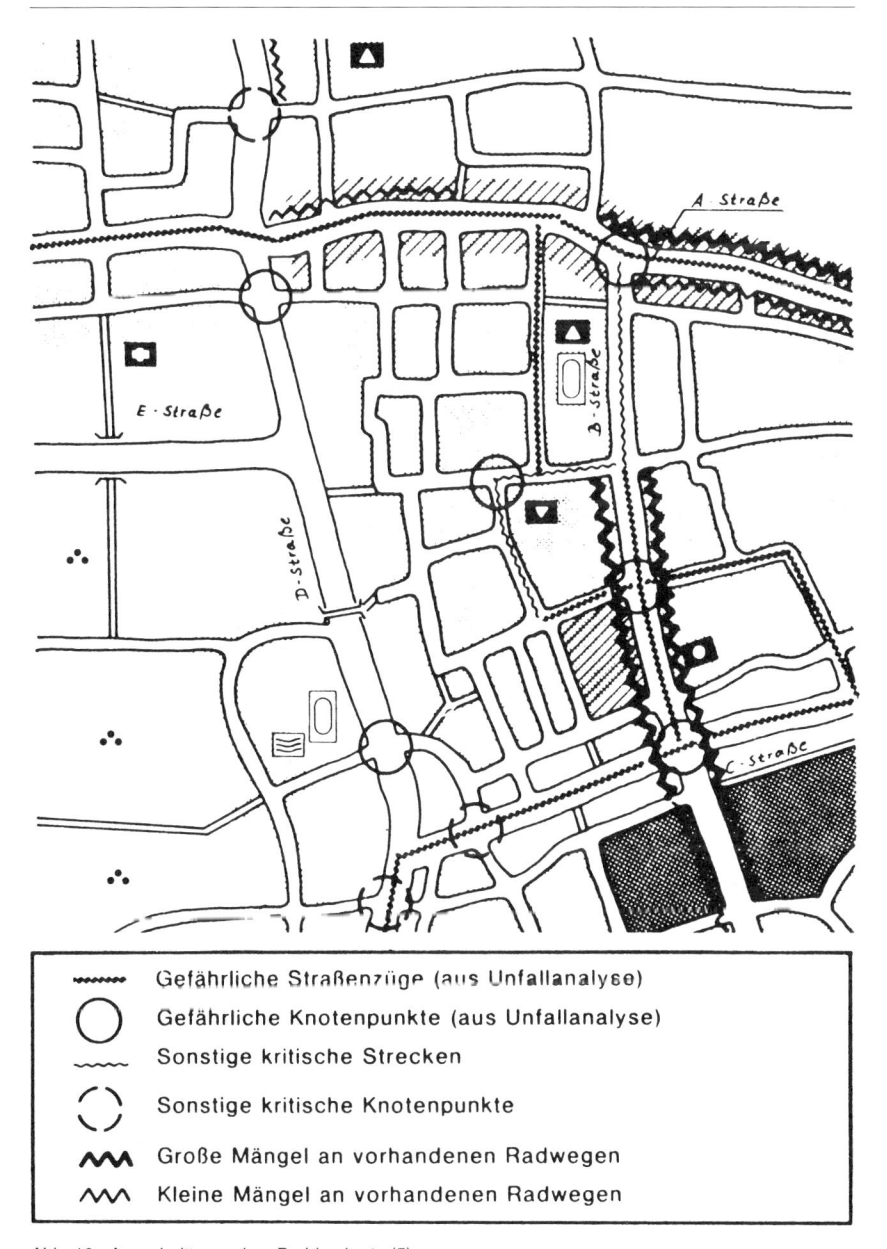

~~~~~ Gefährliche Straßenzüge (aus Unfallanalyse)
○ Gefährliche Knotenpunkte (aus Unfallanalyse)
~~~ Sonstige kritische Strecken
◯ Sonstige kritische Knotenpunkte
∿∿ Große Mängel an vorhandenen Radwegen
∿∿ Kleine Mängel an vorhandenen Radwegen

Abb. 18: Ausschnitt aus einer Problemkarte (5)

3.4.4.4. Wunschliniennetz

Aus der Lage von Quellen und Zielen werden unter Berücksichtigung von Barrieren die idealen geradlinigen Wunschlinien für die Radfahrer festgelegt. Es empfiehlt sich aus Gründen der Übersichtlichkeit nicht, jede Quelle mit jedem potentiellen Ziel zu verbinden, sondern eine Bündelung räumlich nah beieinanderliegender Wunschlinien vorzunehmen, so daß ein flächendeckendes Netz entsteht, indem alle wichtigen Ziele und Quellen angebunden sind.

Es hat sich gezeigt, das in städtischen Räumen die Verteilung der wichtigen Ziele vielfach bereits so flächendeckend ist, daß durch die Verbindung dieser Ziele untereinander bereits ein Grundwunschliniennetz geschaffen werden kann, an welches dann noch etwas abseits liegende Ziele und Quellen angeschlossen werden müssen *(Abb. 19)*.

Für Großstädte, die in mehrere Planungsbereiche aufgeteilt werden können, wird in einem ersten Arbeitsschritt ein übergeordnetes Netz von Hauptverbindungen festgelegt, die das Zentrum, die Stadtteilzentren und andere für die Gesamtstadt wichtige Ziele des Radverkehrs verbindet. Die Wunschliniennetze der einzelnen Planungsbereiche müssen dann diese übergeordneten Wunschlinien und die Anknüpfung an die benachbarten Planungsräume berücksichtigen.

Wunschlinien sollten so gelegt werden, daß möglichst viele Ziele auf einer Verbindung liegen und Wohngebiete zentral durchlaufen werden. Eine grobe Anlehnung an das tatsächlich vorhandene Straßennetz ist häufig sinnvoll und erleichtert die Umlegung der Wunschlinien auf Verkehrswege.

3.4.4.5. Umlegung auf Straßen und Wege

Velorouten und Hauptverbindungen des Radverkehrsnetzes entstehen durch die Umlegung der Wunschlinien auf die vorhandenen oder evtl. noch anzulegenden Straßen und Wege. Dabei ist unter Berücksichtigung von Angebots- und Problemkarte anzustreben, gefährliche Bereiche zu umgehen und bei Beachtung der Umwegempfindlichkeit, Radfahrer nach Möglichkeit über solche Strecken zu führen, auf denen sie weitgehend ungestört von starkem KFZ-Verkehr fahren können. Auf die Realisierbarkeit evtl. noch notwendiger Maßnahmen ist dabei bereits zu achten.

Zur Anbindung von Wohnbereichen an die Hauptverkehrsverbindungen und zur Abwicklung des innerhalb eines Ortsteils ablaufenden Binnenverkehrs werden anschließend die Nahbereichsrouten und Netzergänzungen ausgewiesen.

Planungsschritte

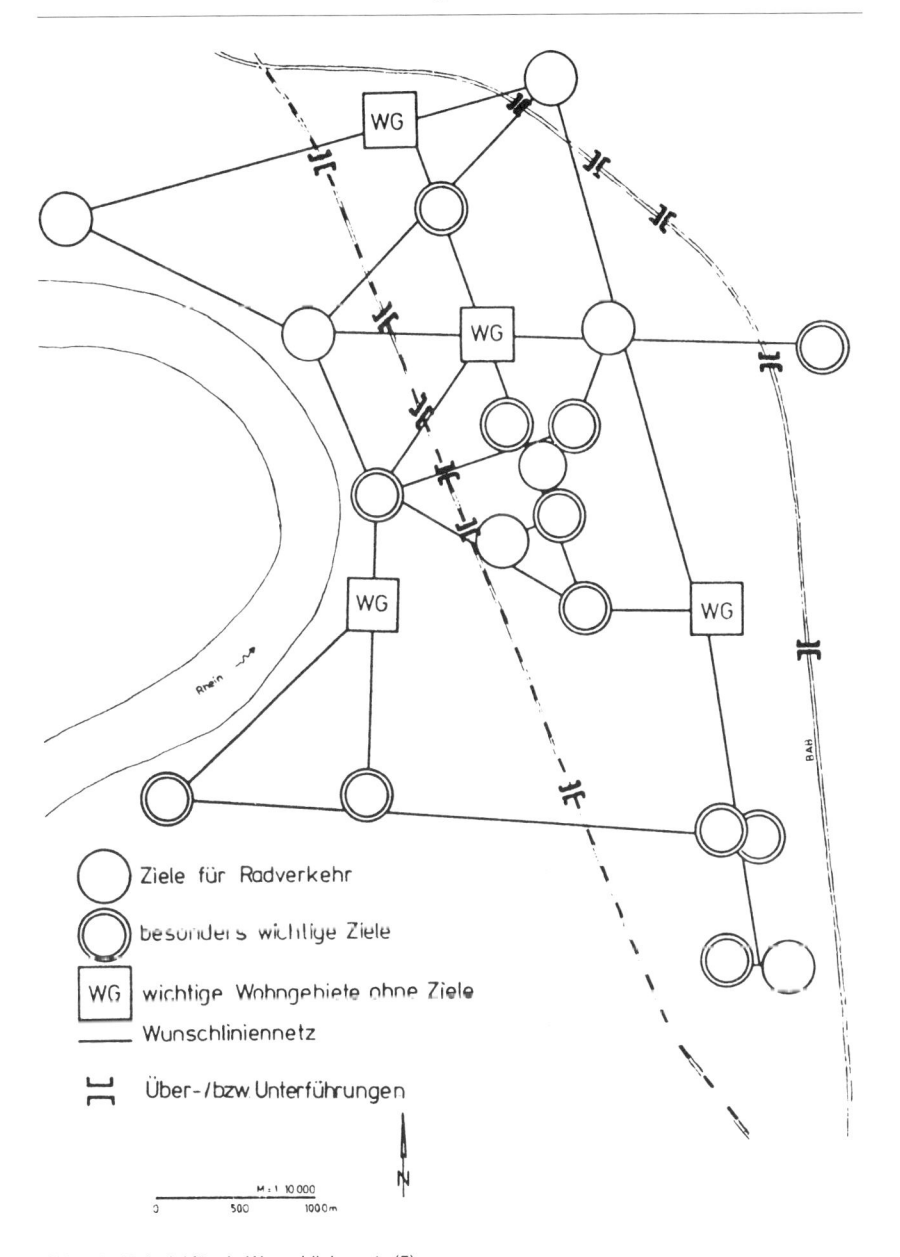

○ Ziele für Radverkehr
◎ besonders wichtige Ziele
WG wichtige Wohngebiete ohne Ziele
── Wunschliniennetz
⌝⌜ Über-/bzw. Unterführungen

M: 1:10 000
0   500   1000m

Abb. 19: Beispiel für ein Wunschliniennetz (5)

Zur Planung eines Radverkehrsnetzes gehört als wichtiger Bestandteil auch die Festlegung der Standorte von Abstellplätzen *(siehe Kap. 7.7.)* sowie ein Wegweisungskonzept *(siehe Kap. 7.6.).*

3.4.4.6. Festlegung notwendiger Maßnahmen

Für die einzelnen Verbindungen sollten in einem Plan die Maßnahmen festgelegt werden, die zur Schaffung von attraktiven und sicheren Routen notwendig sind. Dazu gehören aufwendige Maßnahmen wie die Neuanlage von Radwegen ebenso wie für den Radverkehr wichtige Details, z. B. Absenkung von Bordsteinen oder die Schaffung einer Durchfahrbarkeit von Sackgassen.

Der anzustrebende Standard einer Radverkehrsanlage richtet sich nach der Bedeutung der Verkehrsverbindung im Netz. Besonders sorgfältig sollen Velorouten und alternative Verbindungen zu den Verbindungen über verkehrsreiche Straßen ausgebildet werden.

Auch unabhängig von einem Radverkehrsnetz können Maßnahmen für den Radverkehr festgelegt werden, z. B.:

- Zur Entschärfung besonderer Gefahrenquellen
- bei Neu- oder Ausbau bestehender Straßen und
- zum Schließen von Lücken zwischen vorhandenen Radverkehrsanlagen.

3.4.4.7. Festlegung von Dringlichkeiten

Da es nicht möglich ist, ein Radverkehrsnetz in einem Zuge zu verwirklichen, ist es sinnvoll, eine Dringlichkeitsreihung für die notwendigen Maßahmen aufzustellen. Zusammen mit einer Kalkulation der jeweiligen Kosten ergibt sich hieraus die Grundlage einer geordneten Haushaltsführung.

3.4.5. Besonderheiten für Radverkehrsnetze außerhalb geschlossener Ortslagen

Eine Radverkehrsnetzplanung ist auch außerhalb bebauter Bereiche zur Verbindung einzelner Orte notwendig. Im Einzugsgebiet von Städten und anderen Orten mit Zentrumsfunktion hat das Fahrrad vor allem im Ausbildungs- und Berufsverkehr bis zu einem Entfernungsbereich von ca. 10 km Bedeutung.

Im Grundsatz kann die Planung von überregionalen Radverkehrsnetzen unter ähnlichen Gesichtspunkten ablaufen wie in städtischen Bereichen *(siehe Kap. 3.4.4.).* Planungsräume sind die jeweiligen Verwaltungseinheiten (z. B. Landkreise, Land). Für Netze des ‚Alltagsradverkehrs' (Fahrtzwecke Arbeit, Ausbildung, Freizeit) sind die Landkreise oder kommunalpolitische Zusammenschlüsse (Großräume) geeignet. Eine enge Zusammenarbeit mit allen Gemeinden und intensive Abstimmung mit Städten, die eigene kommunale Radverkehrsnetze entwickeln, ist notwendig. Diese Planungen auf Landkreisebene sollten von einer übergeordneten Stelle (z. B. Landesstraßenbauverwaltung oder Bezirksregierung) koordiniert werden. Dies ist vor allem dort wichtig, wo unterschiedliche Zuständigkeiten für einzelne Netzabschnitte vorliegen (z. B. landwirtschaftliche Verbände, Forstgenossenschaften, Wasserwirtschaftsverbände etc.). Für Radwanderwegepläne sind landesweite Planungen sinnvoll, die in Zusammenarbeit mit den Landkreisen erstellt werden.

Ziele und Quellen des Radverkehrs sind in der Regel die einzelnen Ortschaften selbst (Ortskerne), sowie Einrichtungen von überörtlicher Bedeutung, die nicht in einem Ortskern liegen und Erholungsziele. Die direkten Verbindungen führen fast immer über die ortsverbindenden Straßen, die damit Bestandteile des Radverkehrsnetzes (je nach KFZ-Verkehrsstärke mit oder ohne Sonderwege) werden. Dort wo es möglich ist, sollten zusätzlich oder alternativ land- oder forstwirtschaftliche Wege in die Netzplanung einbezogen werden, besonders für den Freizeit- und Radwanderverkehr. Bei Vorhandensein von Ortsumgehungen wird es in der Regel günstiger sein, den Radverkehr auf der alten Ortsdurchfahrt zu führen.

Beispiel: Das Radwanderwegnetz des Saarlandes umfaßt 863 km *[siehe Abb. 20]*. Davon liegen ca. ein Drittel auf land- und forstwirtschaftlichen Wegen (114).

Um die Dringlichkeiten für Maßnahmen im Rahmen der geplanten Radverkehrsnetze festzusetzen, werden Bedarfspläne aufgestellt. In den meisten Bundesländern und beim Bund gibt es solche Bedarfsprogramme, die sich allerdings häufig nur auf Radwege an den klassifizierten Straßen beziehen und auch ohne Vorhandensein einer eigentlichen Netzplanung aufgestellt werden. Es handelt sich in diesen Fällen um die herkömmliche Radwegenetzplanung, die allerdings im überörtlichen Radverkehr noch eher eine Berechtigung hat als im städtischen Bereich.

Beispielhaft sei hier auf die Bedarfsplanung für Bundes- und Landesstraßen in Niedersachsen hingewiesen, die schon sehr frühzeitig (1976) als Angebotsplanung mit Berücksichtigung eines potentiellen Radverkehrs konzipiert wurde (103).

SAARLAND
RADWANDERWEGE
-NETZMODELL-

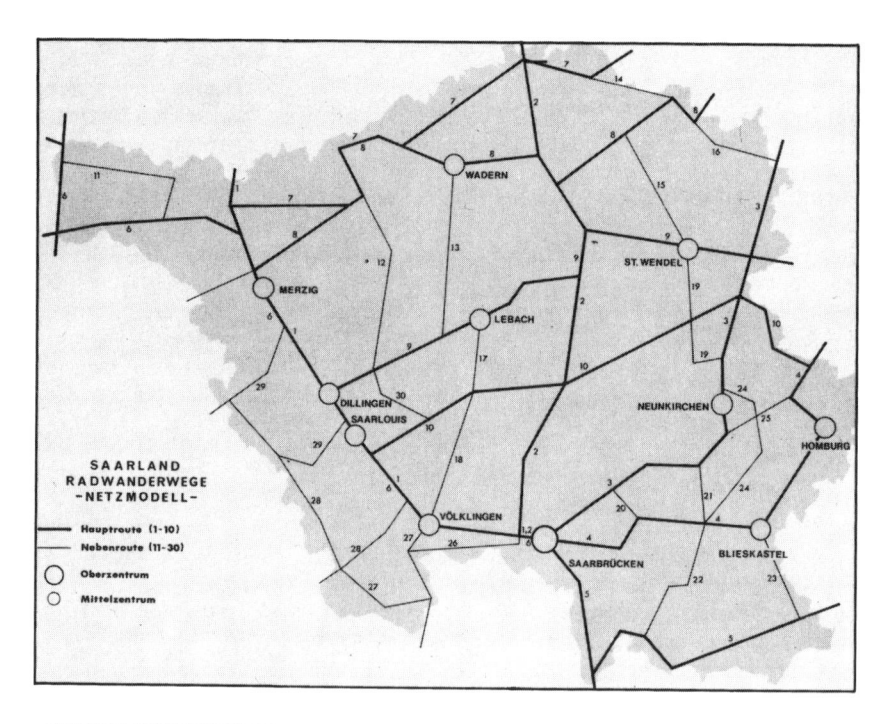

Abb. 20: Netzmodell eines Radwanderwegenetzes (114)

INGENIEURBÜRO FÜR

VERKEHRSUNTERSUCHUNGEN
STRASSENBAU
STRASSENVERKEHRSTECHNIK
SCHNELL- UND U-BAHNBAU
EISENBAHNBAU
WASSERWIRTSCHAFT
WASSERVERSORGUNG
ABWASSERBESEITIGUNG

UMWELTTECHNIK
EDV-PROGRAMME
INGENIEUR-BAUWERKE
TRANSPORTLEITUNGEN
FLUGHAFENANLAGEN
TECHNISCHER AUSBAU
INGENIEURVERMESSUNG

SCHLEGEL-Dr.-Ing. SPIEKERMANN GmbH & CO
DÜSSELDORF · DUISBURG · KOBLENZ · MÜNCHEN · STUTTGART
UERDINGER STRASSE 58-62 · 4000 DÜSSELDORF 30 · TELEFON (02 11) 4 54 75-0 · TELEX 8 584 620 css d

---

Ingenieurbüro
DIPL.-ING. HORST WENSSING
Beratender Ingenieur BDB

Verkehrsplanungen, Straßen- und Tiefbau, Vermessungen, Lichtsignalanlagen, Trinkwasserversorgung, Abwasserbeseitigung, Bauleitungen.

586 Iserlohn, Langestraße 48/48a, Fernruf Iserlohn 2 90 35

V+U
**Gruppe Verkehr und Umwelt
Ingenieurgemeinschaft**

Dipl.Ing. Barth — Hassinger — Dipl.Ing. von der Ruhr
Kfz-Verkehr · ÖPNV · Radverkehr · Fußgängerverkehr
Verkehrszählungen · Verkehrsuntersuchungen
Lärmuntersuchungen · Planung von Verkehrsanlagen
Leistungsverzeichnisse · Bauleitung
Traubenstr. 30 · 7000 Stuttgart 1 · Tel.: (07 11) 22 45 13

**STEPHAN WEIS (ING. GRAD.)
Beratender Ingenieur VBI
für Verkehrsbauwesen**

Städtisches Ingenieurwesen
Verkehrsplanung
Eisenbahnbau
Erschließungen
Bauleitungen

Lärchenweg 12 · **2091 Handorf** · Telefon (0 41 33) 76 55

Ingenieurbüro für Vermessungs- und Bauwesen
Dipl.-Ing DIETER LINZ, Beratender Ingenieur
Straßen- und Verkehrsplanung, Ing-Vermessung, Tiefbau, Erschließung, EDV, GDV
3050 WUNSTORF 1/Hannover · Luther Weg 82 · Telefon (0 50 31) 7 42 77

Ingenieurbüro Dipl.-Ing. Heinrich Willems VBI
Kanalbau-, Straßenbau-, Gleisbauplanung
Erschließungen, Bauleitungen, Netzplantechnik
Postf. 30 03 09, Wingertsheide 30, **5060 Berg. Gladbach 1,** Tel. (0 22 04) 6 16 55

KOHNS & POPPENHÄGER

Pfalzbahnstr. 20 · 6680 Neunkirchen
☎ (06821) 230 35/36

Beratende Ingenieure VBI-abv-KBI
für Verkehrswesen, Tiefbau
und Vermessungswesen

Radwege
Planung
- Grundlagenermittlung
- Voruntersuchungen
- Entwurfsplanung
- Ausführungsplanung
- Bauüberwachung

- Strukturerhebungen
- Netzplanungen
- Landespflege
- Einbindung in
  städt. Gesamtplanungen

VERKEHRS- UND BAULEITPLANUNGEN • VERMESSUNG
UMWELTPLANUNGEN • SOFTWAREENTWICKLUNG
GRAFISCH INTERAKTIVE DATENVERARBEITUNG

Planungsgemeinschaft Verkehr
ALRUTZ DARGEL HILDEBRANDT

- Planungen zum Fahrradverkehr und Fußgängerverkehr
- Gestaltung städtischer und dörflicher Straßenräume
- Nutzungsanalyse und Entwurf von Ortsdurchfahrten
- Kommunale Verkehrsplanung und Beratung
- Verkehrssicherheitsuntersuchungen und Forschung

Geibelstraße 43
3000 Hannover 1
Tel. 0511/880537

4. Entwurf und Ausbildung von Radverkehrsanlagen

Der Bau von Radwegen ist heute allerorts allgemeingültige Forderung geworden *(siehe Kap. 2.)*. Während bei Straßenneubauten i. a. relativ problemlos geeignete Radverkehrsanlagen zu verwirklichen sind, treten bei einer nachträglichen Verwirklichung im vorhandenen Straßenraum häufig große Schwierigkeiten auf. Wie dabei in der Praxis verfahren wird *(siehe Kap. 4.2.)*, findet jedoch keine ungeteilte Zustimmung. Gerade die (organisierten) Alltagsradler üben in zunehmendem Maße Kritik, die bis zu einer weitgehenden Ablehnung von Radwegen geht (38, 109).

In diesem Kapitel soll deshalb ausführlich auf die Problematik straßenbegleitender Radverkehrsanlagen (Radwege, gemeinsame Geh- und Radwege, Radfahrstreifen) eingegangen werden. Darüberhinaus werden die in den „Empfehlungen für Planung, Entwurf und Betrieb von Radverkehrsanlagen" (5) vorgestellten Lösungen unter Berücksichtigung praktischer Erfahrungen vorgestellt. Auf Fragen, die vorwiegend die Lenkung und Regelung des Radverkehrs und verkehrsrechtliche Aspekte betreffen, wird in Kap. 5 eingegangen, auf bautechnische Fragen in Kap. 6.

4.1. Einflußgrößen für den Entwurf

4.1.1. Verkehrsspezifische Verhaltensweisen und Eigenschaften von Radfahrern

Beim Entwurf von Radverkehrsanlagen sind die besonderen Verhaltensweisen und Eigenschaften der Radfahrer, soweit die Verkehrssicherheit und die Erfordernisse anderer Verkehrsteilnehmer nicht unzumutbar eingeschränkt werden, zu berücksichtigen. Eine Mißachtung kann dazu führen, daß die vorgesehenen Radverkehrsanlagen nicht angenommen werden, so daß die erwünschte Erhöhung der Verkehrssicherheit u. U. nicht eintritt. Die vom Autoverkehr abweichenden Verhaltensweisen der Radfahrer erklären sich aus der Zusammensetzung der Benutzer und den besondere Eigenschaften des Verkehrsmittels Fahrrad:

- Die meisten Wege mit dem Fahrrad werden von Kindern und Jugendlichen sowie anderen Personen zurückgelegt, die keinen Führerschein besitzen. Häufig liegt noch keine langdauernde Fahrpraxis vor.
- Mit einem vollkommenen Verständnis der Verkaufsabläufe kann zumindest bei Kindern nicht immer gerechnet werden. Textliche Hinweise auf Verkehrszeichen können sie oft noch nicht lesen. Bei spielerischer Verkehrsbeteiligung ist die Aufmerksamkeit für Verkehrsabläufe in der Regel stark verringert. Häufig sind Kinder auch durch die Handhabung des Fahrrades selbst bereits stark beansprucht.
- Auch regelkundige Radfahrer neigen zu Verkehrsverstößen, wenn ihnen die Einhaltung der jeweiligen Verkehrsregeln als zu hinderlich erscheint.
- Die hohe Flexibilität des Fahrrades läßt vielfältige Bewegungsabläufe (auch Schieben oder Tragen des Fahrrades) zu. Reglementierungen sind deshalb häufig nur, wenn sie einsichtig sind, erfolgversprechend.
- Radfahrer erleben das Verkehrsgeschehen und die Umwelteinflüsse unmittelbar. Sie reagieren dann u. U. für andere Verkehrsteilnehmer häufig unerwartet (z. B. Schlenker infolge von Schlaglöchern, Scherben, Wasserpfützen; gebeugte Haltung mit eingeengtem Sichtfeld bei Regen, Wind und Kälte).
- Radfahrer sind in weit stärkerem Maße als Autofahrer gegen Stöße und Erschütterungen empfindlich. Unebener Belag und vor allem Kanten, z. B. an Bordsteinabsenkungen, führen nicht nur zu starken Beeinträchtigungen des Fahrkomforts, sondern u. U. auch zu Beschädigungen des Rades. Straßenbahnschienen sind unmittelbar sturzgefährdend.
- Fahrräder haben keinen geradlinigen Spurlauf. Sie führen Schwankungsbewegungen um eine Ideallinie aus, die einen größeren Breitenbedarf als von den geometrischen Abmessungen her abzuleiten, erfordern. Besonders labil ist wegen der geringen Fahrgeschwindigkeit der Anfahrvorgang. Der Bewegungsraum beim Anfahren und Halten ist um ca. 20 – 30 cm größer als bei normaler Fahrt. Zusätzliche Flächenansprüche ergeben sich auch beim Auf- und Absteigen, bei Gegen- und Seitenwind und bei der Kurvenfahrt (Schräglage).
- Fahrräder sind auch Transportmittel. Durch Lastentransport beanspruchen Räder einen größeren Verkehrsraum. Durch ungeeignet transportierte Güter (z. B. schwere Taschen am Lenker) sinkt die Reaktionsfähigkeit auf verkehrliche Gegebenheiten.
- Radfahrer fahren an Lichtsignalanlagen an haltenden Fahrzeugen wegen des zeitlichen Vorteils und um die Abgasbelästigungen so gering wie möglich zu halten rechts vorbei. Sie stellen sich vor Lichtsignalanlagen in Gruppen nebeneinander auf. Alle bei Rot gestauten Radfahrer werden versuchen, in der folgenden Grünphase den Knoten zu überqueren.
- Aufgrund ihrer Größe fallen Radfahrer im Straßenbild wenig auf. Insbesondere bei Dunkelheit ist die Auffälligkeit stark eingeschränkt. Nicht selten sind Fahrräder beim Fahren, fast immer aber während des Haltens unbeleuchtet.
- Manchen Radfahrern bereitet es große Schwierigkeiten, sich rückwärts zu orientieren. Dies ist vor allem beim Linksabbiegen, wenn gleichzeitig noch Handzei-

chen zum Einordnen gegeben werden muß, problematisch und führt häufig zu Unfällen.
– Radfahrern fehlt wie den Fußgängern ein passiver Schutz, der bei Unfällen Verletzungen verhindert. Daraus erklärt sich die gegenüber den Autofahrern stark erhöhte Verletzungsgefahr bei Unfällen.

4.1.2. Geschwindigkeiten

Das Geschwindigkeitsverhalten der Radfahrer wird in starkem Maße durch äußere Umstände (Längsneigung, Wind, Qualität der Verkehrsflächen) sowie die eigene Leistungsfähigkeit und momentane Leistungsbereitschaft beeinflußt. Unterschiede ergeben sich auch durch die Art des benutzten Fahrrades *[Abb. 21]*. Während sich

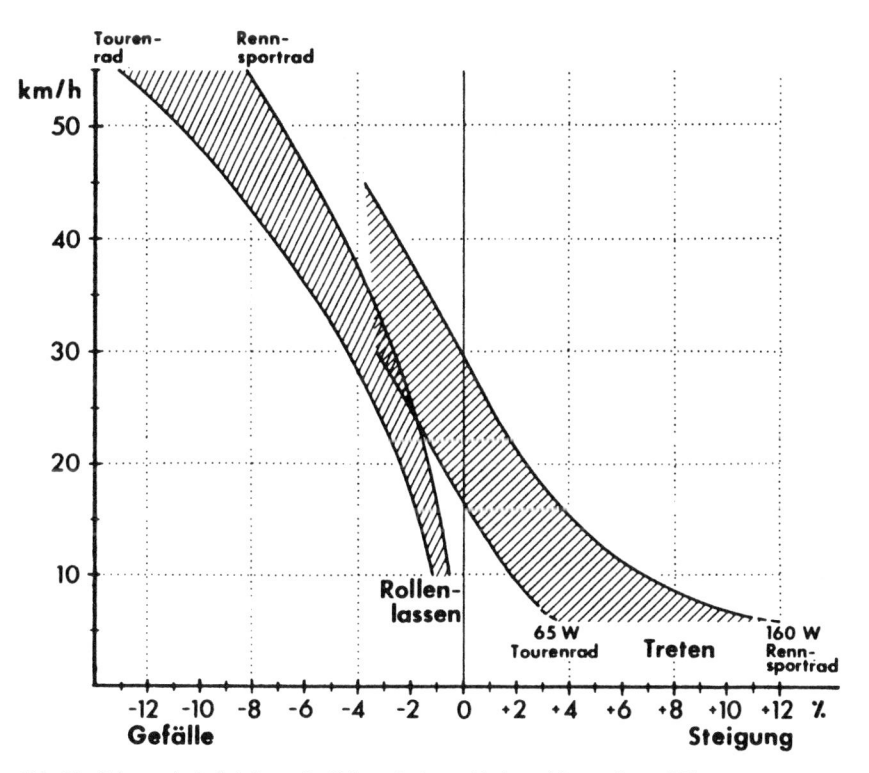

Abb. 21: Fahrgeschwindigkeit von Radfahrern bei verschiedener Längsneigung (82)

für Tourenräder auf ebener Strecke eine mittlere Geschwindigkeit von etwa 16 km/h ergibt, liegt sie bei Rennsporträdern bei ca. 30 km/h. Der gesamte Geschwindigkeitsbereich erstreckt sich etwa von 5 – 50 km/h (82).

Die zunehmende Bedeutung von Rennsporträdern gerade bei Alltagsradlern fordert eine entsprechende Berücksichtigung bei der Ausbildung von Radverkehrsanlagen, z. B. hinsichtlich Ebenheitsansprüchen. Aus der großen Bandbreite der Geschwindigkeiten läßt sich besonders für starken Radverkehr auch ein großer Bedarf für gegenseitige Überholungen ableiten. Einspurige Radwege sind deshalb für Hauptverbindungen eines Radverkehrsnetzes in der Regel nicht ausreichend.

4.1.3. Erforderliche Querschnittsflächen

In den Regelwerken wird i. a. von folgenden notwendigen Räumen für ein- bzw. zweispurige Radwege ausgegangen *[Abb. 22]*:

– – – – – – – lichter Raum
──────── Verkehrsraum
▬▬▬▬▬▬▬ Befestigung

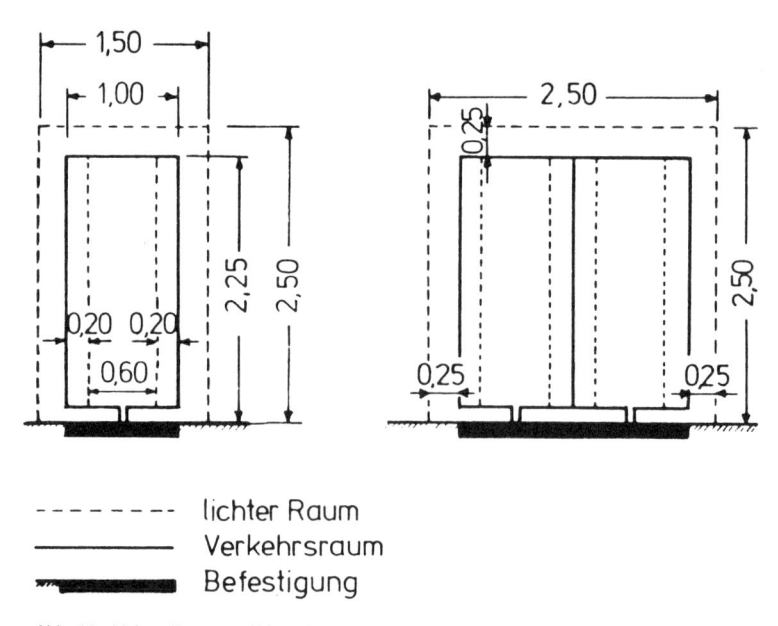

Abb. 22: Lichter Raum und Verkehrsraum für Radfahrer (5)

Erforderliche Querschnittsflächen

Der für Radfahrer freizuhaltene Raum setzt sich zusammen aus:

a) Fahrzeugbreite (FB)
   - Einspuriges Fahrrad: 0,60 m
   - Fahrrad mit Anhänger oder Lastendreirad: 1,00 m

b) Bewegungsraum (BR)
   - normal — je Seite 0,20 m
   - längere Engstelle — je Seite 0,15 m
   - kurze Engstellen — je Seite 0,10 m

c) Sicherheitsraum (SR)
   - normal — je Seite 0,25 m
   - längere Engstellen — je Seite 0,15 – 0,20 m
   - kurze Engstellen — je Seite 0,10 m

d) Zuschläge (Z) sind erforderlich für
   - Verlauf des Radweges direkt am Bordstein
   - Verlauf zwischen Hindernissen ohne Ausweichmöglichkeit
   - in scharfen Kurven
   - bei starkem Gefälle

Die Zuschlagsbreite ist von der Örtlichkeit abhängig.

Die notwendige Lichtraumbreite bemißt sich wie folgt (ZF: Zahl der Fahrspuren)

$V = FB + 2BR$ \qquad Verkehrsraum
$L = (FB + 2BR) \cdot ZF + 2SR + Zuschlag$ \qquad Lichter Raum

Die befestigte Breite des Radweges sollte mindestens der Breite des Verkehrsraumes entsprechen. Sie kann darunter liegen, wenn die angrenzenden Flächen ohne Niveauunterschied befahrbar sind. Seitliche Einfassungen am Radweg sollen eine Höhe von 0,05 m (Pedalfreiheit) nicht überschreiten. Anderenfalls wird die nutzbare Breite des Radweges eingeschränkt.

Die Breite einer Radverkehrsanlage ist ein wesentliches Merkmal für ihre Sicherheit und ihren Standard. Sie ist entscheidend

- für die individuelle Bewegungsfreiheit. Bei ausreichendem Platz nutzen ca. 50 % der Radfahrer mehr als den notwendigen Verkehrsraum von 1,00 m (120).
- für die Überholmöglichkeit von Radfahrern untereinander.
- für die Ausweichmöglichkeit, z. B. vor beweglichen Hindernissen.
- für die Möglichkeit nebeneinander zu fahren und miteinander zu sprechen (z. B. um Kinder anzuleiten).
- für die Begegnungsmöglichkeit.

Unter diesen Gesichtspunkten sind die in den „Empfehlungen" (5) angegebenen Richtwerte für die Breite von Radverkehrsanlagen zu werten *[Tab. 7]*. Bei derartigen Breiten ist in der Regel Überhol- und Begegnungsmöglichkeit gegeben, wenn der lichte Raum die Gesamtbreite von 2,50 m nicht unterschreitet.

Tab. 7: Richtwerte für die Breite von Radverkehrsanlagen (5)

Art der Radverkehrsanlage	Richtwert [m]
Selbständig geführter Radweg	3,00
Selbständig geführter gemeinsamer Rad- und Gehweg	4,00
Straßenbegleitender Radweg a) Einrichtungsverkehr b) Zweirichtungsverkehr bei beidseitigen Radwegen c) Zweirichtungsverkehr bei einseitigem Radweg d) Zweirichtungsverkehr im Zuge einer Veloroute	 2,00 2,00 2,50 4,00

Trennstreifen
a)   innerhalb bebauter Gebiete
    – begrünt
    – von Radfahrern überfahrbar (z. B. Pflaster)
b)   außerhalb bebauter Gebiete
Straßenbegleitender gemeinsamer Rad- und Gehweg
	
	$\geqq$ 1,25
	0,75
	1,25/1,75
	2,50

Radfahrstreifen	1,60

Die Richtwerte gewährleisten damit einen Fahrkomfort, der für Hauptverbindungen eines Radverkehrsnetzes immer angestrebt, für besonders attraktive Verbindungen (z. B. Velorouten) auch überschritten werden sollte. Der zweispurige Radweg wird im übrigen in allen neueren Entwurfsrichtlinien als Regelfall betrachtet (u. a. 21, 23, 70).

Entscheidend für die tatsächlich nutzbare Breite einer Radverkehrsanlage sind neben der befestigten Breite auch die Art und Abgrenzung der seitlichen Flächen und evtl. Einbauten. So engt eine hohe Begrenzung ohne Pedalfreiheit die nutzbare Breite um mindestens 0,50 m je Seite (halbe Verkehrsraumbreite) ein. Nicht überfahrbare Flächen (z. B. Rasen oder Kanten mit Pedalfreiheit) engen die nutzbare Breite um mindestens 0,20 m (halber Bewegungsraum) ein.

Beispiel: Der Radweg in Abb. 23 ist 2,00 m breit. Ein Radfahrer muß vom Bordstein mindestens 0,50 m Abstand haben, will er nicht Gefahr laufen, in den Bereich des KFZ-Verkehrs hineinzuragen. Von den parkenden Fahrzeugen und Bäumen auf der

Erforderliche Querschnittsflächen 81

Abb. 23 und 24: Beispiele für Radwege mit unterschiedlicher befestigter aber gleicher nutzbarer Breite

rechten Seite muß er ebenfalls 0,50 m Abstand halten. Die nutzbare Breite beträgt somit nur 1,00 m.

Der Radweg in Abb. 24 ist 1,00 m breit. Schutzstreifen und Randstreifen zum Gehweg sind niveaugleich überfahrbar. Die Lichräume neben dem Radweg sind auf mehr als 0,50 m Breite hindernisfrei. Der Radfahrer kann also theoretisch unmittelbar am Radwegrand fahren. Die tatsächlich nutzbare Breite liegt ebenfalls bei 1,00 m.

4.1.4. Sichtfelder

Im Radverkehr sind folgende Anhaltewege zu erwarten:

Tab. 8: Anhalteweg für Fahrräder (82)

Fahrgeschwindigkeit	trockene Fahrbahn	nasse Fahrbahn
15 km/h	8 m	10 m
20 km/h	10 m	15 m
30 km/h	18 m	25 m

Eine entsprechende Haltesichtweite (bei Gefälle zumindest 30 m) ist deshalb vor Konfliktpunkten, insbesondere Grundstückszufahrten und Knotenpunkten zu gewährleisten. Dies ist auch bei kombinierten Rad-Gehwegen zu prüfen.

Neben der Haltesicht muß stets eine ausreichende Anfahrsicht auch des wartepflichtigen Verkehrsteilnehmers gewährleistet sein. Dies gilt für wartepflichtige Radfahrer an Überquerungsstellen des bevorrechtigten Verkehrs [Abb. 25] ebenso wie

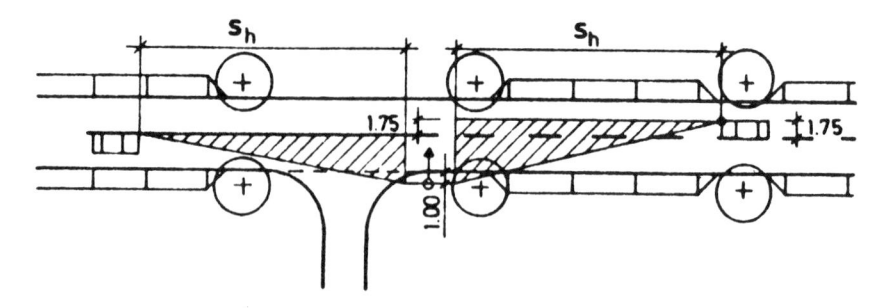

Abb. 25: Sichtfeld an einer Überquerungsstelle für Radfahrer (23)

Kurvenradien 83

für wartepflichtige Kraftfahrer an bevorrechtigten Radwegen *[Abb. 26]*. Die Schenkellänge S_h für die notwendige Haltesicht der bevorrechtigten Kraftfahrer beträgt 40 m. Die Schenkellänge L_R für die Sicht auf die bevorrechtigten Radfahrer sollte 30 m betragen. Bei Radwegen in Gefällestrecken sind größere Sichtweiten erforderlich.

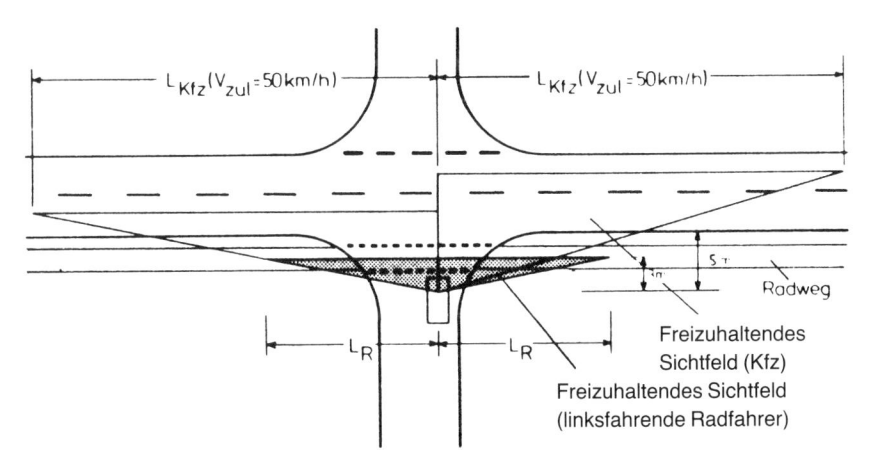

Abb. 26: Freizuhaltendes Sichtfeld auf einen bevorrechtigten Radweg (5)

4.1.5. Kurvenradien

Die Wendigkeit der Radfahrer läßt verhältnismäßig kleine Kurvenradien zu, die mit reduzierten Geschwindigkeiten gefahren werden können.

Die „Empfehlungen" (5) geben folgende Geschwindigkeiten in Abhängigkeit vom Kurvenradius an:

Tab. 9: Mögliche Geschwindigkeiten der Radfahrer in Kurven (5)

Kurvenradius [m]	2,50	5	10	15	20	30
Geschwindigkeit [km/h]	10	16	24	28	32	40

Vor allem für geradeausfahrende Radfahrer auf bevorrechtigten Radwegen in Knotenpunktbereichen und für selbständig geführte Radwege sollten möglichst Radien gewählt werden, die ein Radfahrer mit Durchschnittsgeschwindigkeit durchfahren kann (8 – 10 m). An Engstellen oder beispielsweise zum Erhalt von Bäumen können auch engere Radien gewählt werden, die langsamere Geschwindigkeiten erfordern.

Die Querneigung sollte zum Ausgleich der Fliehkraft möglichst zur Kurveninnenseite gerichtet sein. Wegen der Schräglage der Radfahrer in Kurven ergibt sich ein größerer Breitenbedarf. Dieser beträgt nach (45) ca. 20 – 25 cm für einen einzelnen Radfahrer.

4.1.6. Längsneigung

Längsneigungen erfordern vom Radfahrer einen erheblichen Kraftaufwand, wenn er sie in aufsteigende Richtung überwinden muß. Sie beschleunigen die Fahrt in der Gefällerichtung beträchtlich *[siehe Abb. 21]*. Sofern die Steigung durch die Trassierung der Radverkehrsanlage beeinflußbar ist, sind folgende Werte in Abhängigkeit von der Höhendifferenz und der Länge der Steigungsstrecke zu empfehlen:

Tab. 10: Empfohlene maximale Steigungen für Radverkehrsanlagen (5)

Höhendifferenz [m]	Steigung [%]	Länge der Steigungsstrecke [m]
1	12	8
2	10	20
4	6	65
6	5	120
10	4	250
> 10	3	

Radwege in starken Gefällestrecken sollten wegen der hohen Geschwindigkeiten mit einem Breitenzuschlag versehen werden. Ist dies nicht möglich, sollten keine baulich getrennten fahrbahnbegleitenden Radwege angelegt werden.

4.1.7. Ausrundungen

Kuppen und Wannen sollten im Hinblick auf einen bequemen Fahrverlauf möglichst großzügig ausgerundet werden. Mindestens sollten folgende Werte eingehalten werden (23):

- Kuppenhalbmesser: 30 m
- Wannenhalbmesser: 10 m

Ausrundungen an Rampenköpfen können bei einem Neigungswechsel < 5 % entfallen. Sonst sollte mindestens eine Ausrundung mit R = 4 m angewandt werden.

4.1.8. Aspekte der Verkehrssicherheit

Die besondere Gefährdung der Radfahrer im Straßenverkehr kann mittlerweile als hinlänglich bekannt vorausgesetzt werden. Zahlreiche Unfallanalysen (u. a. 32, 33, 75, 81, 86, 87, 89, 93, 94, 108, 116) beschäftigen sich eingehend mit der Unfallsituation der Radfahrer. Der Schwerpunkt dieser Zusammenstellung wird auf die Frage der unterschiedlichen Gefährdung von Radfahrern bei der Benutzung der Fahrbahn zusammen mit dem KFZ-Verkehr und bei der Benutzung von Radwegen gelegt, da diese Frage für die Entscheidung, ob und wie straßenbegleitende Radverkehrsanlagen anzulegen sind von ausschlaggebender Bedeutung ist.

4.1.8.1. Allgemeine Unfallsituation

Während insgesamt in den letzten Jahren die Anzahl der im Straßenverkehr Verunglückten abnahm, stieg sie beim Radverkehr bis 1983 sprunghaft an. 1984 ist erstmals ein gegenläufiger Trend feststellbar (57):

- 1980: 51 600 Verunglückte
- 1981: 53 300 Verunglückte
- 1982: 58 600 Verunglückte
- 1983: 62 500 Verunglückte
- 1984: 60 900 Verunglückte

Weitere statistische Unfallzahlen (128):

- 87 % der Radfahrunfälle ereignen sich innerorts.
- 47 % der getöteten und 19 % der schwerverletzten Radfahrer sind außerorts verunglückt.
- Fast die Hälfte der Verunglückten ist jünger als 18 Jahre.
- 40 % der Getöteten sind 65 Jahre und älter.
- Hauptunfallgegner ist mit 62 % der PKW; Kraftfahrzeuge insgesamt sind bei ca. 77 % der Unfälle mit Personenschaden beteiligt, Fußgänger bei 5 %.
- 11 % sind Alleinunfälle; hier ist eine besonders hohe Dunkelziffer zu vermuten.
- 17 % der getöteten Radfahrer starben bei Zusammenstößen mit LKW; der LKW-Anteil an den Radfahrunfällen insgesamt liegt bei nur 4,7 %.

4.1.8.2. Relatives Unfallrisiko

Das Unfallrisiko der Radfahrer liegt deutlich höher als das von PKW-Benutzern. Bezogen auf den zurückzulegenden Fahrweg ergibt sich ein etwa 7 – 10mal höheres Risiko in einen Unfall verwickelt zu werden; bezogen auf die Fahrzeit liegt das Risiko etwa 1,7mal höher (126). Zu berücksichtigen ist noch die überdurchschnittliche Verletzungsschwere. Die Wahrscheinlichkeit, bei einem Unfall schwerverletzt oder getötet zu werden, ist für einen Radfahrer 5 mal höher als für eine PKW-Fahrer (128).

Zu teilweise unterschiedlichen Ergebnissen kommen verschiedene Unfallanalysen im Vergleich zwischen den Unfallrisiken auf Straßen mit und ohne Radweg. Neuere deutsche Untersuchungen (32, 81, 86, 87, 89, 94) kommen dabei jedoch alle zu einem geringeren Risiko für die Straßen mit Radweg in allerdings unterschiedlicher Deutlichkeit.

Tab. 11: Unfallraten auf Straßen mit und ohne Radweg (108)

	UR außerorts	UR innerorts
Straßen mit Radweg	1,77	2,90
Straßen ohne Radweg	1,92	3,20

Unfallrate UR = Unfälle / (10^6 x Rad x km)

Unterscheidet man nach Strecken- und Knotenunfällen so ergibt sich auf Streckenabschnitten zwischen Knotenpunkten ein deutlich geringeres Unfallrisiko für Radwege, während, bezogen auf die Knotenpunkte, das Unfallrisiko bei Radwegbenutzung teilweise höher ist als wenn auf der Fahrbahn gefahren wird.

Im starken Maße über dem Durchschnitt sind Radfahrer gefährdet, die einen vorhandenen Radweg nicht benutzen (32, 33, 81), u. U. weil die Kraftfahrer dann nicht mit diesen Radfahrern rechnen.

Unter Einbeziehen der Unfallfolgen wird der Sicherheitsvorsprung der Radwege deutlicher. Unfälle die auf Radwegen geschehen, haben – erklärbar aus den charakteristischen Unfallabläufen *(siehe Kap. 4.1.8.4.)* – wesentlich geringere Unfallfolgen als Fahrbahnunfälle. Das Risiko für einen Radfahrer bei einem Unfall auf der Fahrbahn getötet zu werden, ist z. B. mehr als 4 mal höher als bei Unfällen auf Radwegen (32).

Der Sicherheitsvorsprung für Radwege ist dennoch für Innerortsverhältnisse zu gering. Es zeigt sich, daß hier auf Radwegen mit ungenügender Berücksichtigung von Sicherheitsaspekten (z. B. Sichtverhältnisse, Ausweichmöglichkeiten, Fehler an der Ausbildung an Grundstückszufahrten) hohe Unfallraten zu verzeichnen sind, die vermuten lassen, daß durch solche Radwege kaum ein Sicherheitsgewinn erzielt werden kann.

Überdurchschnittlich häufig sind bei Radwegunfällen Mofafahrer beteiligt. Dies betrifft vor allem Alleinunfälle, sowie Unfälle mit anderen Radfahrern und Fußgängern. Die Unfallfolgen sind für Mofafahrer auf dem Radweg nicht nennenswert geringer als bei Unfällen auf der Fahrbahn (32). Die geplante Aufhebung der Gleichstellung von Radfahrern und Mofafahrern hinsichtlich der Benutzung von Radwegen ist deshalb zu begrüßen *(siehe Kap. 5.7.)*.

4.1.8.3. Unfallorte

Ca. 50 % aller Unfälle ereignen sich auf Streckenabschnitten zwischen Knotenpunkten. Besonders hoch ist der Anteil der Streckenunfälle, wenn Radfahrer durch ruhenden Verkehr, an Grundstückszufahrten oder durch querende Fußgänger sehr häufig an einer ungehinderten Fahrt gestört werden (32). Dies ist besonders oft in Geschäftsstraßen der Fall.

Eine hohe Anzahl von Knotenpunktunfällen ergibt sich auf Hauptverkehrsstraßen ohne Überquerungsmöglichkeit und ohne Störungen.

4.1.8.4. Unfallabläufe auf Straßen ohne Radwege

(1) Unfälle im Längsverkehr
  – Unfälle zwischen in gleicher Richtung fahrenden Unfallgegnern durch zu dichtes Vorbeifahren bzw. Auffahren des Kraftfahrzeuges oder plötzliche Ausweichmanöver des Radfahrers mit mittelschweren Folgen

(2) Unfälle mit ruhendem Verkehr
  – Unfälle mit ein- oder ausparkenden Kraftfahrzeugen und durch geöffnete Türen; die Unfallfolgen sind relativ gering.

(3) Unfälle an Knotenpunkten infolge Vorfahrtverletzung
  – Unfälle mit Verkehrsteilnehmern aus sich kreuzenden Richtungen; der Bevorrechtigte kommt meist von links; die Unfallfolgen sind mittelschwer
  – bei Vorfahrtverletzung mißachtet überwiegend der Radfahrer die Wartepflicht; die bevorrechtigten Kraftfahrer fahren häufig mit überhöhter Geschwindigkeit
  – Unfälle infolge Nichtbeachten der Lichtsignalregelung; Verursacher sind meistens die Radfahrer.

(4) Unfälle mit linksabbiegenden Radfahrern
  – Unfälle auf Streckenabschnitten, wenn Radfahrer zum Erreichen von Zufahrten oder gegenüberliegenden Zielen links abbiegen wollen; fast ausschließ-

lich mit in gleicher Richtung fahrenden Fahrzeugen; die Verkehrsdichte ist relativ gering, die Geschwindigkeiten der Kraftfahrer oft deutlich überhöht; die Unfallfolgen sind besonders schwer.
- Unfälle an Knotenpunkten zu etwa gleichen Teilen mit in gleicher Richtung fahrenden und mit entgegenkommenden Fahrzeugen; besonders häufig an großräumigen Knotenpunkten mit hohen Verkehrsstärken; die Unfallfolgen sind überdurchschnitttlich schwer.
- Unfälle mit linksabbiegenden Radfahrern auf der Fahrbahn ereignen sich auch bei Vorhandensein von Radwegen, da Radfahrer offenbar besonders dann Radwege nicht benutzen, wenn sie im Verlauf der Fahrt von der Straße nach links abbiegen wollen.

(5) Unfälle mit abbiegenden Kraftfahrzeugen
- Unfälle mit rechtsabbiegenden Kraftfahrzeugen und in gleicher Richtung geradeausfahrenden Radfahrern; vorrangig wenn sehr zügig nach rechts abgebogen werden kann.
- Unfälle mit linksabbiegenden Kraftfahrzeugen vor allem an signalgeregelten Knoten ohne gesonderte Linksabbiegephase.

4.1.8.5. Unfallabläufe auf Straßen mit Radwegen

(1) Unfälle an Grundstückszufahrten
- Unfälle mit ein- oder ausfahrenden Fahrzeugen; besonders häufig an stark befahrenen Zufahrten (z. B. Tankstellen, Einkaufsmärkte), die zügig trassiert sind oder bei denen die Sichtverhältnisse schlecht sind; oft fahren die Radfahrer in Gegenrichtung; die Unfallfolgen sind meist gering.
- Unfälle auf der Fahrbahn mit Radfahrern, die die Bordabsenkung zum Verlassen des Radweges benutzen.

(2) Unfälle beim Einfahren in den fließenden Verkehr
- Unfälle beim Verlassen des Radweges mit in gleicher Richtung fahrenden Kraftfahrer; sehr häufig spielen Sichtbehinderungen durch parkende Fahrzeuge eine Rolle; die Unfallfolgen sind mittelschwer.

(3) Alleinunfälle
- Alleinunfälle ereignen sich auf Radwegen wesentlich häufiger als auf der Fahrbahn; überdurchschnittlich oft sind Mofafahrer beteiligt; verhältnismäßig schwere Unfallfolgen.

(4) Unfälle mit linksfahrenden Radfahrern
- Unfälle an Knotenpunkten mit einbiegenden Kraftfahrern aus untergeordneten Straßen; charakteristisch sind zügige Einbiegemöglichkeiten, schlechte

Sichtverhältnisse, nicht ausreichend gekennzeichnete Radwege; die Unfallfolgen sind bei zügiger Einbiegemöglichkeit mittelschwer, sonst eher leicht.

(5) Unfälle mit abbiegenden Kraftfahrzeugen
  – Unfälle mit abbiegenden Kraftfahrzeugen und auf dem Radweg geradeausfahrenden Radfahrern; oft in Zusammenhang mit Sichtbehinderungen durch parkende Fahrzeuge; schwere Unfälle vor allem an freien Rechtsabbiegefahrbahnen.

4.1.8.6. Unfallursachen

Die häufig aufgestellte Behauptung, Radfahrer seien wegen ihrer Undiszipliniertheit an ihren Unfällen größtenteils selbst schuld, ist zu vereinfachend. Bei Unfällen mit anderen Verkehrsteilnehmern sind die Radfahrer zu unter 50 % Hauptverursacher (1982: 46,4 % [128]). Die Unfallgegner PKW wurden zu 58 %, LKW zu 63,5 % bei Fahrradunfällen als Hauptverursacher geführt. Haben die Radfahrer hier als die Schwächeren zu leiden, versuchen sie sich umgekehrt gegenüber Fußgängern als die Stärkeren durchzusetzen: Radfahrer sind bei Unfällen mit Fußgängern zu 63,5% Hauptverursacher (128).

Hauptunfallursachen der Radfahrer sind (128):

– Nichtbeachten von Vorfahrtregeln oder LSA 17,5 %
– Benutzung der falschen Fahrbahn 13,1 %
– Fehler beim Abbiegen 11,2 %
– Fehler beim Einfahren in den Verkehr 7,5 %

Bei Kindern bis 14 Jahren treten Fehler beim Abbiegen und beim Einfahren in den Verkehr überdurchschnittlich häufig auf.

Die Hauptunfallursachen der Kraftfahrer bei Fahrradunfällen sind der Statistik nicht zu entnehmen. Bei einer detaillierten Untersuchung von 221 Fahrradunfällen wurden folgende Ursachen der Kraftfahrer festgestellt (33):

– nicht angepaßte Geschwindigkeit 65,3 %
– Nichtbeachten von Vorfahrtregelungen oder LSA 12,9 %
– Fehler beim Abbiegen 8,2 %
– Alkoholeinfluß 4,1 %

Die eindeutige Dominanz zu hoher Geschwindigkeiten muß zu denken geben: So konnte ermittelt werden, daß mindestens ein Viertel der untersuchten Unfälle bei angepaßter Geschwindigkeit vermeidbar gewesen wären, bei einem weiteren großen Anteil wäre es zu weniger schweren Folgen gekommen.

4.2. Entwurfsgrundsätze

Aus dem Vergleich der Verkehrssicherheit zwischen Straßen ohne und mit Radwegen (Kap. 4.1.) könnte abgeleitet werden, daß die Anlage von Radwegen grundsätzlich die Verkehrssicherheit erhöht. Entsprechend verfolgt die durchaus gutgemeinte Praxis von Verbesserungsmaßnahmen für den Radverkehr in vielen Städten und Gemeinden hauptsächlich das Ziel, möglichst schnell viele Radwegkilometer mit möglichst geringen Mitteln zu schaffen. Das Motto heißt: „Auch ein schlechter Radweg ist besser als kein Radweg!" Beispiele solcher schnell durch Abmarkieren vom Gehweg oder durch Umwandlung von Gehwegen in gemeinsame Geh- und Radwege geschaffene Radverkehrsanlagen sind heute in den meisten Kommunen zu finden [Abb. 27, 28].

Derartige Lösungen können in Einzelfällen zur kurzfristigen Verbesserung bei konkreten Verkehrssicherheitsproblemen infrage kommen. Grundsätzlich ist aber von einem solchen Vorgehen abzuraten:

- Die Unfallgefahr ist bei diesen Radverkehrsanlagen häufig nicht geringer als wenn auf der Fahrbahn gefahren würde. Dies betrifft vor allem Unfälle an Grundstückszufahrten (Sichtbarkeit), mit ruhendem Verkehr (geöffnete Türen), Alleinunfälle und Unfälle mit Fußgängern.
- Die Verkehrssicherheit sinkt auch durch die geringere Akzeptanz dieser Radverkehrsanlagen seitens der Radfahrer.
- Fußgänger (vor allem alte Menschen) werden häufig unzumutbar in ihrem subjektiven Sicherheitsgefühl und in ihrer Bewegungsfreiheit beeinträchtigt. Blinde können die Grenze zwischen Geh- und Radweg nicht mehr ertasten.
- Die Qualität für die Radfahrer ist häufig katastrophal (zu schmal, Masten etc. auf dem Radweg, unmittelbar angrenzend parkende Fahrzeuge, schlechte Bordsteinabsenkungen).
- Die verstärkte Gehwegmarkierung fördert auch die unerlaubte Benutzung von Gehwegen durch Radfahrer (141).

Diese kritischen Anmerkungen gelten natürlich in der Tendenz ebenso für baulich ausgeführte Radwege, wenn ihre Ausführung sich nur in einem anderen Belag bei ansonsten fast gleichen Bedingungen ausdrückt.

Die aufgezeigte Praxis ist Anlaß für die wachsende ablehnende Haltung von Fahrrad-Interessengruppen gegenüber baulich von der Fahrbahn getrennten Radwegen, obwohl sie diese bis vor wenigen Jahren noch heftig verlangt haben. Die Forderung nach Aufhebung der Benutzungspflicht für Radwege bzw. eine generelle Ab-

MANFRED BREUER
Verkehrsleiteinrichtungen
seit 10 Jahren

Fahrbahnmarkierungen in

- Farbe
- Thermoplastik und 2K-Kaltplastik
- Metall- und Kunststoffnägeln
- weißer und gelber Folie

Demarkierungen
auf Straßen, Parkplätzen, Werksgeländen, Flugplätzen, Schul- und Sportplätzen

Radwegmarkierungen

Ausführung
durch qualifiziertes Fachpersonal mit hochwertigen Maschinen

Verkehrsleiteinrichtungen

M. BREUER

Auf der Gemarke 12 · 4000 Düsseldorf 12 · Tel.: 0211/23 14 28

Abb. 27: Verkehrsberuhigter Radweg?

Abb. 28: Vom Gehweg abmarkierter Radweg in einer Geschäftsstraße

lehnung des Radwegebaus mit der Tendenz, „Radfahrer gehören auf die Fahrbahn", ist Ausdruck dieser veränderten Haltung. Dabei orientiert man sich vor allem an einem Leitbild des zügig bis schnell fahrenden verkehrserfahrenen Radfahrers. Übersehen wird dabei oft, daß dies nur eine (zahlenmäßig relativ kleine) Gruppe von Radfahrern ist, der kommunale Planer bei seinem Entwurf aber die Gesamtheit der Radfahrer zu berücksichtigen hat.

Folgende Entwurfsgrundsätze sind zu beachten:

(1) Verkehrssicherheit

Oberstes Gebot für die verantwortungsbewußte Radverkehrsplanung ist die Steigerung der Verkehrssicherheit.

Mögliche Varianten müssen darauf untersucht werden, welche Konfliktsituationen sie vermeiden helfen und welche ggf. neu entstehen. Es kann daher vorkommen, daß zugunsten der Sicherheit auf eine weniger zügige Lösung zurückgegriffen werden muß.

Der Spielraum des Planers, die Sicherheit des Radfahrers zu Lasten der Leichtigkeit seines Verkehrsablaufs zu steigern, ist dabei sehr begrenzt: Besonders verkehrsgeübte Radfahrer nehmen sichere aber vergleichsweise unbequeme Lösungen nicht an, was in der Praxis bedeutet, daß die gut gemeinte Investition für diese Gruppe keine Wirkung entfaltet, eher sogar schadet, wie die Unfallstatistik belegt.

In der Abwägung zwischen Sicherheitssteigerung und Leichtigkeit des Verkehrsablaufs liegt eine Hauptaufgabe des Radverkehrsplaners.

(2) Fahrtkomfort

Radfahrer haben einen Anspruch auf fahrradgerechte und angenehm zu befahrende Verkehrswege. Das gilt besonders für Radverkehrsanlagen mit Benutzungspflicht. Ein Überholen von Radfahrern untereinander sollte hier wegen der unterschiedlichen Geschwindigkeitsansprüche in der Regel möglich sein. Die Ebenheit sollte mindestens der der Fahrbahn entsprechen.

(3) Berücksichtigung des potentiellen Bedarfs

Mit attraktiven Radverkehrsanlagen soll auch das Fahrrad als umweltfreundliches Verkehrsmittel im Nahverkehr gefördert werden. Daher sollte die Dimensionierung auch eine mögliche Steigerung des Radverkehrs berücksichtigen. Das gilt besonders für die Dimensionierung von Aufstellflächen in Knotenpunktbereichen mit Lichtsignalregelung.

Abb. 29: Gut befahrbarer Radweg

Abb. 30: Aufweitung eines Radweges an einem lichtsignalgeregelten Knoten

Entwurfsgrundsätze

(4) Verzicht auf Perfektionismus

Die Forderung nach zügig und angenehm zu befahrenen Radverkehrsanlagen darf keinen Verzicht auf städtebauliche und gestalterische Anpassung bedeuten. Engstellen und enge Radien z. B. zum Schutz von Gebäuden oder Baumbestand sind hinnehmbar. Auch Radfahrer müssen ihre Fahrt den jeweiligen Verkehrsbedingungen anpassen. Dies wird i. a. akzeptiert, wenn auch die Flächen für den KFZ-Verkehr nach den gleichen Kriterien entworfen werden.

Abb. 31: Geschwungener Radweg zur Schonung von Baumbestand

(5) Berücksichtigung der Fußgänger

Die nachträgliche Anlage von Radwegen darf im Regelfall nicht zu Lasten der Fußgänger gehen. In jedem Fall darf ihr Bewegungsraum nicht unter die Mindestmaße der Richtlinien (21, 23) reduziert werden. Zuvor ist nach Möglichkeiten zu suchen, bisherige Flächen des KFZ-Verkehrs nutzen.

(6) Abwägung der Nutzungsansprüche

Werden separate Radverkehrsanlagen angelegt, so ist in Abhängigkeit von der Art und Intensität der Nutzungen in der Straße (fließender Verkehr, ruhender Verkehr, Fußgänger, Aufenthaltsfunktion) eine ausgewogene Flächenaufteilung für die einzelnen Verkehrsarten notwendig.

Abb. 32: Vom Gehweg auf die Fahrbahn verlegte Radverkehrsanlage

Abb. 33: Geschäftsstraße mit angemessener Flächenaufteilung

(7) Gleichberechtigte Verkehrsplanung

Eine einseitige Bevorrechtigung der Radverkehrsplanung als Retourkutsche zur bisherigen autoorientierten Planung kann nicht das erwünschte Ziel sein. Angestrebt wird eine gleichberechtigte Stellung im Rahmen einer alle Verkehrsarten integrierenden Verkehrsplanung. Dennoch wird es häufig erforderlich sein, in konkreten Planungsfällen Nachholbedarf der nichtmotorisierten Verkehrsarten durch entsprechende Prioritätensetzung zu befriedigen. Dies kann z. B. bedeuten, daß man einen vor Jahren vorgenommenen Abbau eines Radweges zugunsten eines Parkstreifens wieder rückgängig macht.

4.3. Einsatzbereiche straßenbegleitender Radverkehrsanlagen

4.3.1. Einsatzkriterien für das Trennungsprinzip

Die Entscheidung, ob auf einer Straße die Radfahrer im Mischverkehr mit den Kraftfahrzeugen die Fahrbahn benutzen können, oder ob das Trennungsprinzip in Form der Anlage von Radwegen oder Radfahrstreifen zum Tragen kommt, ist zahlreichen Kriterien unterworfen:

− Stärke des KFZ-Verkehrs
− Zusammensetzung des KFZ-Verkehrs (LKW-Anteil)
− Geschwindigkeiten des KFZ-Verkehrs
− Stärke des Radverkehrs
− Funktion der Straße im Radverkehrsnetz
− Zusammensetzung des Radverkehrs (z. B. Schülerverkehr)
− Anzahl der Störungen, z. B. durch ruhenden Verkehr
− Breite des Verkehrsraumes
− Situation an den Einmündungen und Kreuzungen.

Nach den EAE 85 (23) sind Radwege oder Radfahrstreifen in der Regel an Sammelstraßen und höherrangigen Straßen erforderlich. Die „Empfehlungen" (5) halten recht vage Radverkehrsanlagen an „verkehrsreichen Straßen" für notwendig. Konkrete zahlenmäßige Einsatzgrenzen [Tab. 12] sehen nur die RAS-Q (21) vor.

Einsatzbereiche straßenbegleitender Radverkehrsanlagen

Tab. 12: Einsatzgrenzen für Radwege und gemeinsame Geh- und Radwege (21)

Kfz/ 24 h	Radfahrer/ Spitzenstd.	Radfahrer + Fußgänger/ Spitzenstd.
< 2500	90	75
2500 – 5000	30	25
5000 – 10000	15	15
> 10000	10	10

Überschreitet die zu erwartende Zahl der Radfahrer die in der Tabelle angegebenen Richtwerte, sind Radverkehrsanlagen anzuordnen. Darüber hinaus sind Radwege vorzusehen (21):

- wo künftig ein regelmäßiger Radverkehr zu berücksichtigen ist (z. B. Schulwege),
- wo mit Radfahrern im Freizeit-, Wochenend- und Erholungsverkehr zu rechnen ist,
- wo Ausbaustrecken Bestandteile von Radwegnetzen sind,
- an vier- und mehrstreifigen Straßen,
- an Straßen, die mit einer Entwurfgeschwindigkeit $\geq$ 80 km/h trassiert sind.

Die an Verkehrsmengen orientierten Einsatzgrenzen der RAS-Q *[Tab. 12]* sind allerdings kritisch zu bewerten: Zahlreiche Radfahrer können sich auf der Fahrbahn durch ihre ständige Präsenz u. U. besser durchsetzen als einige wenige, die gerade besonders schutzbedürftig sind. Das Überschreiten eines Mindestwertes für die Radfahreranzahl sollte also nicht entscheidungsrelevant sein. Auch erscheint es unangebracht, auf den schwach belasteten Straßen (< 2500 KFZ/24 h) gerade bei hohen Radverkehrsmengen Radwege vorzusehen.

Auch wenn konkrete Einsatzbereiche wegen der örtlichen Abhängigkeiten nicht angegeben werden können, soll hier in Anlehnung an die Angaben der RAS-Q eine Eingrenzung vorgenommen werden:

(1) Ab 10 000 KFZ/24 h sind Radwege oder Radfahrstreifen immer notwendig.

(2) Bei Verkehrsstärken von 5000 – 10 000 KFZ/24 h sollten nach Möglichkeit Radverkehrsanlagen angelegt werden, auf jeden Fall
    - wenn im Mittel schneller als 50 km/h gefahren wird
    - bei hohem LKW- und Busanteil (z. B. > 10 %)
    - bei Straßenbahngleisen in der Fahrbahn
    - wenn Störungen zahlreich sind, besonders durch Kurzzeitparker und Anlieferverkehr
    - bei besonderer Bedeutung für den Schülerverkehr.

(3) Zwischen 2500 – 5000 KFZ/24 h sinkt die Notwendigkeit für separate Radverkehrsanlagen. Sie können bei den unter (2) aufgeführten Randbedingungen notwendig werden.

(4) Bei Verkehrsbelastungen unter 2500 KFZ/24 h können Radfahrer in der Regel hinreichend sicher auf der Fahrbahn fahren.

In Abhängigkeit von diesen Einsatzbereichen sind die vorhandenen Straßenräume auf die Möglichkeit hin zu untersuchen, ob hier Radverkehrsanlagen unterzubringen sind. Dies ist neben der Straßenraumbreite natürlich abhängig von den Flächenanforderungen der anderen Straßennutzer.

Bei einer nachträglichen Anlage von Radverkehrsanlagen ist im Einzelfall abzuwägen, ob

– Flächen durch Reduzierung oder Einengung von Fahrstreifen des KFZ-Verkehrs gewonnen werden können
– Radverkehrsanlagen auf Kosten von Flächen des ruhenden Verkehrs angelegt werden können
– die Gehwegbreite reduziert werden kann
– zusätzliche Flächen durch Grunderwerb gewonnen werden können oder
– andere Flächen zur Verfügung stehen (Seitenstreifen, Grünflächen, Seitengräben)
– gegebenenfalls die notwendige Breite der Radverkehrsanlage reduziert werden kann
– sich bei der gewählten Querschnittsaufteilung eine sichere Führung an Kreuzungen und Einmündungen erreichen läßt.

Bei Verkehrsstärken über 10 000 KFZ/24 h sind auch schmale Radverkehrsanlagen besser als keine. Diese müssen dann allerdings allen anderen Erfordernissen genügen.

Mit geringerer KFZ-Verkehrsbelastung und hohem Radverkehrsaufkommen kann es in zunehmendem Maße sinnvoll sein, ganz auf getrennte unterdimensionierte Radverkehrsanlagen zu verzichten und stattdessen durch geschwindigkeitsdämpfende Maßnahmen die Sicherheit zu erhöhen.

4.3.2. Arten straßenbegleitender Radverkehrsanlagen

Wird das Trennungsprinzip für notwendig gehalten, gilt es die Art der zu wählenden Radverkehrsanlage festzulegen. Folgende straßenbegleitende Radverkehrsanlagen sind zu unterscheiden:

Einsatzbereiche straßenbegleitender Radverkehrsanlagen

a) Radfahrstreifen
   - mit Trennung vom fließenden Verkehr durch einen Parkstreifen oder eine Schwelle im Ein- und Zweirichtungsverkehr
   - ohne Trennung (bis auf die Markierung) vom fließenden Verkehr direkt am Bord oder links neben Parkstreifen im Einrichtungsverkehr.

b) Radwege als bauliche Anlagen oder durch Markierung vom Gehweg abgegrenzt
   - einseitig im Ein- oder Zweirichtungsverkehr
   - beidseitig im Ein- oder Zweirichtungsverkehr.

c) Gemeinsame Geh- und Radwege
   - einseitig im Ein- oder Zweirichtungsverkehr
   - beidseitig im Ein- oder Zweirichtungsverkehr.

4.3.2.1. Radfahrstreifen

Nachdem in den vergangenen Jahren Radfahrstreifen häufig ablehnend oder allenfalls als Übergangslösung betrachtet worden waren, wurden sie nach eingehender Diskussion unter Auswertung vor allem ausländischer Erfahrungen in den „Empfehlungen" (108) als den Radwegen im Prinzip gleichberechtigte Lösung aufgenommen. Mittlerweile sind auch im Bundesgebiet vielerorts Radfahrstreifen – zum Teil aus Kostengründen, zum Teil auch bewußt als Planungsprinzip – geschaffen worden (34).
Speziell auf den straßenverkehrsrechtlichen Aspekt geht Kap. 5.1.3. ein.

Radfahrstreifen haben gegenüber Radwegen folgende Vorteile:

- bessere gegenseitige Sichtbarkeit zwischen Radfahrer und KFZ-Führer, besonders an Knotenpunkten
- keine besonderen Führungsprobleme der geradeausfahrenden Radfahrer an Knotenpunkten
- leichtere Verwirklichung direkten Linksabbiegens
- hohe Flexibilität in der Benutzbarkeit: an bliebiger Stelle kann abgebogen werden
- keine Beeinträchtigung des Fußgängerverkehrs
- meist gute Fahrbahnqualität
- kostengünstige Realisierbarkeit
- schnelle Realisierungs- bzw. Änderungsmöglichkeit (z. B. bei schlechten Erfahrungen).

Folgende Nachteile bestehen gegenüber gebauten Radwegen:

- geringere Trennung vom fließenden Verkehr
- u. U. verstärkte Beeinträchtigung durch ruhenden Verkehr (Zustellen, sowie Ein- und Ausparkvorgänge)

Einsatzbereiche straßenbegleitender Radverkehrsanlagen 101

- bei indirektem Linksabbiegen ungünstigere Realisierungsbedingungen
- bei einspurigen Radfahrstreifen Überhol- und Ausweichmanöver nur durch Einfahren in den fließenden KFZ-Verkehr
- nur in Ausnahmefällen Zweirichtungsradverkehr möglich
- keine Erkennbarkeit der Markierung bei Schnee.

Vorrangige Einsatzbereiche von Radfahrstreifen sind:
(Die speziellen Erkenntnisse zweier Forschungsberichte zum Thema bleiben abzuwarten (34, 49).

- die nachträgliche Anlage von Radverkehrsanlagen, wenn Flächen des fließenden oder ruhenden Verkehrs umgenutzt werden können, z. B. auch außerorts auf Kosten von Mehrzweckstreifen *[Abb. 34]*
- wenn eine schnelle Verbesserung notwendig ist
- wenn eine kostengünstige Verbesserung gesucht wird.

Für die möglichen Arten von Radfahrstreifen bieten sich folgende Einsatzbereiche an:

a) Radfahrstreifen direkt neben dem fließenden Verkehr (Trennung nur durch Markierung)
   - bei dichter Folge von Grundstückszufahrten oder untergeordneten Knotenpunktzufahrten
   - wenn an Knoten direktes Linksabbiegen vorgesehen werden soll
   - wenn an Knoten starke Rechtsabbiegeströme vorhanden sind
   - bei zulässigen KFZ-Geschwindigkeiten nicht über 50 km/h
   - wenn keine Parkmöglichkeit am Fahrbahnrand besteht
   - bei Parkstreifen rechts vom Radfahrstreifen mit vorwiegend Langzeitparkern (z. B. in wohn- oder arbeitsplatzintensiven Gebieten)
   - bei nur einspurig möglichen Radfahrstreifen, wenn relativ gefahrlos zum Überholen oder Ausweichen die KFZ-Spur mitbenutzt werden kann.

b) Radfahrstreifen, die vom KFZ-Verkehr durch einen Parkstreifen getrennt sind

   Diese Radfahrstreifen gleichen in ihren Vor- und Nachteilen sowie in ihren Einsatzbereichen eher den baulich getrennten Radwegen. Als besonderes Problem kommt hinzu, daß keine Ausweichmöglichkeit für Radfahrer besteht und ein einziges, den Radfahrstreifen zustellendes Fahrzeug, die Anlage auf ihrer gesamten Länge unbenutzbar macht *[Abb. 36]*.

   Solche Lösungen können sinnvoll sein,

   - wenn sie genügend breit ausgeführt werden können
   - die Wahrscheinlichkeit eines Zuparkens sehr gering ist oder durch Einbauten verhindert werden kann
   - Zweirichtungsradverkehr ermöglicht werden soll *[Abb. 37]*.

Abb. 34: Rot eingefärber Radfahrstreifen auf früherem Mehrzweckstreifen

Abb. 35: Radfahrstreifen links vom Parkstreifen

Einsatzbereiche straßenbegleitender Radverkehrsanlagen 103

Abb. 36: Radfahrstreifen rechts vom Parkstreifen

Abb. 37:
Radfahrstreifen
mit Zweirichtungsverkehr

c) Radfahrstreifen, die vom KFZ-Verkehr baulich, z. B. durch eine Schwelle getrennt sind (siehe auch Kap. 6.4.6.).

Diese Lösungen können die Vorteile des Radfahrstreifens z. T. mit denen von Radwegen verbinden. Nachteilig ist auch hier die fehlende Ausweichmöglichkeit für die Radfahrer sowie eine u. U. erhöhte Sturzgefahr für querende Fußgänger. Auch Reinigung bzw. Winterdienst sind bei diesen Radfahrstreifen problematisch. Solche Lösungen kommen nicht infrage, wenn rechts des Radfahrstreifens geparkt oder gehalten werden soll. Einsatzbereiche liegen vorallem bei

– Straßen mit hohem Parkdruck, wo ein Zustellen des Radfahrstreifens zu befürchten wäre
– Führung des Radverkehrs entgegen Einbahnrichtung *(siehe Kap. 5.4.)*
– zur abschnittsweise begrenzten Erhöhung der Trennwirkung der Markierung z. B. Beginn und Ende von Radfahrstreifen, Engstellen, Umleitungen in Baustellenbereichen.

Abb. 38: Durch Schwelle abgetrennter Radfahrstreifen

4.3.2.2. Baulich angelegte und abmarkierte Radwege

Die Einsatzbereiche von Radwegen lassen sich im Umkehrschluß aus denen der Radfahrstreifen ableiten. Ein breiter Bereich, wo beide Arten zur Anwendung kommen können, ist unvermeidbar.

Einsatzbereiche straßenbegleitender Radverkehrsanlagen 105

Abb. 39: Nachträgliche Einrichtung eines Radweges mit gesonderter Entwässerung für Geh- und Radweg

Abb. 40: Auf einem früheren Parkstreifen verlegter Radweg

Einsatzbereiche straßenbegleitender Radverkehrsanlagen

Die nachträgliche Verwirklichung im Straßenraum wird möglich durch

- Umbau bisheriger Flächen des KFZ-Verkehrs (in der Regel Verlegung der Entwässerung notwendig, *siehe Kap. 6.3.2.)*
- Nutzung von Flächen des ruhenden Verkehrs (Schaffung von Ersatz oder i.a. bauliche Verhinderung des Parkens durch Abtrennung notwendig)
- Nutzung bisheriger Flächen des Fußgängerverkehrs (Mindestbreite für Gehwege beachten: 1,50 m generell, in Geschäftsstraßen 3 – 4 m).

Im Regenfall sind straßenbegleitende Radwege beidseitig anzuordnen. Dies gilt besonders innerorts, um die Zahl der Fahrbahn-Querungen zu verringern.

Abb. 41: Vom Gehweg abmarkierter Radweg mit ausreichender Restbreite des verbleibenden Gehweges

Auch auf beidseitigen Radwegen ist für bestimmte Gegebenheiten eine Zulassung von Zweirichtungsradverkehr (oft nur auf einem der beiden Radwege) zweckmäßig *(siehe Kap. 5.8.).* Dies ist u. a. der Fall, wenn das Überqueren einer Straße gefährlich oder nicht möglich ist und

- zwischen gesicherten Querungsmöglichkeiten wichtige Ziele des Radverkehrs oder abzweigende (zuführende) Straßen liegen
- häufig Quellen und Ziele auf der gleichen Straßenseite liegen
- der linksliegende Radweg im Zuge einer Radverkehrsverbindung liegt, z. B. wenn einseitige Radwege der freien Strecke nur für den Bereich von Ortsdurchfahrten in beidseitige Radwege übergehen.

Einseitige Radwege für Zweirichtungsradverkehr können eingesetzt werden:

- auf Straßenzügen, die vorwiegend vom Durchgangsradverkehr befahren werden (vor allem außerorts)
- auf Straßenzügen, die einseitig auf längeren Abschnitten frei von Störungen (Knotenpunkte, ruhender Verkehr) sind und auf der anderen Seite keine direkte Folge von Zielen/Quellen haben (z. B. Radweg entlang von Gewässern [Abb. 42]
- auf besonders attraktiven Radverkehrsverbindungen (z. B. Veloroute entsprechend Abb. 7), wenn sie wie „kleine Straßen" angelegt werden.

Abb. 42: Einseitiger Radweg für Zweirichtungsverkehr

Einseitige Radwege sollten bei folgenden Gegebenheiten nur für Einrichtungsradverkehr zugelassen werden:

- wenn nur kurze Radwegabschnitte vorhanden sind
- wenn Beginn und Ende an Stellen liegen, an denen die Fahrbahn nicht gesichert überquert werden kann
- wenn sich auf der nicht mit einem Radweg versehenen Seite zahlreiche Ziele befinden, zu deren Erreichen ein häufiges Queren erforderlich wäre.

4.3.2.3. Gemeinsame Geh- und Radwege

Für gemeinsame Geh- und Radwege *(siehe auch Kap. 5.2.2.)* gelten die Einsatzbereiche von Radwegen mit folgender zusätzlicher Bedingung:

Das Fußgänger- und das Radverkehrsaufkommen muß gering sein, so daß die Konfliktwahrscheinlichkeit niedrig ist. (In einer neueren Untersuchung ergaben sich bei Breiten zwischen 2,50 und 4,50 m mit Belastungen bis 360 Fußgänger/h und 140 Radfahrer/h keine nennenswerten Konflikte (61).

Straßenbegleitende gemeinsame Geh- und Radwege können vor allem eingesetzt werden

– in Außerortsbereichen
– in Randbereichen bebauter Gebiete
– in Ortsdurchfahrten mit geringer Nutzungsintensität.

Wegen ihrer schlechten Erkennbarkeit sollten sie nicht eingesetzt werden, wenn im Verlauf der Strecke viele Grundstückszufahrten und Einmündungen liegen.

4.4. Querschnittsgestaltung von Radverkehrsanlagen

4.4.1. Radfahrstreifen

Die empfohlene Querschnittsaufteilung (5) für Radfahrstreifen neben Parkstreifen zeigt Abb. 43. Auf den Schutzstreifen zu parkenden Fahrzeugen wird in der Praxis oft verzichtet (34). Es ist dabei zu bedenken, daß außer den größeren Gefahren durch geöffnete Türen die nutzbare Breite des Streifens um eben das Maß eingeengt wird. Bei der Lösung b) kann die nutzbare Breite darüberhinaus durch die Entwässerungsrinne bzw. Sinkkästen stark eingeengt werden.

Die in den „Empfehlungen" angegebenen Richtwerte für Radfahrstreifenbreiten (1,60 m) stellen (zusammen mit den Markierungs- und Schutzräumen) ohnehin bereits die Untergrenze für eine Überholmöglichkeit dar. Der wünschbare Richtwert sollte deshalb wie bei Radwegen besser bei **2,00 m** liegen. Das gilt besonders für Radfahrstreifen zwischen Parkstreifen und Bordstein *[Abb. 36]*.

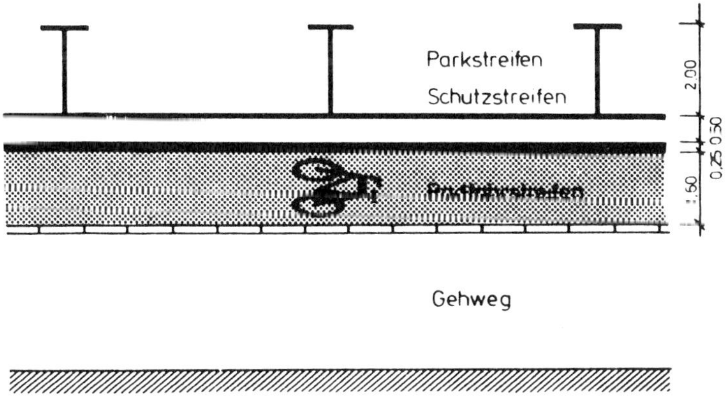

Abb. 43: Querschnittsgestaltung von Radfahrstreifen (5)
  a) links neben markierten Längsparkständen
  b) zwischen Fahrbahnrand und Parkständen

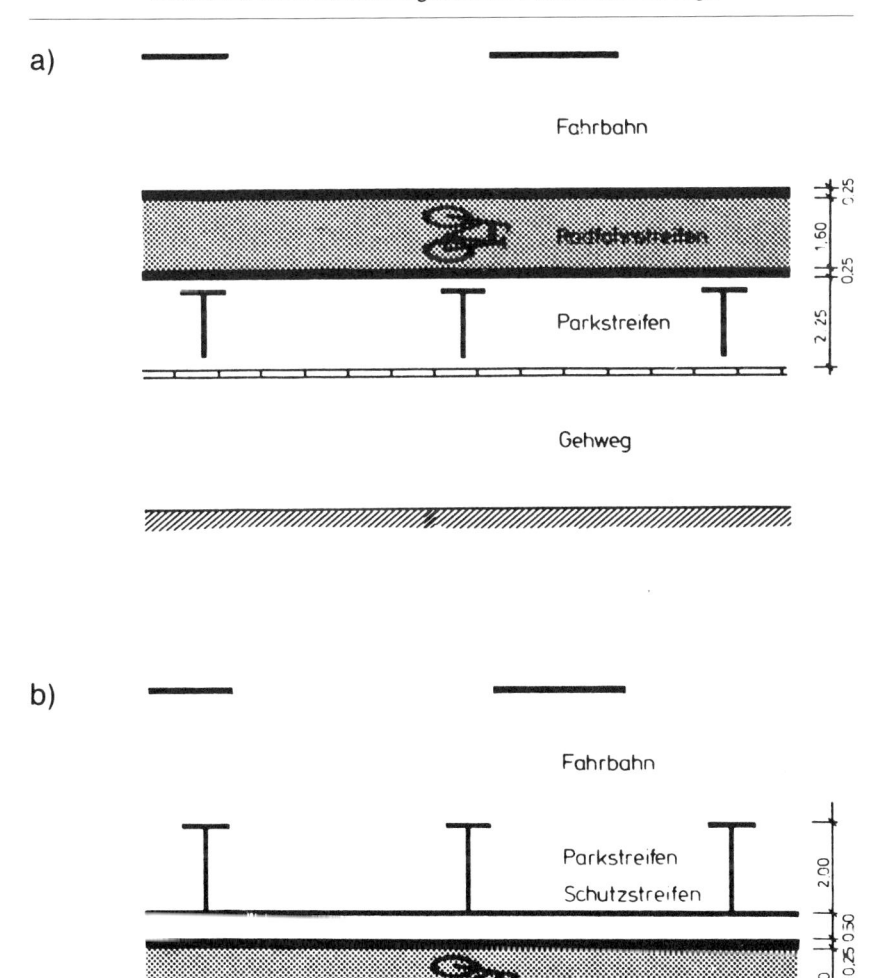

Abb. 44: Beispiel für einen ausreichend breiten Radfahrstreifen

4.4.2. Querschnittsgestaltung von Radwegen

Zwischen Radweg und der Fahrbahn sollte in der Regel immer ein befestigter Schutzstreifen oder ein begrünter Trennstreifen liegen. Sie dienen dem Schutz der Radfahrer vor fließendem und ruhendem Verkehr. Schutzstreifen sollten zum Ausweichen vom Radfahrer überfahrbar sein, sich aber durch den Belag vom Radweg unterscheiden. Nachträglich können Schutzstreifen auch durch Markierung abgetrennt werden.

Auf Schutzstreifen können auch die zur Abwicklung des Straßenverkehrs notwendigen Einrichtungen (Verkehrszeichen etc.) untergebracht werden. Gegebenenfalls wird der Einbau von Absperrpfosten zum Schutz vor parkenden Fahrzeugen erforderlich. Bei Einbauten in einem Abstand von weniger als 0,50 m vom Radwegrand verringert sich die nutzbare Radwegbreite.

Parkstreifen sollten im Regelfall links vom Radweg liegen, um Beeinträchtigungen des Radverkehrs durch ein- und ausparkende Fahrzeuge zu vermeiden. Abweichungen kommen in Frage, wenn z. B. der Baumbestand nur eine Anordnung zuläßt, bei der die Fahrzeuge zum Erreichen der Parkstände den Radweg überqueren müssen. Unproblematisch dies nur, wenn es sich vorwiegend um Langzeitparker handelt.

Abb. 45: Beispiel eines gut ausgeführten Radweges

Abb. 46: Nachträglich angelegter Radweg außerhalb bebauter Gebiete

Radwege sollten von Gehwegen wegen der Sturzgefahr nicht durch eine Kante getrennt werden. Im Interesse der Sehbehinderten sollten sich allerdings Radweg- und Gehwegbelag ertastbar deutlich unterscheiden. Unter diesem Aspekt kann der innerorts stark zurückgedrängte bituminöse Belag für Radwege wieder an Bedeutung gewinnen. Sinnvoll ist z. B. auch ein kleiner Schutzstreifen zwischen Geh- und Radweg.

Außerorts hat sich der begrünte, häufig baumbestandene Trennstreifen zwischen Fahrbahn und Radweg bewährt. Bei neuen Radwegen ist es zweckmäßig, den Radweg auf der fahrbahnabgewandten Seite des Entwässerungsgrabens anzuordnen *[Abb. 46]*. Eine solche Lösung ist kostengünstiger (keine Verlegung der Entwässerung erforderlich) und besitzt wegen der größeren räumlichen Trennung zur Fahrbahn auch Vorteile für die Radfahrer. Probleme können sich bei Hanglagen ergeben, weil bei Regen Boden von angrenzenden Äckern auf die Radwege gespült werden kann.

4.4.3. Gemeinsame Geh- und Radwege

Für den Regelquerschnitt gemeinsamer Geh- und Radwege ist zu berücksichtigen, daß bei regelmäßig wiederkehrenden Einrichtungen im Gehwegbereich Breitenzuschläge erforderlich sind.

Außerorts ist ein Richtwert von über **2,50 m** aus betriebstechnischen Gründen wegen der Fahrzeugabmessungen für Reinigung, Winterdienst und Unterhaltung zweckmäßig (96).

4.5. Lösungen für Problembereiche

4.5.1. Beengte Verhältnisse

Die Richtwerte nach Tabelle 7 *(siehe Kap. 4.1.3.)* geben das für den Normalfall wünschbare Maß der Breite einer Radverkehrsanlage an, das nach Möglichkeit anzustreben ist. Ausdrücklich wird in den „Empfehlungen" (5) aber darauf hingewiesen, daß diese Richtwerte auch unterschritten werden können.

4.5.1.1. Längere beengte Straßenräume

Für beengte Straßenräume sollten die im folgenden genannten Anhaltswerte gelten. Sie gewährleisten auch für längere Abschnitte noch einen einigermaßen akzeptablen Standard. Zu beachten ist aber, daß entscheidend für die Benutzbarkeit einer Radverkehrsanlage die tatsächlich nutzbare Breite *(siehe Kap. 4.1.3.)* und nicht die befestigte Radwegfläche ist. In den Richtlinien und in der Literatur (21, 23, 140) wird im allgemeinen **1,60 m** als Mindestmaß für einen zweispurigen Radweg angesetzt, sofern ausreichende Lichträume seitlich frei bleiben. Für einspurige Radwege, die allerdings für längere Abschnitte grundsätzlich die Ausnahme bleiben sollten, werden in der Regel **1,00 m** als befestigte Breite zuzüglich des Sicherheitsraumes als erforderlich angesehen. Das absolute Mindestmaß liegt hier bei einer befestigten Breite von **0,60 m**, die dann auch in voller Breite nutzbar sein muß *[Abb. 47]*.

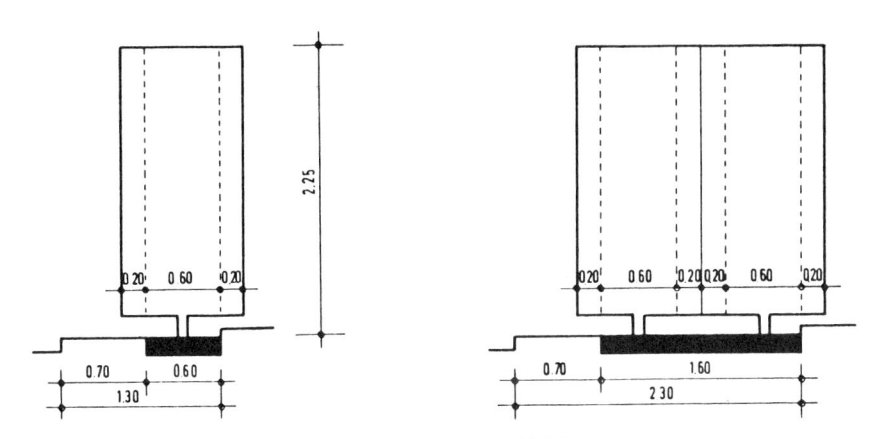

Abb. 47: Erforderliche Radwegmindestbreiten bei beengten Verhältnissen (140)

Werden Radwege wegen beengter Verhältnisse derart schmal ausgeführt, ist die Einhaltung aller anderen Erfordernisse (u. a. eindeutige Führung an Knotenpunkten, ausreichende Sichtbeziehungen, Hindernisfreiheit, Ausweichmöglichkeit durch überfahrbare Flächen, Ebenheit des Belages) unbedingt notwendig *[Abb. 48]*. Vor allem neben stark bzw. schnell befahrenen Straßen oder neben Parkstreifen mit Kurzzeitparkern sollte besser ein überfahrbarer Schutzstreifen (Mindestbreite 0,50 m) anstelle eines breiteren Radweges angelegt werden.

Abb. 48: Beispiel eines schmalen Radweges, der den Anforderungen genügt

Abb. 49:
Beispiel eines 1,00 m breiten Radfahrstreifens

Für Radfahrstreifen entsprechen die Breitenanforderungen für längere beengte Verhältnisse denen der Richtwerte für normale Verhältnisse *[siehe Tab. 7]*, da ein Befahren an der äußeren Grenze des Radfahrstreifens anders als beim Radweg aus Sicherheitsgründen nicht akzeptabel ist. Eine Möglichkeit, sich beengten Verhältnissen anzupassen, besteht also im wesentlichen nur im Verzicht auf eine Überholmöglichkeit durch Anlage eines einspurigen Radfahrstreifens. Die Nettobreite muß dann mindestens **1,00 m** betragen *[Abb. 49]*.

4.5.1.2. Kurze Engstellen

Anders als lange zusammenhängende Straßenzüge mit beengten Verhältnissen sind kurze überschaubare Engstellen zu bewerten. Solche sind z. B.:
- Punktuelle Hindernisse (z. B. Masten, Bäume)
- Unterführungen oder Brücken
- Gebäudevorsprünge
- Bushaltestellen
- Fahrbahnaufweitungen im Bereich von Knotenpunktzufahrten
- Baustellen.

Sind solche Engstellen nicht durch einen Umbau vermeidbar, sollte als grundsätzliches Prinzip gelten, daß die notwendige Reduktion der Querschnittbreite im Regelfall auch zu Lasten aller Verkehrsarten geht. Dies kann neben einer Einengung der Fahrspurbreite für den KFZ-Verkehr unter Umständen auch eine Reduzierung der Anzahl der Fahrspuren oder auch die Ausbildung eines einspurigen Bereiches begründen (siehe z. B. [69]). In der Praxis werden noch häufig die Fahrstreifen des KFZ-Verkehrs in voller Breite durchgeführt, während die Einengung zu Lasten der Fußgänger und Radfahrer geht *[Abb. 50]*.

Für die Breite der Radverkehrsanlagen in Engstellen können wegen der Vielzahl der Situationen keine Standardlösungen empfohlen werden. Eine örtlich angepaßte Ausbildung ist hier besonders notwendig. Sind straßenbegleitende Radverkehrsanlagen vorhanden, ist es im Regelfall besser, diese an einer Engstelle auch mit reduzierter Breite weiterzuführen als sie ganz zu unterbrechen. Lediglich wenn die Fahrbahn baulich so gestaltet werden kann, daß eine langsame Fahrweise des KFZ-Verkehrs erreicht werden kann, kommt die Mischnutzung auch für den Bereich von Engstellen in Frage.

Die Anhaltswerte für die erforderliche Radweg- und Lichtraumbreite sind den Angaben in Kap. 4.1.3. zu entnehmen. Ist ein zweispuriger Radweg vorhanden, besteht im allgemeinen genügend Anpassungsmöglichkeit durch einen Übergang in einen einspurigen Radweg. Die fehlende Überhol-, Ausweich- oder Begegnungsmöglichkeit ist für die Länge überschaubarer Engstellen hinnehmbar.

Abb. 50: Engstelle mit endendem Radweg bei konstanter Fahrbahnbreite

Für einspurige Radwege ergibt sich eine absolute Mindestbreite des freien Lichtraumes von 1,00 m für punktuelle Hindernisse. Die befestigte Breite des Radweges darf 0,60 m nicht unterschreiten. Solche Breiten sind nur mit geringen Geschwindigkeiten und hoher Konzentration zu befahren. Günstiger ist es in der Regel, wenn der Radweg im Bereich der Engstelle unter gleichzeitiger Einengung der Fahrbahn in einen gemeinsamen Geh- und Radweg übergeht *[Abb. 51 unten]*.

Eine andere Möglichkeit besteht darin, für den Bereich der Einengung auf der Fahrbahn einen Radfahrstreifen zu kennzeichnen. Die Mindestbreite des Radfahrstreifens einschließlich der Randmarkierung muß dem Verkehrsraum eines Radfahrers (1,00 m) entsprechen *[Abb. 51 oben]*.

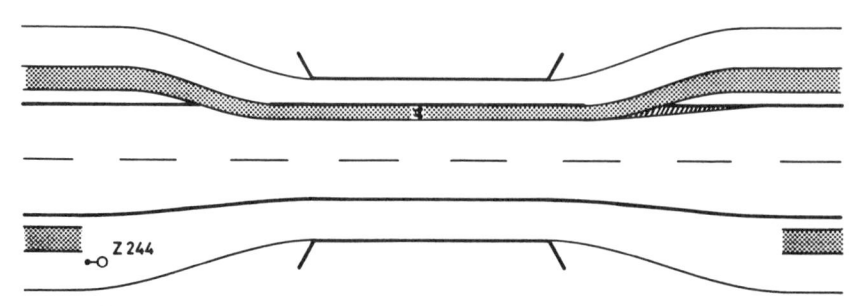

Abb. 51: Übergang eines Radweges in einen Radfahrstreifen (oben) bzw. einen Geh- und Radweg (unten) an einer Engstelle

4.5.2. Grundstückszufahrten

Wegen der hohen Unfallgefahr müssen Radwege an Zufahrten deutlich gekennzeichnet werden. Dazu werden die Radwege in ihrem Belag über die Zufahrt durchgeführt, um den Kraftfahrzeugführern die Bevorrechtigung des Radverkehrs zu verdeutlichen *[Abb. 52]*. Gegebenenfalls ist der Oberbau im Bereich der Zufahrt zu verstärken. An stark und zügig befahrenen Zufahrten oder wenn die Sichtverhältnisse unzureichend sind, kann auch eine Markierung der Zufahrt oder die Aufbringung eines Piktogramms sinnvoll sein. Für in die Zufahrt einfahrende Kraftfahrer sind ggf. die Sichtbeziehungen durch Verhindern des Parkens vor der Zufahrt zu verbessern.

Abb. 52: Radweg an einer Grundstückszufahrt

4.5.3. Bepflanzungen

Wenn möglich sollten zwischen Radweg und Fahrbahn begrünte Trennstreifen angelegt werden. Innerorts eignen sich hierfür niedrige Bepflanzungen (Bodendecker oder Rasen) sowie hochstämmige Bäume, die die Sichtbeziehungen zwischen Autofahrer und Radfahrer nicht beeinträchtigen und ein unerwünschtes Überqueren des Trennstreifens – von beiden Seiten – ausschließen. Rosengewächse und andere dornenreiche Pflanzen sind zu vermeiden, bei deren Pflege leicht Dornen auf dem Radweg liegenbleiben und zu Reifenpannen führen.

Abb. 53: Begrünter Trennstreifen innerhalb bebauter Gebiete

Radfahrer erleben aufgrund ihrer verhältnismäßig niedrigen Geschwindigkeit die Natur unmittelbar. Die Bepflanzung in Begleitung der Radwege kann deshalb auch einen wertvollen Beitrag zur Anregung vermehrten und erholsamen Radfahrens leisten. Deshalb sollte auch erhaltenswerter Baumbestand nicht für die Platzansprüche schnellfahrender Radfahrer geopfert werden. Radwege können vielmehr in – ausgerundeten – „Schlenkern" um die Bäume herumgeführt werden *[Abb. 31]*. Die meisten Radfahrer werden dies akzeptieren, wenn die unerwartete Linienführung für die Fahrt bei Dunkelheit optisch hervorgehoben wird (Markierung, Leittafeln).

Müssen die Radwege dicht an den Bäumen vorbeigeführt werden, können überfahrbare Baumscheiben (z. B. Formsteine oder Stahlroste) oder wasserdurchlässige Befestigungen (wassergebundene Decke, Kleinpflaster) gewählt werden.

Sträucher sollten nicht allzu dicht am Radweg gepflanzt werden. Ihre Zweige wachsen häufig in den Verkehrsraum des Radweges hinein und engen die nutzbare

Abb. 54 und 55: Gut in die Landschaft eingepaßte nachträglich angelegte Radwege

Breite z. T. deutlich ein. Außerdem können derartigeSträucher abschreckend wirken, weil der dichte Bewuchs eine erwünschte soziale Kontrolle durch andere Verkehrsteilnehmer verhindert.

Besonders außerhalb bebauter Gebiete ist das Einpassen neuer Radwege in die Landschaft wichtig. Bei richtiger Anlage wird trotz (oder wegen) des oft notwendigen kurvigen Verlaufs auch der Erlebniswert für die Radfahrer [Abb. 54, 55] gefördert. Ein großer Abstand zur Fahrbahn sowie die den Weg begleitende Bepflanzung schützt auch vor Spritzwasser und Luftturbulenzen vorbeifahrender Kraftfahrzeuge.

4.5.4. Radverkehrsanlagen an Bushaltestellen

4.5.4.1. Radfahrstreifen

Bei Radfahrstreifen treten Konfliktmöglichkeiten vor allem mit den an- oder abfahrenden Bussen auf. Je nach den räumlichen Gegebenheiten und der Anzahl der die Haltestelle anfahrenden Busse kommen folgende Möglichkeiten in Betracht:

a) Keine Busbucht vorhanden

   Im Bereich der Haltestelle wird der Bord um die Radfahrstreifenbreite vorgezogen. Der Radfahrstreifen wird auf Gehwegniveau hinter der Wartefläche für die Busfahrgäste geführt [Abb. 56]. Diese Lösung eignet sich für starken Busverkehr und/oder starken KFZ-Verkehr, der ein Vorbeifahren der Radfahrer links vom Bus als zu gefährlich erscheinen läßt. Die vorgezogene Bordsteinkante muß für den KFZ-Verkehr erkennbar sein, um ein Auffahren zu verhindern.

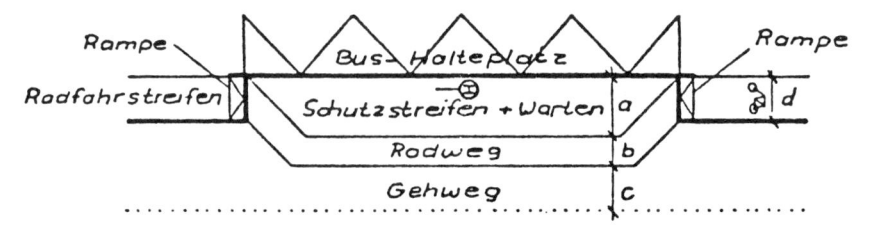

Abb. 56: Radfahrstreifen im Bereich einer Bushaltestelle (138)

Bei geringem Busverkehr kann der Radfahrstreifen vor der Bushaltestelle enden und hinter ihr wieder beginnen. Radfahrer müssen während des Busstopps warten oder können unter Beachtung des übrigen Verkehrs links am Bus vorbeifahren.

b) Busbucht vorhanden

Im Regelfall wird eine Lösung gemäß *Abb. 57* zweckmäßig sein. Konflikte mit ein- oder ausfahrenden Bussen traten im gezeigten Beispiel nicht auf (34).

Abb. 57: Radfahrstreifen neben einer Busbucht

4.5.4.2. Radwege

Bei Radwegen treten im Bereich von Bushaltestellen die Konflikte mit ein- oder aussteigenden bzw. wartenden Fahrgästen in den Vordergrund. Bei hohen Fahrgastzahlen und geringem Platz sind häufig kaum befriedigende Lösungen zu finden. Bei Vehältnissen wie in *Abb. 58* müssen Radfahrer warten oder können zumindest nur sehr langsam fahren.

Radverkehrsanlagen an Bushaltestellen

Abb. 58:
Radweg an einer stark frequentierten Bushaltestelle

Denkbare Lösungsmöglichkeiten sind:

– Der Radweg wird hinter der Wartefläche für die Fahrgäste geführt und der Gehweg entsprechend eingeengt *[Abb. 59]*. Die Wartefläche für die Fahrgäste beträgt im Mindestmaß 2,00 m, mit Wetterschutzeinrichtung 2,50 m (138). Bei geringen Fahrgastzahlen ist eine Verringerung der Breite auf 1,50 m möglich. In jedem Fall sollte der Radweg nicht direkt oder nur mit Schutzstreifenbreite (0,75 m) neben dem haltenden Bus verlaufen.

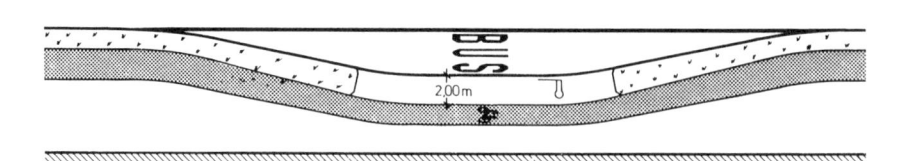

Abb. 59: Radwegführung an einer Bushaltestelle (5)

– Es wird ein sogenanntes „Haltestellenkap" ausgebildet *[Abb. 60]*. Diese Lösung hat gerade in beengten städtischen Verhältnissen auch große betriebliche Vorteile für den ÖPNV (73). Zur Kanalisierung der Fußgängerströme können Absperrungen zwischen Radweg und Wartefläche angeordnet werden.

Radverkehrsanlagen an Bushaltestellen 123

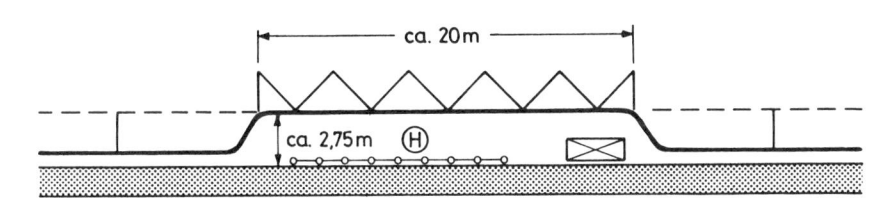

Abb. 60: Radwegführung an einem „Haltestellenkap"

- Der Radweg geht im Bereich der Bushaltestelle in einen gemeinsamen Geh- und Radweg, der auch die Wartefläche umfaßt, über. Radfahrer müssen ihre Geschwindigkeit – auch rechtlich – den jeweiligen Verhältnissen anpassen.

  Die Fahrgäste, besonders die aussteigenden, sind durch Piktogramme auf die Mischnutzung der Fläche hinzuweisen.

- Der Radweg wird durch die Busbucht geführt und mit negativer Vorfahrt (Z 205 „Vorfahrt") beschildert *[Abb. 61]*.

Abb. 61:
Führung der Radfahrer mit
Wartepflicht über eine Busbucht

4.5.5. Radwegbeginn und -ende

Ein Radwegbeginn auf Streckenabschnitten kann u. U. mit einer Grundstückszufahrt (vollständige Bordabsenkung notwendig) verbunden werden. Bei einer Lösung nach *Abb. 62* kann sich auch ein kurzer auf der Fahrbahn markierter Radfahrstreifen empfehlen.

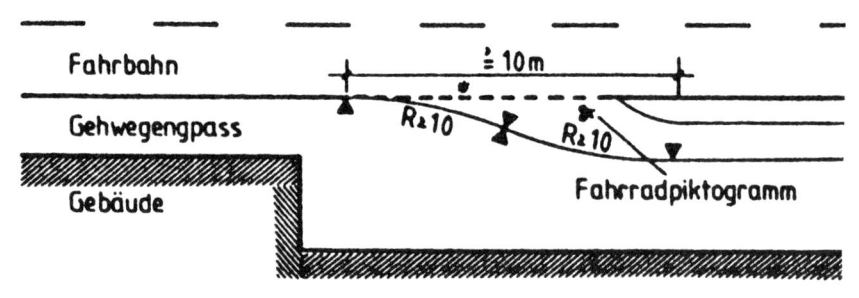

Abb. 62: Radwegbeginn im Bereich von Streckenabschnitten (70)

Aus Sicherheitsgründen kommt einer sorgfältigen Ausbildung des Radwegendes große Bedeutung zu. Radwegenden sollten nicht vor Knotenpunkten oder unübersichtlichen Stellen angeordnet werden. Der Radfahrer muß auch schon vor dem Einfahren auf die Fahrbahn im Blickfeld der Fahrzeugführer sein. Dies ist bei Lösungen entsprechend *Abb. 63* gewährleistet.

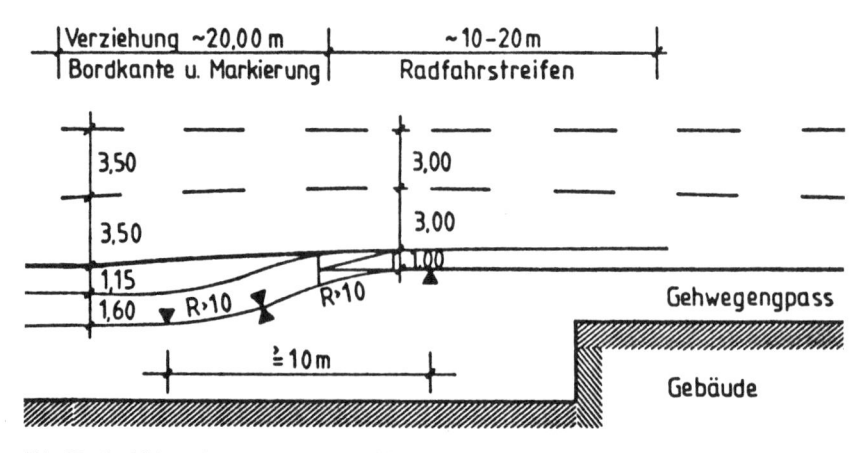

Abb. 63: Ausbildung eines Radwegendes (70)

Radwegbeginn und -ende 125

Die Schutzwirkung im Ausfahrbereich auf die Fahrbahn kann durch eine Schwelle noch gesteigert werden *(siehe Kap. 6.4.6.).*

Außerorts sind Radwegebeginn bzw. -ende besonders kritisch zu untersuchen, da hier im Zweirichtungsverkehr meist einseitige Radwege betrieben werden (Überquerungsnotwendigkeit) und zudem höhere Geschwindigkeiten des Kraftfahrzeugverkehrs vorliegen. Ausbildungen wie in *Abb. 64* sind deshalb auch immer potentielle Gefahrenpunkte.

Abb. 64: Ungünstig gestalteter Radwegbeginn auf der freien Strecke

Gefährlich ist die Situation vor allem für die Radfahrer, für die der Radweg auf der gegenüberliegenden Seite beginnt und die sich zum Queren der Fahrbahn einordnen müssen. Es ist zumindest notwendig, diesen Radfahrern gegenüber dem Radwegbeginn einen gesicherten Aufstellraum zu schaffen, den sie bei Bedarf vor der Querung ansteuern können *[Abb. 65].*

Vergleichsweise unproblematisch sind die umgekehrten Fälle, bei denen ein Radweg aus der Sicht der linksfahrenden Radfahrer endet. Hier sollte durch das Zeichen 205 StVO den Radfahrern eine Wartepflicht vor dem Überqueren der Fahrbahn verdeutlicht werden.

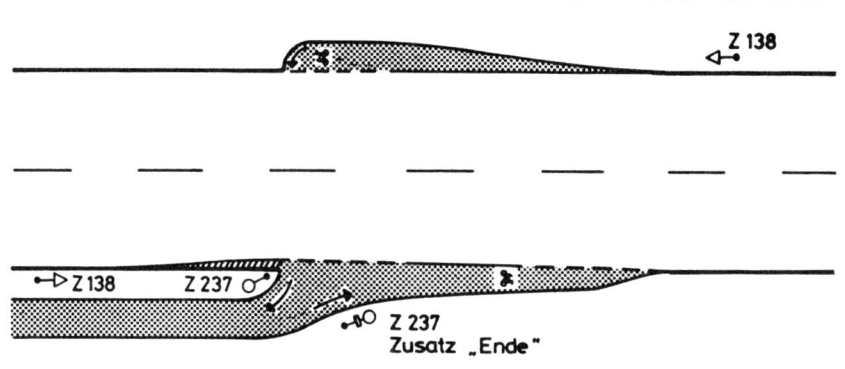

Abb. 65: Beginn bzw. Ende eines einseitigen Radweges außerhalb bebauter Gebiete

4.6. Führung an Knotenpunkten

4.6.1. Grundlegende Aspekte

Radfahrer sind an Kreuzungen und Einmündungen in hohem Maße unfallgefährdet *(siehe Kap. 4.1.8.)*. Besondere Sorgfalt bei der Ausbildung von Radverkehrsanlagen ist hier deshalb unbedingt notwendig. Beim Entwurf sind vor allem folgende Probleme zu lösen:

– Konflikt zwischen rechts- oder linksabbiegenden Kraftfahrzeugen und geradeausfahrenden Radfahrern *(siehe Kap. 4.6.3. und 4.6.4.)*
– Zweirichtungsradverkehr in Knotenpunktbereichen *(siehe Kap. 5.8.)*
– Linksabbiegen von Radfahrern *(siehe Kap. 4.6.5.)*
– Berücksichtigung des Radverkehrs bei der Lichtsignalregelung *(siehe Kap. 5.10.)*

Eine planfreie Führung des Radverkehrs *(siehe Kap. 4.6.2.1.)* als sicherste Form der Führung hat schon aus wirtschaftlichen und städtebaulichen Gründung in gewachsenen Strukturen nur einen begrenzten Einsatzbereich. Für den Regelfall der plangleichen Kreuzung des Radverkehrs mit dem KFZ-Verkehr müssen die bekannten Grundanforderungen an die Ausbildung von Knotenpunkten **Erkennbarkeit, Übersichtlichkeit, Begreifbarkeit und Befahrbarkeit** (13, 14) auch auf die Ausführung der Radverkehrsanlagen übertragen werden. Daraus lassen sich die wichtigsten Grundsätze ableiten:

(1) Die Gesamtanlage eines Knotens muß den Belangen aller Verkehrsteilnehmer entsprechen. In dem Entwurf zur RAS-K (16) wird daraus die Notwendigkeit kleiner kompakter Knotenpunkte besonders für den innerörtlichen Bereich abgeleitet.

(2) Rechtzeitige, ausreichende Sichtbeziehungen zwischen Radfahrern und anderen Verkehrsteilnehmern, die die Radverkehrsanlage kreuzen sind bereits im Annäherungsbereich an die Konfliktstelle notwendig. Insbesondere muß die Sicht wartepflichtiger Verkehrsteilnehmer auf den Bevorrechtigten gewährleistet sein.

(3) Radverkehrsanlagen müssen im Kreuzungsbereich für alle Verkehrsteilnehmer rechtzeitig und deutlich erkennbar sein.

(4) Der Verlauf der Radverkehrsanlagen muß eindeutig sein. Er darf für andere Verkehrsteilnehmer keine Zweifel darüber entstehen lassen, wohin der Radfahrer fahren will.

(5) Der Verlauf und die Ausbildung (Markierung) der Radverkehrsanlage soll die jeweiligen Vorfahrtverhältnisse verdeutlichen.

(6) Radverkehrsanlagen sollen besonders für geradeausfahrende bevorrechtigte Radfahrer ohne scharfes Abbremsen befahrbar sein. Abrupte Richtungsänderungen, Kanten oder Hindernisse auf der Radverkehrsanlage sind zu vermeiden.

(7) Die Qualität der Radverkehrsanlage auf dem davorliegenden Streckenabschnitt soll im Knotenpunktbereich mindestens beibehalten werden. Wegen der Verflechtung mehrerer Fahrströme des Radverkehrs sind gegebenenfalls größere Breiten erforderlich.

(8) Für linksabbiegende Radfahrer ist eine eindeutige Führung und gegebenenfalls auch eine besondere Signalisation erforderlich. Dafür kommen verschiedene Lösungen in Betracht.

(9) Eine besondere Berücksichtigung des Radverkehrs bei der Lichtsignalregelung ist häufig notwendig, um Nachteile zu vermeiden, die zur Nichtakzeptanz führen. Bei starkem Radverkehr sind ausreichend dimensionierte Aufstellräume und entsprechend breite Absenkungsbereiche zu schaffen.

(10) Dürfen Radverkehrsanlagen in beiden Richtungen befahren werden, sind die Ausbildung der Furt und die Verkehrsregelung den besonderen Anforderungen anzupassen.

Führung an Knotenpunkten

In den folgenden Abschnitten werden Standardlösungen zur Führung des Radverkehrs, die sich überwiegend an den Vorschlägen der „Empfehlungen" (5) orientieren, vorgestellt. Die im Entwurf vorliegende RAS-K-1 (16) übernimmt weitgehend die Lösungen der „Empfehlungen". Besondere Fragen der Lenkung und Regelung des Radverkehrs an Knotenpunkten (Markierung, Lichtsignalregelung, Zweirichtungsradverkehr) werden in Kap. 5 behandelt.

4.6.2. Einsatzbereiche von Radwegen oder Radfahrstreifen im Knotenbereich

Grundsätzlich sollte die Art der Radverkehrsanlage des vorhergehenden Streckenabschnittes auch über den Knotenpunkt beibehalten werden. Wegen der Vorteile, die Radfahrstreifen *(siehe Kap. 4.3.2.1.)* an Knotenpunkten besitzen, kann es u. U. günstig sein, Radwege vor Knotenpunkten in einen Radfahrstreifen übergehen zu lassen, z. B. um direktes Linksabbiegen zu ermöglichen.

Sind auf Streckenabschnitten keine Radverkehrsanlagen vorhanden, können zur sicheren Führung des Radverkehrs auch nur im Knotenpunktbereich Auffangradwege oder Radfahrstreifen angelegt werden *[Abb. 66]*. Dies bietet sich vor allem für große, signalisierte Knotenpunkte mit ausreichenden Platzverhältnissen an. Dabei sollten Auffangradwege anstelle von Radfahrstreifen nur dann gewählt werden, wenn Radfahrer indirekt links abbiegen sollen.

Abb. 66: Radfahrstreifen nur im Knotenpunktbereich

4.6.3. Lage und Ausbildung von Radfahrerfurten

Die Lage der Radfahrerfurt bezüglich ihres Abstandes vom Rand der parallel verlaufenen Fahrbahn ist nach wie vor ein umstrittenes Thema, das noch nicht aufgrund von Forschungsarbeiten oder allgemeingültigen Erfahrungen als endgültig gelöst betrachtet werden kann. Die deutlich abgesetzte Furt (d. h. um mindestens 5 – 6 m) wird dabei oft als an den Belangen des KFZ-Verkehrs, die nicht abgesetzte Führung als an den Belangen des Radverkehrs orientiert angesehen.

Wegen der Vielzahl von Einflußkriterien, die die Furtausbildung bestimmen, sollte das Thema „entideologisiert" betrachtet und Lösungen verwirklicht werden, die mit den örtlichen Gegebenheiten jeweils optimal abgestimmt sind.

Die „Empfehlungen" (5) kommen einer solchen Betrachtungsweise entgegen, indem sie eine Vielzahl von Grundformen der Führung des Radverkehrs anbieten und dabei auch Zwischenlösungen (geringfügig abgesetzt) ermöglichen [Abb. 67].

4.6.3.1. Nicht- oder geringfügig abgesetzte Radfahrerfurten

Die Vorteile nicht- oder geringfügig abgesetzter gegenüber deutlich abgesetzten Radfahrerfurten sind:

- bessere Sichtverhältnisse auf Radfahrer und Radfahrerfurt
- bei bevorrechtigter Radfahrerfurt wird die Vorfahrt des Radfahrers verdeutlicht
- bessere Begreifbarkeit, so daß Unklarheiten über die gewünschte Fahrtrichtung der Radfahrer nicht auftreten
- bessere Befahrbarkeit durch die Radfahrer
- geringerer Flächenbedarf.

Daraus lassen sich folgende vorrangige Einsatzbereiche ableiten:

- grundsätzlich bei Vorhandensein von Radfahrstreifen
- bei Radfahrerfurten über untergeordnete Knotenpunktzufahrten
- an kleinräumigen signalisierten Knotenpunkten, bei denen Fragen der Leistungsfähigkeit keine entscheidende Rolle spielen
- bei Vorhandensein von Rechtsabbiegespuren
- bei starken Rechtsabbiegeströmen ohne Rechtsabbiegespuren; Erläuterung: das Herstellen eines guten Sichtkontaktes ist dann wichtiger als Gesichtspunkte der Leistungsfähigkeit eines Knotens, zu dem würde die Aufstellmöglichkeit für nur ein rechtsabbiegendes Fahrzeug ohnehin oft nicht ausreichen.
- bei beengten Platzverhältnissen

Lage und Ausbildung von Radfahrerfurten

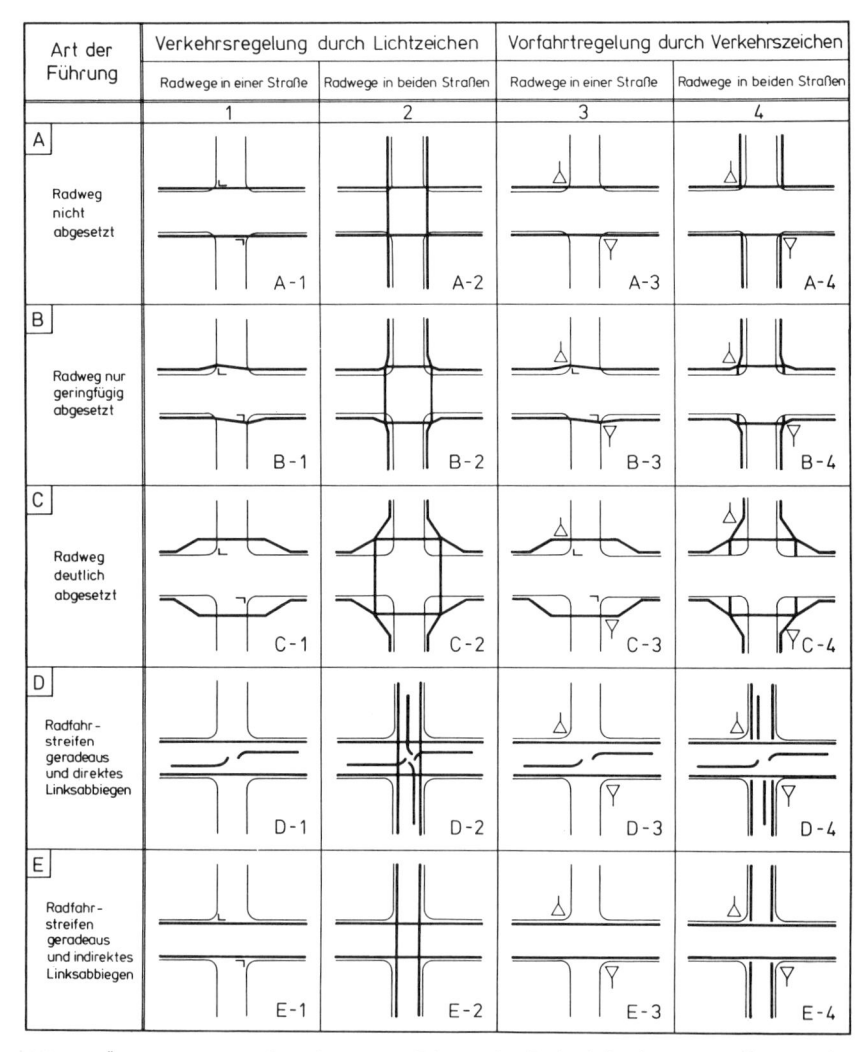

Art der Führung	Verkehrsregelung durch Lichtzeichen		Vorfahrtregelung durch Verkehrszeichen	
	Radwege in einer Straße	Radwege in beiden Straßen	Radwege in einer Straße	Radwege in beiden Straßen
	1	2	3	4
A Radweg nicht abgesetzt	A-1	A-2	A-3	A-4
B Radweg nur geringfügig abgesetzt	B-1	B-2	B-3	B-4
C Radweg deutlich abgesetzt	C-1	C-2	C-3	C-4
D Radfahrstreifen geradeaus und direktes Linksabbiegen	D-1	D-2	D-3	D-4
E Radfahrstreifen geradeaus und indirektes Linksabbiegen	E-1	E-2	E-3	E-4

Abb. 67: Übersicht über die Grundformen zur Führung des Radverkehrs im engeren Knotenpunktbereich

Sind Radfahrstreifen vorhanden, verläuft die Furt geradlinig am Fahrbahnrand oder links neben einer Rechtsabbiegespur. An Knotenpunkten mit Lichtsignalanlage wird die Haltelinie des Radfahrstreifens vor die Haltelinie des KFZ-Verkehrs gelegt, so daß die Radfahrer besser im Sichtbereich der Radfahrer stehen. Bei größeren Verkehrsstärken werden die Radfahrstreifen allerdings nur dann im gewünschten Maße angenommen, wenn eine ausreichende Breite (> 1,50 m) zur Verfügung steht (35). Zu Einordnungsstreifen für linksabbiegende Radfahrer siehe Kap. 4.6.5.1..

Bei nichtabgesetzten Radfahrerfurten im Zuge von Radwegen verläuft die Furt in der Regel im Abstand des Schutzstreifens vom Fahrbahnrand entfernt. Die Bordsteinabsenkung muß nach rechts ausgerundet werden, um rechtsabbiegenden Radfahrern ein gefahrloses Abbiegen zu ermöglichen *[Abb. 68]*.

Abb. 68. Beispiel einer nichtabgesetzten Radfahrerfurt

Vor allem an signalisierten Knotenpunkten sollte die Furt bereits vor der kreuzenden Fußgängerfurt auf das Niveau der Fahrbahn abgesenkt werden *[Abb. 69]*. Dies hat folgende Gründe:

- bessere Erkennbarkeit durch rechtsabbiegende Kraftfahrer
- Fußgängern, die queren wollen, wird das Vorhandensein des Radweges verdeutlicht. Sie warten außerhalb des Radweges.
- Radfahrer akzeptieren eher die Wartepflicht gegenüber den querenden Fußgängern.

Abb. 69: Nichtabgesetzte Radfahrerfurt an einem signalisierten Knotenpunkt

Abb. 70: Verschwenkung eines Radweges im Knotenpunktbereich zum Fahrbahnrand

Lage und Ausbildung von Radfahrerfurten 133

Verläuft der Radweg auf der Strecke deutlich abgesetzt (z. B. hinter einem Längsparkstreifen) sollte er rechtzeitig an den Fahrbahnrand geführt werden *[Abb. 70]*, um den erforderlichen Sichtkontakt herzustellen.

Auch geringfügig abgesetzte Radfahrerfurten sollten am Beginn der Furt nicht wesentlich weiter als 1,00 m vom Fahrbahnrand verlaufen. Sichtbehindernde Einrichtungen sind zu vermeiden. Im hinteren Teil können die Furten dann weiter abgesetzt werden, wenn Aufstellraum für indirekt linksabbiegende Radfahrer geschaffen werden soll *[siehe Abb. 94]*.

Neben Rechtsabbiegespuren können nichtabgesetzte Furten auch wie in *Abb. 71* ausgebildet werden.

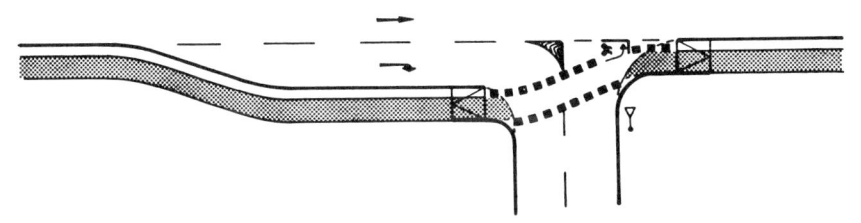

Abb. 71: Radfahrerfurt neben einer Rechtsabbiegespur

Abb. 72: Aufgepflasterter Radweg über eine untergeordnete Knotenpunktzufahrt

Über einmündende Wohnstraßen, insbesondere über verkehrsberuhigte Straßen, sollten Radwege ohne Absenkung auf Gehwegniveau durchgeführt werden *[Abb. 72]*.

Eine geringfügig abgesetzte Führung bei umlaufender Radfahrerfurt an einem signalgeregelten Knoten zeigt *Abb. 73*. Behinderungen können allerdings auftreten, wenn mehrere indirekt linksabbiegende Radfahrer sich am Ende der Furt aufstellen müssen. Durch eine Verziehung der Furt nach rechts kann der Aufstellraum vergrößert werden. Die Absenkungsbereiche sollten größer ausgeführt werden als es der Furtbreite entspricht, um ein Ausweichen zuzulassen. Eine Lösung für beengte Verhältnisse zeigt *Abb. 93*.

An Knotenpunkten mit Vorfahrtregelung durch Verkehrszeichen ist zu beachten, daß nur die Furten im Zuge der bevorrechtigten Straße markiert werden *(siehe Kap. 5.11.)*.

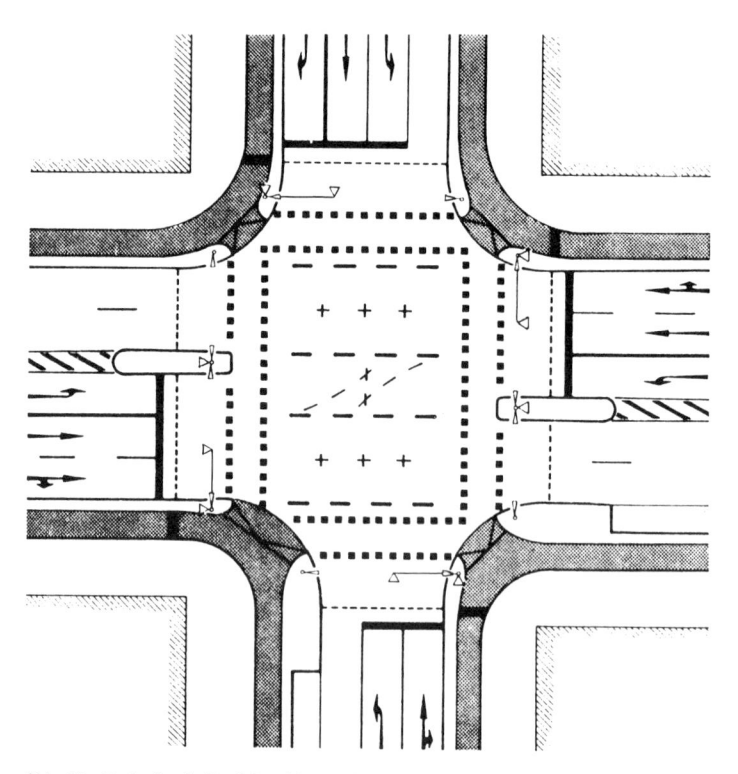

Abb. 73: Umlaufende Radfahrschiene mit geringfügig abgesetzter Radfahrerfurt (5)

Lage und Ausbildung von Radfahrerfurten 135

Wegen der Vorteile bei der Erkennbarkeit, Begreifbarkeit und Befahrbarkeit sollten nach Möglichkeit Verhältnisse geschaffen werden, die nicht oder nur geringfügig abgesetzte Lösungen ermöglichen. So können z. B. durch Anlage einer kurzen Rechtsabbiegespur (entsprechend Abb. 71) die Behinderungen geradeausfahrender Kraftfahrer vermieden werden.

4.6.3.2. Deutlich abgesetzte Radfahrerfurten

Die Vorteile deutlich abgesetzter gegenüber nicht abgesetzten Radfahrerfurten sind:

- Aufstellmöglichkeit für abbiegende Kraftfahrzeuge vor der Radfahrerfurt, so daß der geradeausfahrende Verkehr nicht behindert wird
- Aufstellmöglichkeit für einbiegende oder kreuzende Kraftfahrzeuge zwischen Radfahrerfurt und bevorrechtigter Straße, so daß der Radweg nicht zugestellt wird
- bessere Führungs- und Aufstellmöglichkeit für indirekt linksabbiegende Radfahrer
- deutlichere Trennung vom KFZ-Verkehr und damit sichere Ausweichmöglichkeit, z. B. bei Begegnungen im Zweirichtungsradverkehr
- kürzere Räumwege für Radfahrer bei signalisierten Knoten.

Tendenziell wird die Ausbildung einer abgesetzten Radfahrerfurt bei Vorliegen folgender Randbedingungen günstig:

- Großräumige signalisierte Knotenpunkte
- starker geradeausfahrender KFZ-Verkehr mit schwachem Rechtsabbiegeverkehr
- Radwege in beiden kreuzenden Straßen mit starkem Linksabbiegeverkehr von Radfahrern
- schneller KFZ-Verkehr auf zweispurigen Straßen (vor allem außerhalb bebauter Gebiete)
- unzureichende Sichtverhältnisse für wartepflichtige Fahrzeuge auf die bevorrechtigte Straße
- Radwege mit Zweirichtungsradverkehr
- Radwege, die bevorrechtigte Fahrbahnteile kreuzen.

Soll ein Radweg in der Knotenzufahrt zur Anlage einer abgesetzten Radfahrerfurt von der Fahrbahn abgerückt werden, ist der Versatz möglichst langgestreckt zu trassieren, um Mißverständnisse über die Richtungsabsicht des Radfahrers zu vermeiden *[Abb. 74]*.

ungünstige Führung

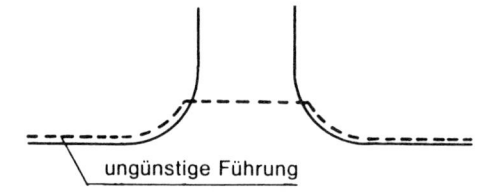

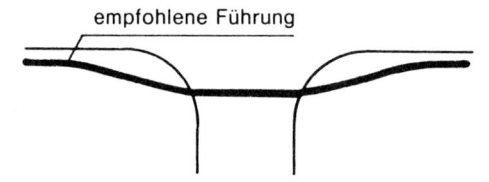

empfohlene Führung

Abb. 74:
Führung des Radverkehrs
bei deutlich abgesetzten Radfahrerfurten (5)

Die frühzeitige Verschwenkung bietet gleichzeitig den Fußgängern einen genügend großen Aufstellraum zwischen Radweg und Fahrbahnrand *[Abb. 75]*. Durch die Wahl der Signalisierungsart und der Standorte der Signalgeber *(siehe Kap. 5.10.)* ist es möglich, den querenden Fußgänger vor dem Radverkehr zu schützen. Die StVO sieht auch die Möglichkeit vor, Zebrastreifen über Radwege zu markieren, um den Vorrang querender Fußgänger zu verdeutlichen (siehe VwV/StVO zu § 26, V, 1.).

Abb. 75: Gutes Beispiel einer deutlich abgesetzten Radfahrerfurt

Lage und Ausbildung von Radfahrerfurten 137

Eine Lösung mit Haltelinie vor der querenden Fußgängerfurt zeigt *Abb. 92*. Diese Lösung bietet sich auch dann an, wenn für linksabbiegende Radfahrer ein größerer Aufstellraum notwendig ist. Bei signalisierten Knoten sind auch Gesichtspunkte der Leistungsfähigkeit des Radverkehrs zu beachten. Aufstellräume, gegebenenfalls mit Richtungsmarkierungen und breite Absenkungsbereiche sind für einen starken Radverkehr notwendig, damit die bei Rot gestauten Radfahrer in der nächsten Grünphase geordnet den Knoten überqueren können.

Verläuft der Radweg schon auf dem Streckenabschnitt deutlich von der Fahrbahn abgesetzt, kommt der Herstellung von Sichtfeldern für die abbiegenden Kraftfahrzeuge besondere Bedeutung zu *[Abb. 76]*. Z. B. ist auf ausreichender Länge Parken deutlich auszuschließen. Eine Kennzeichnung der Radwege durch Markierung und farbige Oberfläche ist unbedingt zu empfehlen.

Abb. 76: Deutlich abgesetzte Radfahrerfurt an einem Knotenpunkt ohne Lichtsignalanlage

Außerhalb bebauter Gebiete wird die abgesetzte Führung des Radverkehrs wegen der hohen Geschwindigkeiten auf der bevorrechtigten Straße häufig auch schon bei unbedeutenden einmündenden Straßen notwendig sein, wenn keine Rechtsabbiegespuren angelegt sind. Für die Ausbildung gelten im Prinzip die gleichen Grundsätze wie innerhalb bebauter Gebiete *[Abb. 77]*.

Abb. 77: Deutlich abgesetzte Radfahrerfurt außerhalb bebauter Gebiete

4.6.4. Führung an Dreiecksinseln

4.6.4.1. Problematik

Freie Rechtsabbiegefahrbahnen mit Dreiecksinseln werden in der Regel zur Erhöhung der Leistungsfähigkeit eines Knotens und zum zügigen Abfließen rechtsabbiegender Kraftfahrzeuge angelegt. Für Radfahrer (und Fußgänger) haben sie vorwiegend Nachteile:

- Durch die hohen Geschwindigkeiten der rechtsabbiegenden Kraftfahrzeuge erhöht sich die Unfallgefahr. Kommt es zu einem Unfall, sind die Unfallfolgen schwer.
- Die gesamte Überquerungszeit für die Radfahrer verlängert sich.
- Eine befriedigende Lösung für Radfahrer, die gleichzeitig Sicherheit und ausreichenden Fahrkomfort gewährt, ist kaum ausführbar.

Aus diesen Gründen setzt sich zunehmend eine Auffassung durch, daß freie Rechtsabbiegefahrbahnen mit Dreiecksinseln an Straßen mit Bedeutung für den

Führung an Dreiecksinseln

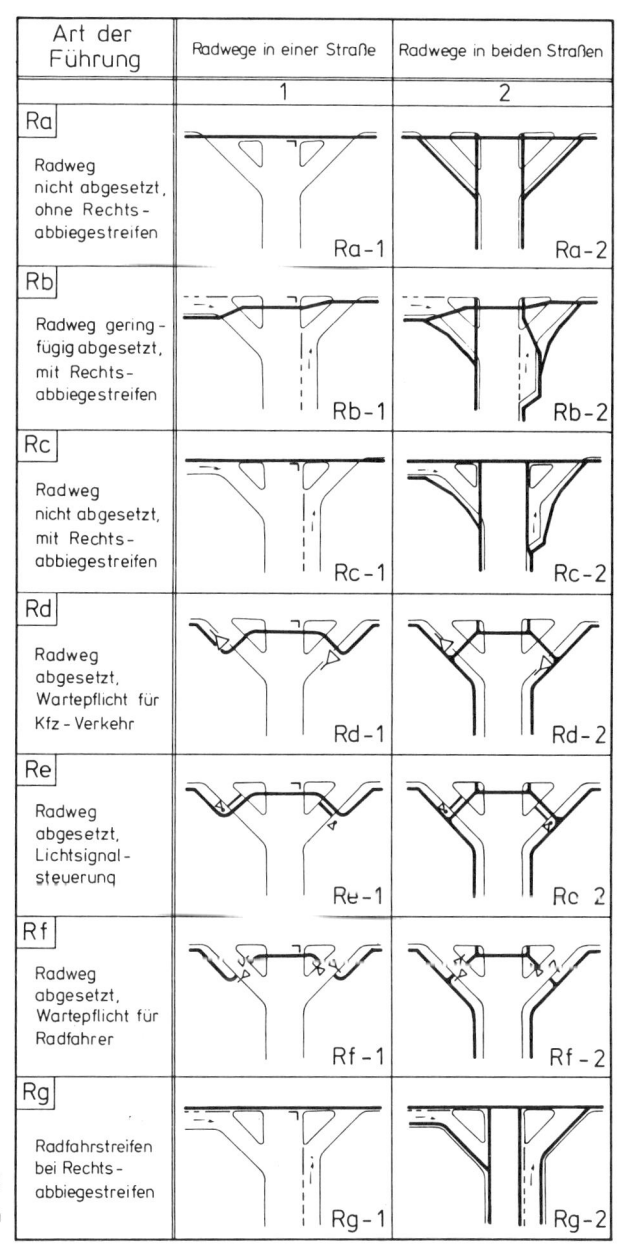

Art der Führung	Radwege in einer Straße (1)	Radwege in beiden Straßen (2)
Ra Radweg nicht abgesetzt, ohne Rechtsabbiegestreifen	Ra-1	Ra-2
Rb Radweg geringfügig abgesetzt, mit Rechtsabbiegestreifen	Rb-1	Rb-2
Rc Radweg nicht abgesetzt, mit Rechtsabbiegestreifen	Rc-1	Rc-2
Rd Radweg abgesetzt, Wartepflicht für Kfz-Verkehr	Rd-1	Rd-2
Re Radweg abgesetzt, Lichtsignalsteuerung	Re-1	Re-2
Rf Radweg abgesetzt, Wartepflicht für Radfahrer	Rf-1	Rf-2
Rg Radfahrstreifen bei Rechtsabbiegestreifen	Rg-1	Rg-2

Abb. 78:
Möglichkeiten zur Führung des Radverkehrs über Rechtsabbiegefahrbahnen mit Dreiecksinseln (5)

Rad- oder Fußgängerverkehr (insbesondere innerhalb bebauter Gebiete) möglichst ganz vermieden werden sollen (5, 64, 82, 108, 140). Auch im Entwurf zur RAS-K (16) werden die Einsatzbereiche von Rechtsabbiegespuren mit Dreiecksinseln innerhalb bebauter Gebiete deutlich reduziert. Nicht nur bei Neuplanungen sondern auch bei vorhandenen Anlagen sollte deshalb geprüft werden, ob nicht auch eine Lösung ohne freie Rechtsabbiegefahrbahn, z. B. eine Rechtsabbiegespur mit Einbeziehung in die Lichtsignalregelung, verwirklicht werden kann. Zumindest sollte ein Umbau mit einer weniger zügigen Führung erwogen werden.

Sind freie Rechtsabbieger mit Dreiecksinseln vorhanden, so kommen im Grundsatz ähnliche Lösungen wie für den Kreuzungsbereich infrage *[Abb. 78]*.

4.6.4.2. Dreiecksinseln mit nicht- oder geringfügig abgesetzten Radfahrerfurten

Die Vorteile entsprechen denen der nichtabgesetzten Furten im Kreuzungsbereich *(siehe Kap. 4.6.3.1.)*. Bei langen Verflechtungsstrecken mit zügig abbiegenden Kraftfahrzeugen ist allerdings eine hohe Konfliktgefahr festzustellen *[siehe Abb. 66]* (35). Bei direkter Führung an der Einfahrt der Rechtsabbiegefahrbahn in die kreuzende Straße sind Radfahrer im Gegenverkehr besonders stark gefährdet *[Abb. 79]*.

Abb. 79: Hohe Gefährdung linksfahrender Radfahrer an freien Rechtsabbiegefahrbahnen mit nichtabgesetzten Radfahrerfurten

Führung an Dreiecksinseln

Abb. 80: Übergang eines Radweges in einen farbig gekennzeichneten Radfahrstreifen

Abb. 81: Markierung einer Sperrfläche zur Verkürzung des Konfliktbereichs

Führung an Dreiecksinseln

Eine nichtabgesetzte Führung wird bei Vorliegen folgender Faktoren begünstigt:

- Vorhandensein von Radfahrstreifen
- starker Radverkehr, der für Autofahrer ständig präsent ist
- Straßen, auf denen mit geringem Geschwindigkeitsniveau gefahren wird, oder wo die Trassierung der Rechtsabbiegefahrbahn keine hohen Geschwindigkeiten zuläßt ($R \leq 15$ m)
- Fehlen von Rechtsabbiegespuren und Beschleunigungsspuren, so daß keine großen Verflechtungslängen auftreten
- große Dreiecksinseln

Wird eine nichtabgesetzte Führung verwirklicht, so ist die Markierung gegebenenfalls zusätzlich durch farbige Kennzeichnung der Furt besonders hervorzuheben *[Abb. 80]*. Zur Verkürzung der Konfliktzone zwischen geradeausfahrenden Radfahrern und rechtsabbiegenden Kraftfahrern kann eine Sperrfläche entsprechend Abb. 81 markiert werden.

Geringfügig abgesetzte Radfahrerfurten entsprechend *Abb. 82* können noch am ehesten die Vorteile einer zügigen Befahrbarkeit für die Radfahrer mit ausreichenden Sicherheitsanforderungen verknüpfen. Die Verflechtungslängen sind relativ kurz, die Richtungsänderung für die Radfahrer nicht abrupt und der Sichtkontakt des KFZ-Führers zum Radfahrer ist gut. Diese Lösung kommt deshalb auch für Zweirichtungsradverkehr infrage. Sie bietet sich hier insbesondere am Ende von Rechtsabbiegefahrbahnen an, da dann die linksfahrenden Radfahrer den einbiegenden Kraftfahrern entgegen fahren und so Sichtkontakt herstellen können *[Abb. 83]*.

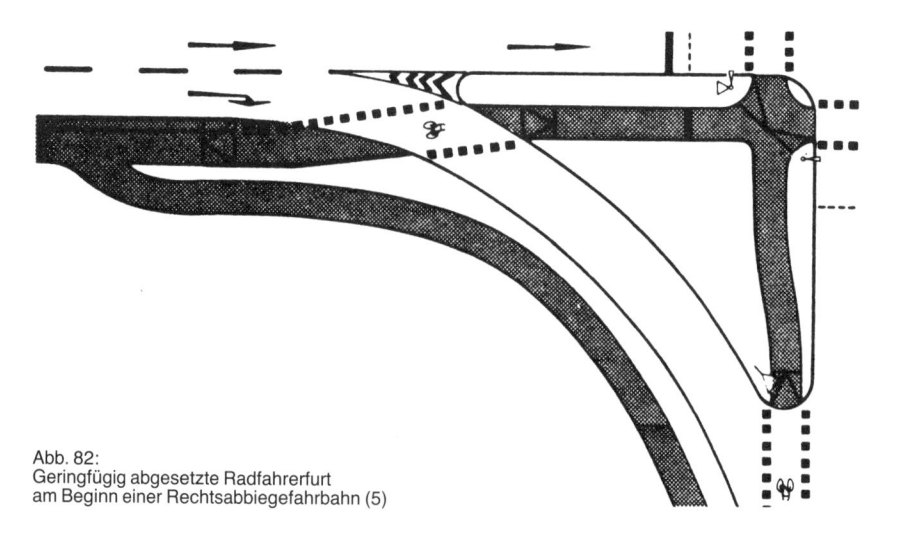

Abb. 82:
Geringfügig abgesetzte Radfahrerfurt
am Beginn einer Rechtsabbiegefahrbahn (5)

Führung an Dreiecksinseln

Abb. 83: Geringfügig abgesetzte Radfahrerfurt am Ende einer Rechtsabbiegefahrbahn

4.6.4.3. Dreiecksinseln mit deutlich abgesetzten Furten

Deutlich abgesetzte Radfahrerfurten über freie Rechtsabbiegefahrbahnen sind für Radfahrer weitaus am unattraktivsten und, wegen ihrer oft für den Kraftfahrer nicht eindeutigen Führung, auch nicht sicherer als andere Lösungen. Die verkehrlichen Vorteile der abgesetzten Furt für den eigentlichen Knotenpunktbereich *(siehe Kap. 4.6.3.1.)* treffen hier überwiegend nicht zu. Gleichwohl ist die abgesetzte Führung in der Praxis am häufigsten vorzufinden.

Es sind drei Arten deutlich abgesetzter Furten zu unterscheiden:
– mit Vorrang für die Radfahrer
– mit Wartepflicht für die Radfahrer
– mit Lichtsignalregelung

Grundsätzlich sollten deutlich abgesetzte Furten nur dann angelegt werden, wenn geringfügig oder nichtabgesetzte Furten nicht in Frage kommen. Folgende Randbedingungen können für einen Einsatz abgesetzter Furten sprechen:
– Radwege in beiden kreuzenden Straßen und kleine Dreiecksinseln
– Zweirichtungsradverkehr
– sehr schnell zu befahrende Rechtsabbiegefahrbahn
– Einbeziehung der Rechtsabbiegefahrbahn in die Lichtsignalregelung möglich.

Innerorts sollte bei kleinen Dreiecksinseln und wenig zügiger Fahrweise in der Regel die Lösung mit Vorrang für die Radfahrer gewählt werden *[Abb. 84]*. Die Vorfahrtverhältnisse müssen dabei auch den Kraftfahrern deutlich werden. Dazu bietet sich außer einer deutlichen Kennzeichnung der Furt auch eine Aufstellung des Zeichens 205 StVO vor der Furt an. Da abgesetzte Radfahrerfurten in der Regel in beiden Richtungen befahren werden müssen, kann auch ein darauf hinweisender Zusatz für die Kraftfahrer angebracht werden. Der Übergang des Radweges auf die Fahrbahn soll nicht mit einer abrupten Verschwenkung direkt am Bord erfolgen.

Abb. 84: Deutlich abgesetzte Radfahrerfurt mit Vorrang für den Radverkehr

Eine Wartepflicht für Radfahrer sollte vor allem vorgesehen werden, wenn die Rechtsabbiegefahrbahn sehr zügig befahren wird und eine Geschwindigkeitsminderung nicht erwünscht oder kurzfristig nicht verwirklichbar ist. Sie kann auch bei einer sehr weiten Absetzung infrage kommen oder wenn ein ausreichender Sichtkontakt wegen örtlicher Gegebenheiten nicht herstellbar ist. Vor allem außerhalb bebauter Bereiche kann sie auch ohne nennenswerte Nachteile für die Radfahrer vorgesehen werden, da hier in der Regel große Knotenpunktabstände und relativ geringe Menge rechtsabbiegender Fahrzeuge vorgefunden werden.

Zur Verringerung der Gefährdung an Rechtsabbiegefahrbahnen kann eine Einbeziehung in die Lichtsignalregelung dienen. Dies kommt z. B. an sehr schnell zu be-

Abb. 85:
Deutlich abgesetzte Radfahrerfurt
an einer lichtsignalgeregelten
Rechtsabbiegefahrbahn (140)

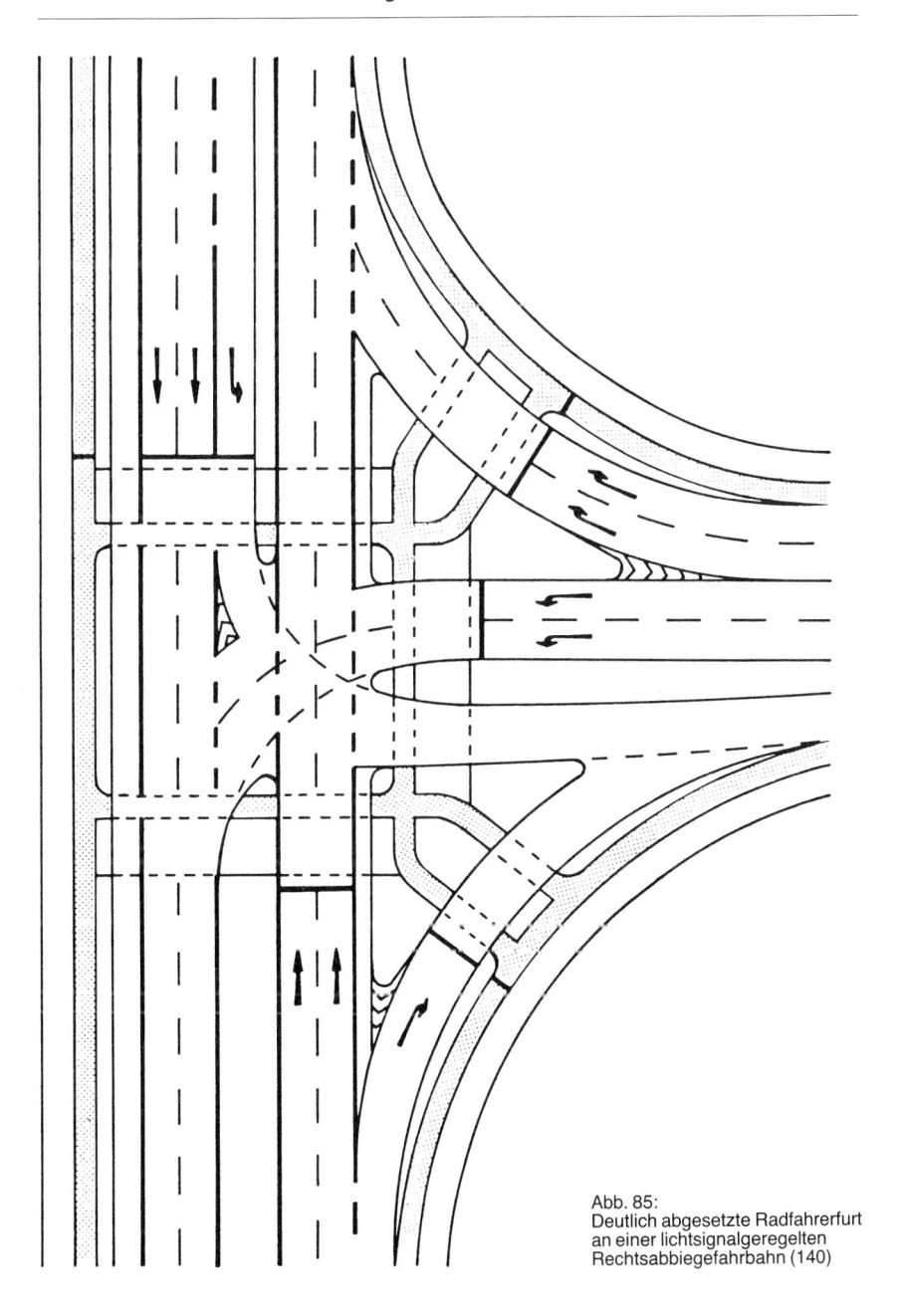

fahrenden Rechtsabbiegefahrbahnen neben großen Dreiecksinseln in Frage. In der Regel wird diese Lösung zu Lasten der Leistungsfähigkeit des Gesamtknotens gehen, da für die rechtsabbiegenden Kraftfahrzeuge eine Sonderphase eingerichtet werden muß (140). Eine hinreichende Akzeptanz durch die Radfahrer ist nur zu erreichen, wenn durch die signalgeregelte Furt keine zusätzliche Wartezeit im Knoten auftritt (d. h. wenn man den gesamten Knoten in einer grünen Welle durchfahren kann). Einen Vorschlag für eine signalgeregelte Führung, bei der durch Anlage von zwei Radfahrerfurten eine möglichst große Entflechtung von Radfahrer- und Fußgängerströmen auf der Dreiecksinsel auftritt, zeigt *Abb. 85.* Solche Lösungen wurden z. B. in Münster realisiert.

4.6.5. Führung von linksabbiegenden Radfahrern

Nach § 9 (2) StVO müssen Radfahrer, die abbiegen wollen, an der rechten Seite der in gleicher Richtung abbiegenden Kraftfahrzeuge bleiben. Diese Regelung ist aus Sicherheitsgründen sehr umstritten (u. a. 66, 108), zwingt sie doch Radfahrer bei Vorhandensein einer Linksabbiegespur zum Aufstellen zwischen den linksabbiegenden und geradeausfahrenden Kraftfahrern. Zwischen diesen in geringen Abständen überholenden Verkehrsströmen müssen Radfahrer ihren labilen Anfahrvorgang durchführen *[Abb. 86].*

Wegen der besonderen Gefährdung linksabbiegender Radfahrer *(siehe Kap. 4.1.8.)* sollten an verkehrsreichen und schnell befahrenen großräumigen Knotenpunkten deshalb immer besondere Maßnahmen zur Führung dieser Radfahrer vorgesehen werden.

Grundsätzlich sind zwei Arten zu unterscheiden (5):

– Direkte Führung

   Radfahrer ordnen sich in den Kraftfahrzeugverkehr ein und bleiben zum Linksabbiegen an der rechten Seite linksabbiegender Kraftfahrzeuge, wobei sie nach Möglichkeit für sie markierte besondere Teile der Linksabbiegestreifen benutzen.

– Indirekte Führung

   Radfahrer überqueren den Knotenpunkt zunächst rechts neben dem geradeausfahrenden Kraftfahrzeugverkehr und kreuzen anschließend die Straße, aus der sie nach links abbiegen wollen.

Führung von linksabbiegenden Radfahrern 147

Abb. 86: Situation für ordnungsgemäß eingeordnete Radfahrer ohne Führungshilfe

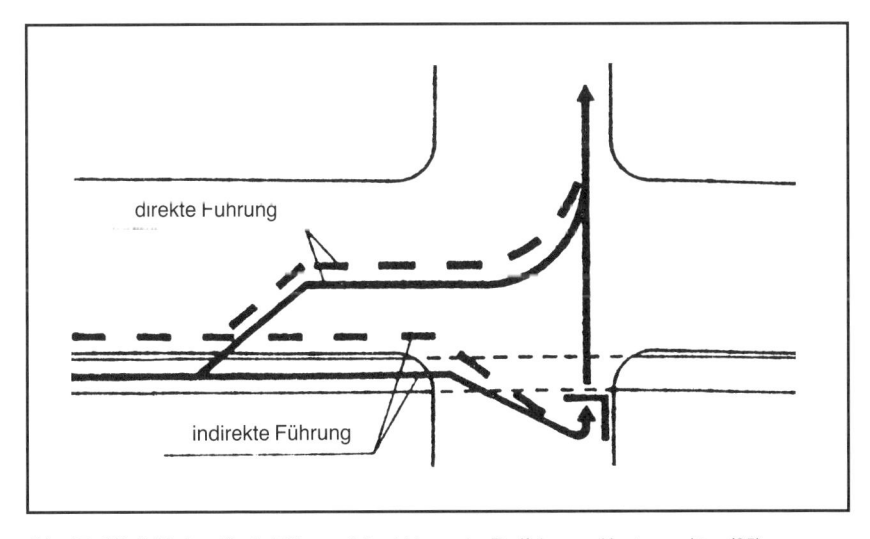

Abb. 87: Möglichkeiten für die Führung linksabbiegender Radfahrer an Knotenpunkten (35)

4.6.5.1. Direktes Linksabbiegen

Die direkte Führung ist für Radfahrer zweifellos die flüssigste und schnellste Art des Linksabbiegens. Dafür verbleiben im Unterschied zur indirekten Führung Konfliktmöglichkeiten beim Einordnen sowie beim Queren des entgegenkommenden Verkehrsstroms. Bei der Entscheidung für eine bestimmte Führungsart ist also zwischen der notwendigen Verkehrssicherheit und dem Bedürfnis der Radfahrer nach einer zügigen ungehinderten Fahrt abzuwägen. Die in den „Empfehlungen" (5) angegebenen Einsatzbereiche für die direkte Führung können mittlerweile durch die Ergebnisse eines Forschungsprojektes (35) präzisiert werden:

- Im Kraftfahrzeugstrom müssen ausreichend Zeitlücken zur Verfügung stehen. Die oberen Belastungswerte einer Zufahrt sollten bei etwa 800 KFZ/h bei einspuriger Führung bzw. 1200 KFZ/h bei zweispuriger Führung liegen.
- Es dürfen nicht mehr als zwei Fahrstreifen zum Einordnen zu überqueren sein.
- Die tatsächlich gefahrenen Geschwindigkeiten müssen im Mittel unter 50 km/h liegen und nur wenige Kraftfahrzeuge sollen schneller als 60 km/h fahren.

Die oberen Grenzen dieser Einsatzbedingungen, die über denen der „Empfehlungen" liegen, gelten für Verhältnisse, bei denen Radfahrer zum gewohnten Verkehrsgeschehen gehören. Auf dem betrachteten Straßenzug sollte der Anteil der Radfahrer am Gesamtverkehr bei mindestens 10 % liegen.

Die direkte Führung kommt an Knotenpunkten mit und ohne Lichtsignalanlage in Frage. Sie bietet sich vor allem an, wenn auf dem Streckenabschnitt vor dem Knoten bereits Radfahrstreifen vorhanden sind oder Radfahrer ohne Sonderweg auf der Fahrbahn fahren. Sind Radwege vorhanden, sollte ein direktes Linksabbiegen nur ermöglicht werden, wenn die Einsatzgrenzen deutlich unterschritten werden und die Radfahrer bereits vor der Einordnungsstelle im Sichtbereich der Kraftfahrer fahren. Dazu muß an geeigneter Stelle (spätestens in Höhe des Beginns der Linksabbiegespur) baulich eine Abfahrtmöglichkeit zum rechtzeitigen Einordnen vorgesehen werden *[Abb. 88]*.

Die Ausbildung der Radfahrstreifen für die linksabbiegenden Radfahrer ist Abb. 89 zu entnehmen. Zu beachten ist die vorgezogene Haltlinie des Streifens und die Weiterführung bis in den Knoteninnenbereich wegen der notwendigen Führung der Radfahrer beim Anfahrvorgang *(siehe auch Kap. 5.11.3.4.).*

Abb. 88: Absenkung zum rechtzeitigen Einordnen als Linksabbieger

Abb. 89:
Radfahrstreifen für
direktes Linksabbiegen

4.6.5.2. Direktes Linksabbiegen im Signalschutz (Radfahrerschleuse)

Kommt die Anwendung der direkten Führung wegen ungünstiger Rahmenbedingungen nicht in Frage, bietet sich die Einrichtung von Vorlichtzeichenanlagen in Form von Radfahrerschleusen an *[Abb. 90]*, wodurch abwechselnd den Radfahrern und den Kraftfahrzeugen der Querschnitt freigegeben wird. Radfahrerschleusen empfehlen sich hauptsächlich dann, wenn

- in der Knotenpunktzufahrt Radwege vorhanden sind
- Radverkehrsanlagen im engeren Knotenbereich aus Platzgründen enden müssen
- die für das indirekte Linksabbiegen erforderlichen Aufstellflächen nicht vorhanden sind
- ein Linkseinordnen im „fließenden Verkehr" wegen dessen Geschwindigkeit und Stärke zu gefährlich ist
- der Knoteninnenbereich auf direktem Weg relativ gefahrlos passiert werden kann.

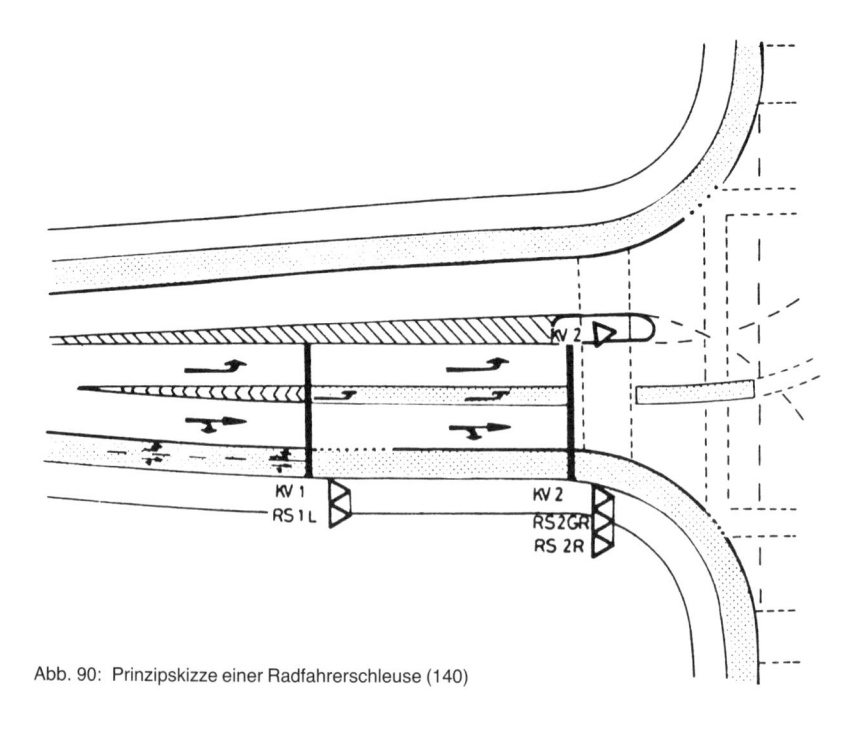

Abb. 90: Prinzipskizze einer Radfahrerschleuse (140)

Führung von linksabbiegenden Radfahrern 151

Im Gegensatz zur indirekten Führung verursachen Radfahrerschleusen keinen Verlust der Knotenleistungsfähigkeit. Wie bei der indirekten Führung müssen von den Radfahrern allerdings Zeitverluste in Kauf genommen werden. Geradeaus fahrende und rechtsabbiegende Radfahrer sollten nach Möglichkeit aus der Vorsignalisation herausgenommen werden. Dies kann durch Abtrennung eines Aufstellraumes oder einer Aufweitung des Radweges geschehen. Im Raum zwischen Vor- und Hauptsignal sollten Radfahrstreifen für die linksabbiegenden Radfahrer angelegt werden. Für die Ausbildung gelten die Grundsätze der direkten Führung ohne zeitliche Separation *[Abb. 91].*

Abb. 91: Beispiel einer Radfahrerschleuse

Nach einer Eingewöhnungszeit konnten in Bocholt hohe Akzeptanzquoten bei Radfahrern und KFZ-Verkehr erzielt werden (35).

Zu Zeiten geringer Verkehrsstärken, vor allem nachts, kann das Vorsignal auch abgestellt werden.

4.6.5.3. Indirektes Linksabbiegen

Die indirekte Führung vermeidet für die Radfahrer die Konfliktmöglichkeiten der direkten Führung, da der Abbiegevorgang in zwei Kreuzungsvorgänge mit jeweils eindeutiger Verkehrsregelung durch Verkehrszeichen oder Lichtsignalregelung aufgelöst wird. Allerdings können Konflikte mit rechtsabbiegenden Kraftfahrzeugen zunehmen. Die indirekte Führung gilt allgemein als die sicherste Führungsmöglichkeit. Sie ist aber für die Radfahrer vor allem bei beengten Verhältnissen wenig attraktiv.

Die indirekte Führung ist überall da vorzusehen, wo eine direkte Führung aus Sicherheitsgründen nicht möglich ist und keine Radfahrerschleusen angeordnet werden sollen oder können. Die indirekte Führung kommt vor allem dann in Frage, wenn in den Knotenpunktzufahrten Radwege vorhanden sind.

Für die indirekte Führung sind genügend große Aufstellräume und gegebenenfalls eine Einbeziehung in die Lichtsignalregelung *(siehe auch Kap. 5.10.)* erforderlich. Es ist zwischen zwei Arten zu unterscheiden:

a) Es sind in beiden benutzten Fahrtrichtungen Radverkehrsanlagen vorhanden

Hier findet das indirekte Linksabbiegen auf zwei aufeinanderfolgenden Radfahrerfurten statt. Die Aufstellflächen für linksabbiegende Radfahrer liegen im Zuge der kreuzenden Radverkehrsanlage. Bei starkem Radverkehr lassen sich genü-

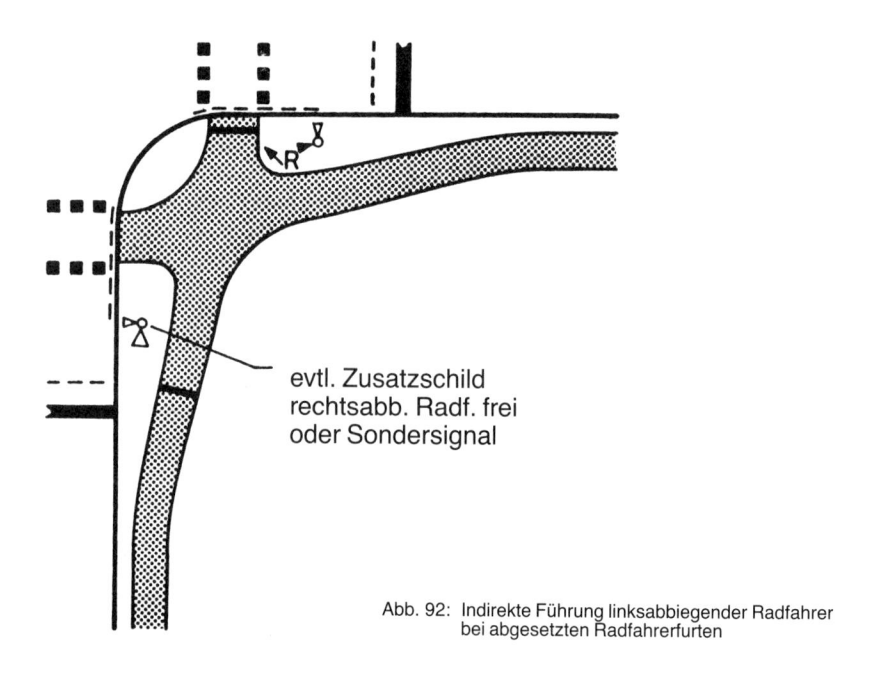

evtl. Zusatzschild
rechtsabb. Radf. frei
oder Sondersignal

Abb. 92: Indirekte Führung linksabbiegender Radfahrer bei abgesetzten Radfahrerfurten

Führung von linksabbiegenden Radfahrern 153

gend große Aufstellflächen in der Regel nur verwirklichen, wenn zumindest eine der beiden Furten deutlich abgesetzt geführt wird *[Abb. 92]*. Bei lichtsignalgeregelten Knoten sollten indirekt linksabbiegende Radfahrer ein Sondersignal, das z. B. am Mast des Fußgängersignals angebracht werden kann oder einen Hinweis, daß sie sich nach dem Fußgängersignal richten sollen, erhalten.

Diese Form des indirekten Linksabbiegens ist schon seit langem bei umlaufenden Radfahrerfurten üblich. Bei beengten Verhältnissen und nichtabgesetzten Radfahrerfurten bzw. bei Radfahrstreifen können die Aufstellflächen auch auf der Fahrbahn entsprechend *Abb. 93* eingerichtet werden.

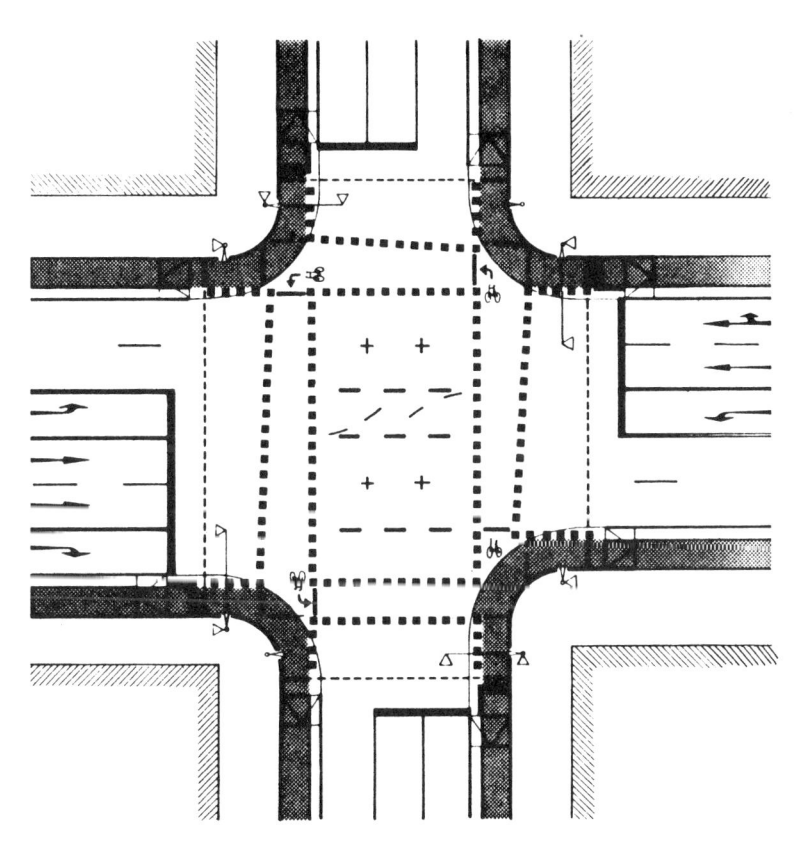

Abb. 93: Indirekte Führung linksabbiegender Radfahrer bei nichtabgesetzten Radfahrerfurten (5)

154 Führung von linksabbiegenden Radfahrern

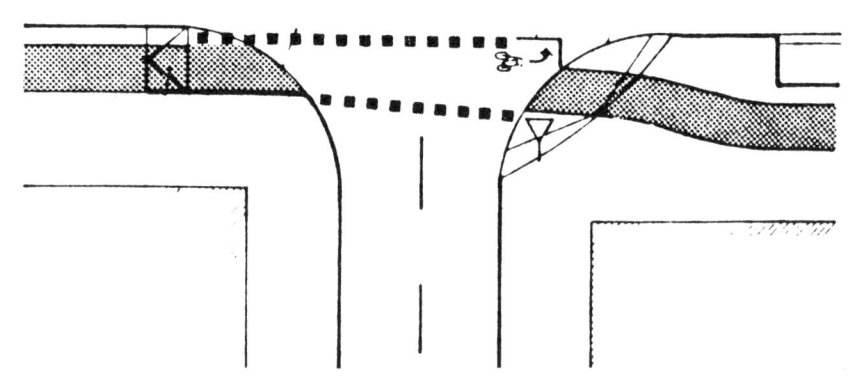

Abb. 94: Aufstellfläche für indirekt linksabbiegende Radfahrer an einem Knotenpunkt ohne Lichtsignalregelung (5)

Abb. 95:
Aufstellfläche für indirekt linksabbiegende Radfahrer an einem lichtsignalgeregelten Knoten

b) In der kreuzenden Straße, in die links abgebogen werden soll, ist keine Radverkehrsanlage vorhanden

Für die indirekt linksabbiegenden Radfahrer ist eine gesonderte Aufstellfläche auf der Fahrbahn erforderlich. Je nach Platzverhältnissen kann dieser Aufstellbereich links oder rechts der durchgehenden Radfahrerfurt liegen *[Abb. 94]*. Bei signalgeregelten Knoten sollte für die links abbiegenden Radfahrer eine besondere Signalisation vorgesehen werden, die nur von der Aufstellfläche aus gut einsehbar ist *[Abb. 95]*.

Diese Form des indirekten Linksabbiegens wird zwar von Radfahrern auch ohne entsprechende Vorkehrungen aus Sicherheitsgründen praktiziert, als spezielle Form der Führung ist sie jedoch noch weitgehend unbekannt. Besondere „Einordnungstafeln" können deshalb den Eingewöhnungsprozeß erleichtern.

Bei einer modellhaft ausgeführten Lösung in Bocholt stieg die Akzeptanz von anfänglich unter 50 % auf sogar 85 % nach ca. 1,5 Jahren (35).

4.6.5.4. Fahrradaufstellstreifen

Nicht ausschließlich für linksabbiegende Radfahrer gedacht sind die in den Niederlanden versuchsweise in mehreren Städten eingerichteten „aufgeblasenen Fahrradaufstellstreifen" (91, 136, 146) *[Abb. 96]*.

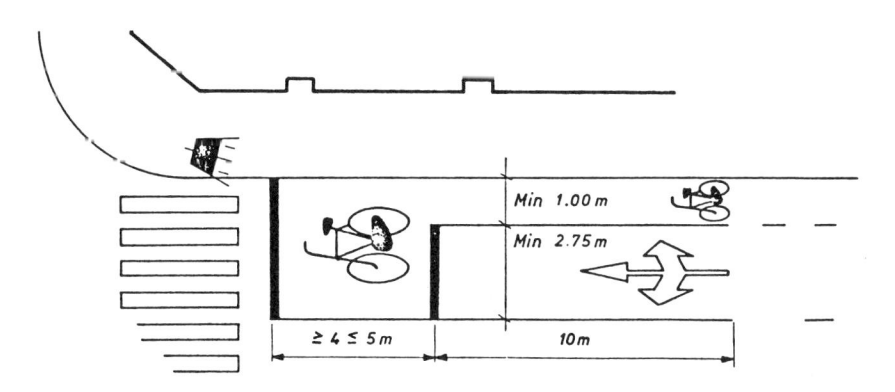

Abb. 96: „Aufgeblasener Fahrradaufstellstreifen" (136)

Beim „aufgeblasenen Fahrradaufstellstreifen" wird den Radfahrern eine Aufstellfläche auf der gesamten Fahrspurbreite durch ein Zurückverlegen der Haltelinie des KFZ-Verkehrs um ca. 5 m geschaffen. Voraussetzung ist das Vorhandensein eines Radfahrstreifens in der Knotenpunktzufahrt, der es den Radfahrern ermöglicht, an haltenden Kraftfahrzeugen rechts vorbei nach vorn zu fahren. Während der Rotphase können sich Radfahrer im Aufstellbereich sammeln. Durch ein Vorlauf – Grün für den Radverkehr kann erreicht werden, daß der Aufstellbereich bei Eintreffen der KFZ von Radfahrern bereits geräumt ist.

Über die genauen Einsatzbereiche kann mangels genügender Erfahrung noch nichts gesagt werden. Unklar ist vor allem, wie sich linksabbiegende Radfahrer, die bei starkem KFZ-Verkehr während der Grünzeit eintreffen, verhalten sollen, um hinter ihnen geradeausfahrende Radfahrer nicht zu behindern oder zu gefährden.

4.6.6. Führung in Kreisverkehrsplätzen

Die Zahl der Kreisverkehrsplätze nimmt ständig ab. In einigen Städten haben sie jedoch nach wie vor als Verteiler für mehrarmige Knotenpunkte Bedeutung. Während kleine Kreisverkehrsplätze mit geringen Verkehrsbelastungen sich dabei für die Radfahrer aus unproblematisch bezüglich der Verkehrssicherheit erweisen, ereignen sich an stark belasteten Kreisverkehrsplätzen, die häufig auch großflächig und zügig befahrbar angelegt sind, auffällig viele Radverkehrsunfälle. Die typischen Unfallverläufe ergeben sich dabei aus dem Konflikt zwischen Kraftfahrern, die nach rechts abbiegen und Radfahrern, die rechts von diesen Kraftfahrern weiter im Kreisverkehr fahren wollen (32).

Zur Führung des Radverkehrs bieten sich zwei Möglichkeiten an, die im Prinzip denen der nichtabgesetzten und abgesetzten Furt bei Kreuzungen entsprechen.

a) Radfahrstreifen auf der Fahrbahn am rechten Rand des Kreisplatzes

Eine Markierung und farbige Kennzeichnung der Oberfläche des Radfahrstreifens verdeutlicht den Vorrang der im Kreis bleibenden Radfahrer gegenüber ein- oder abbiegenden Kraftfahrern [Abb. 97].

Diese Führung ist für die Radfahrer besonders attraktiv. Sie unterstreicht die rechtlichen Verhältnisse, die auch bei Fehlen einer Radverkehrsanlage vorhanden wären und führt damit zu einer höheren Verkehrssicherheit. Eine Senkung der Leistungsfähigkeit ist nur zu erklären, wenn im Vorherzustand ohne Radverkehrsanlage eine höhere Kapazität durch Erzwingen der rechtlich nicht gegebenen Vorfahrt für ausfahrende Kraftfahrzeuge zustandegekommen wäre.

Führung in Kreisverkehrsplätzen

Die Führung auf Radfahrstreifen kommt besonders in Betracht:

– bei hohen Radverkehrsstärken und
– bei verhältnismäßig kleinräumigen Anlagen.

Die Einsatzbereiche liegen damit vor allem auf innerstädtischen Kreisverkehrsplätzen, wo das Geschwindigkeitsniveau der Kraftfahrzeuge auch durch andere Einflüsse (z. B. querende Fußgänger) verhältnismäßig niedrig ist.

Bekannt ist das Beispiel des Bremer „Stern" *[Abb. 97]*. Hier verkehren in der Spitzenstunde 1500 – 1800 KFZ/h bei 500 – 800 Radfahrern/h. Der Radverkehr hat nach Einrichtung des Radfahrstreifens deutlich zugenommen, verstärkte Behinderungen des KFZ-Verkehrs werden hingenommen (Angaben Stadt Bremen). Ob eine im ersten Jahr nach der Verwirklichung festgestellte Zunahme der Unfallzahlen insgesamt (und auch nur bei den Radfahrern) direkt auf die Einrichtung des Radfahrstreifens oder auf die Zunahme des Radverkehrs zurückzuführen ist, ist noch nicht eindeutig zu sagen. Hier können möglicherweise auch Gewöhnungseffekte Verbesserungen bewirken.

Abb. 97: Kreisverkehrsplatz mit Radfahrstreifen

Führung in Kreisverkehrsplätzen

b) Radfahrerfurten abgesetzt von der Kreisfahrbahn in den jeweiligen Zufahrten

Die Radfahrer werden auf einer umlaufenden Radfahrerfurt geführt. Die Furten liegen dabei in der Regel neben dem Fußgängerüberweg *[Abb. 98]*. Die Einsatzbereiche dieser Lösung liegen vor allem bei sehr schnell befahrenen Kreisverkehrsplätzen, z. B. im Zuge anbaufreier Straßen. Möglicherweise ist eine Hebung der Verkehrssicherheit nur zu erreichen, wenn den Radfahrern die Wartepflicht auferlegt wird oder wenn die Knotenpunktausfahrten signalisiert werden. In diesen Fällen sollten die umlaufenden Radwege unbedingt für Zweirichtungsradverkehr zugelassen werden, um den Radfahrern die Gesamtumfahrungszeit nicht über Gebühr zu verlängern.

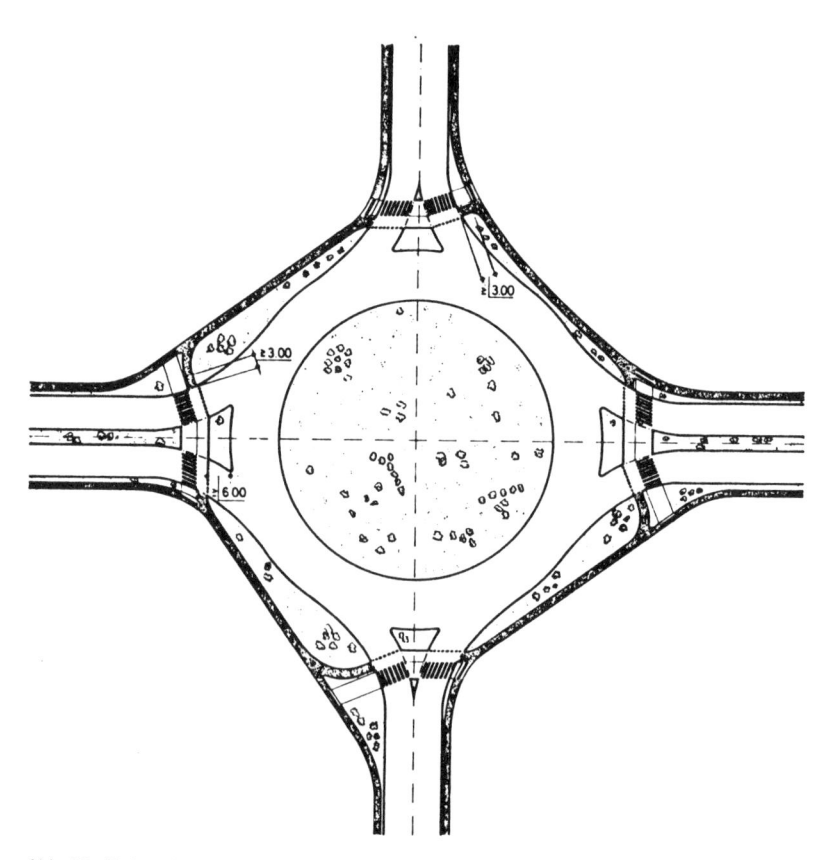

Abb. 98: Kreisverkehrsplatz mit deutlich abgesetzten Radfahrerfurten (123)

4.7. Selbständig geführte Radverkehrsanlagen

4.7.1. Streckenabschnitte

Unabhängig vom KFZ-Verkehr geführte Radwege bzw. gemeinsame Geh- und Radwege können den Radfahrern ein hohes Maß an Attraktivität und Sicherheit bieten. Sie eignen sich deshalb vorrangig für stark frequentierte Verbindungen im Radverkehrsnetz.

Selbständige Radverkehrsanlagen können z. B. durch Grünanlagen oder entlang von Wasserstraßen verlaufen, und im Zuge von Grünachsen auch in dicht bebauten Bereichen verwirklicht werden. Ihr Komfort und ihre Verkehrssicherheit richtet sich jedoch auch nach der Häufigkeit und der Ausbildung der Kreuzungsstellen mit dem KFZ-Verkehr *(siehe Kap. 4.7.2.).*

Die Breite **selbständiger Radwege** im Zuge von Hauptverbindungen des Radverkehrsnetzes sollte **3,00 m**, die von gemeinsamen **Geh- und Radwegen 4,00 m** betragen. Mofaverkehr sollte in der Regel nicht zugelassen werden (5). Ihre Trassierung sollte mit möglichst großzügigen Radien erfolgen, um auch den Radfahrern mit hohen Wunschgeschwindigkeiten eine ausreichende Qualität anbieten zu können. Bei starkem Rad- und Fußgängerverkehr sollte der Radweg vom Gehweg durch einen Grünstreifen, zumindest aber durch einen anderen Belag getrennt werden *[Abb. 99].*

Radwege, die vorwiegend dem Erholungsverkehr dienen, können in Anpassung an die örtlichen Gegebenheiten u. U. auch einen deutlich geringeren Standard aufweisen. Eine Ausführung in wassergebundener Decke ist in Erholungsgebieten i. a. ausreichend. Zur Verdeutlichung des Vorrangs der Fußgänger auf solchen Wegen ist eine Kennzeichnung mit Zeichen 241 und Zusatz „Radfahrer frei" (Zeichen 723 n) zu empfehlen *[Abb. 100].*

4.7.2. Kreuzungsstellen mit Straßen

4.7.2.1. Planfreie Kreuzung

Unter- oder Überführungen können zur Überwindung von Schnellstraßen oder Autobahnen unabdingbar sein, in anderen Fällen (z. B. bei Hauptverkehrsstraßen) die-

160 *Selbständig geführte Radverkehrsanlagen*

Abb. 99: Selbständig geführter Radweg durch eine Grünanlage

Abb. 100: Geh- und Radweg in einem Erholungsgebiet

nen sie der Erhöhung der Sicherheit. Wenn gleichzeitig noch eine plangleiche Querung möglich ist, werden Unter- oder Überführungen nur angenommen, wenn sie bequem zu befahren sind und für den Radfahrer einen Zeitvorteil bieten.

Ob eine Brücke oder eine Unterführung gewählt wird, hängt von den topographischen Gegebenheiten ab. Wenn bautechnische Gesichtspunkte nicht dagegen sprechen, sollte die Lösung ausgeführt werden, die den geringsten zusätzlich zu überwindenden Höhenunterschied zur Folge hat. In der Regel wird dies auch die billigere Lösung sein. In ebenem Gelände sind i. a. Unterführungen zu bevorzugen, da bei ihnen nur eine geringere Höhendifferenz überwunden werden muß und sie zudem den Vorteil bieten, daß Radfahrer den bei der Einfahrt gewonnenen Schwung für den Steigungsbereich nutzen können.

Unterführungen müssen übersichtlich (d. h. von beiden Seiten voll einsehbar), angenehm gestaltet und so ausgebildet sein, daß sie nicht beengend wirken *[Abb. 101]*. In den „Empfehlungen" (5) wird ein Richtwert von 5,00 – 6,00 m Breite (bei gemeinsamer Benutzung mit Fußgängern) und ein Mindestwert von 3,00 m vorgeschlagen. Für Überführungen ist ein Richtwert von 4,00 m vorgesehen *[Abb. 102]*.

Abb. 101: Unterführung unter einer Schnellstraße

162 *Selbständig geführte Radverkehrsanlagen*

Abb. 102: Überführung für Radfahrer über eine Schnellstraße

Abb. 103: Treppe mit einfacher Schieberampe für Fahrräder

Sind Rampen erforderlich, sollten diese so flach ausgebildet werden, daß Radfahrer nicht abzusteigen brauchen bzw. mit nicht zu hohen Geschwindigkeiten abwärts fahren. Günstig ist für lange Rampen eine Steigung von 3 – 4 %. Rampen, die gemeinsam von Fußgängern mitbenutzt werden, dürfen keine größeren Steigerungen als 6 % aufweisen (Maximalwert für Behinderte nach DIN 18 024). Stehen den Behinderten andere Wege zur Verfügung, sollte eine Steigung von 10 % für die Fahrradrampe nicht überschritten werden. Beginn und Ende der Rampen sollte nach Möglichkeit in der Hauptfahrtrichtung der Radfahrer liegen, zumindest jedoch nicht mit großen Umwegen erreichbar sein.

Aus Platzgründen lassen sich nicht immer annehmbare Rampen ausbilden. Anstatt zu steiler oder zu enger Rampen ist es oft günstiger, Treppen mit schiefen Ebenen zum Schieben der Räder anzulegen. Auf ausreichenden Abstand von seitlichen Einbauten ist dabei zu achten *[Abb. 103]*.

4.7.2.2. Plangleiche Kreuzung

Kreuzt ein selbständig geführter Radweg andere Straßen, so kommen je nach Verkehrsbedeutung der Straße und des Radweges folgende Lösungen in Betracht:

a) Einrichtung einer signalisierten Furt

Sie ist vor allem bei Straßen einzusetzen, die ein sicheres Überqueren ohne Schutz einer Lichtsignalanlage nicht mehr gewährleistet. Anhaltswerte hierfür sind:

- Belastung von mehr als 600 KFZ/h (1)
- vier und mehr zu überquerende Fahrspuren
- innerhalb bebauter Gebiete gefahrene Geschwindigkeiten von im Mittel weit mehr als 50 km/h
- starke Radverkehrsströme, die bevorzugt behandelt werden sollen.

In der technischen Ausführung ist die Signalanlage mit Grünzeitanforderung durch die Radfahrer der Regelfall. Druckknöpfe sollten so angebracht sein, daß sie vom Radfahrer bequem erreicht werden können *[Abb. 104]*.

Induktionsschleifen können so frühzeitig auf dem Radweg angeordnet werden, daß Radfahrer beim Eintreffen an der Furt keine Wartezeit haben. Die Möglichkeiten der modernen Signaltechnik zur Verringerung der Wartezeit für Radfahrer (z. B. vorzeitiger Grünzeitabbruch für Kraftfahrzeuge bei nichtausgelasteter Grünzeit oder All-Rot-Schaltung) sollten genutzt werden (117).

Abb. 104:
Bedarfssignalanlage
mit Druckknopf für Radfahrer

Im Zuge stark befahrener Hauptverbindungen des Radverkehrsnetzes können Radfahrer auch durch die Signalisation bevorzugt werden, indem für den Radverkehr Dauergrün gezeigt wird und die Grünzeitanforderung durch die Kraftfahrzeuge über Induktionsschleifen erfolgt (5).

b) Radfahrerfurt mit Wartepflicht

Wird den Radfahrern beim Queren der Straße die Wartepflicht auferlegt, sollte ihnen dies durch Zeichen 205 („Vorfahrt gewähren") oder 206 („Halt! Vorfahrt gewähren") angezeigt werden. Eine Markierung untergeordneter Radfahrerfurten erfolgt nicht. Der Kraftfahrzeugverkehr wird durch Zeichen 138 („Radfahrer kreuzt") auf die kreuzenden Radfahrer hingewiesen.

Versetzte Sperren vor der bevorrechtigten Straße sollten nur in Ausnahmefällen angebracht werden, z. B. wenn die Situation aus der Sicht des Radfahrers anders nicht rechtzeitig erkennbar gemacht werden kann. Die Sperren sollten dann ohne abzusteigen befahrbar sein. Der abgesperrte Bereich ist zu beleuchten.

Selbständig geführte Radverkehrsanlagen 165

Um den Querungsvorgang zu sichern, sollten für den Kraftfahrzeugverkehr gegebenenfalls geschwindigkeitsdämpfende Maßnahmen ergriffen werden, z. B. durch eine Einengung der Fahrbahn an der Querungsstelle oder die Anlage eines (für den Radverkehr ausreichend breiten) Fahrbahnteilers *[Abb. 105]*.

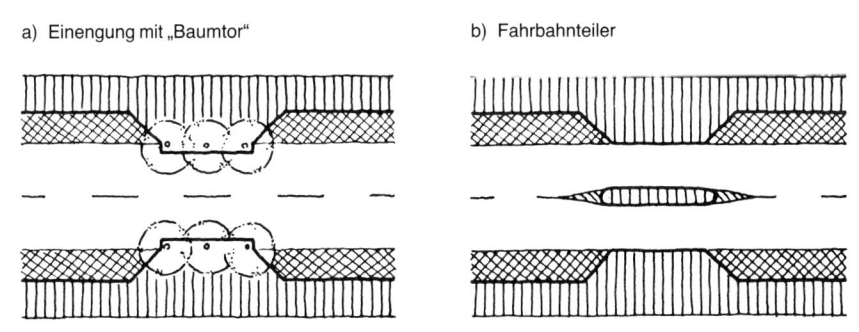

a) Einengung mit „Baumtor"   b) Fahrbahnteiler

Abb. 105: Maßnahmen zur Sicherung des Querungsvorganges (118)

c) Bevorrechtigte Radfahrerfurt

Eine Bevorrechtigung des Radverkehrs sollte vorgesehen werden, wenn stark belastete Radverkehrsverbindungen relativ schwach belastete Straßen kreuzen.

Die Überquerungsstelle ist dann baulich so auszubilden, daß die Wartepflicht der Kraftfahrer unzweifelhaft ist. Der Kreuzungspunkt muß erkennbar und begreifbar sein.

Die Bevorrechtigung der Radfahrer eignet sich besonders an Kreuzungspunkten mit verkehrsberuhigten Straßen, da hier mit einer gemäßigten Geschwindigkeit der Kraftfahrzeuge zu rechnen ist. Maßnahmen, die einzeln oder kombiniert angewandt werden können, sind u. a.:

– vor der Überquerungsstelle angeordnete Schwellen
– optische oder akustische Bremsen durch Materialwechsel (Pflaster) vor der Überquerungsstelle
– Aufpflasterung des gesamten Überweges
– deutliche Einengung, gegebenenfalls Ausbildung einer einspurigen Fahrbahn im Bereich der Furt
– Einengung und Anlage eines Fahrbahnteilers.

Derartige Maßnahmen sind zum Teil an den holländischen „Fietsrouten" verwirklicht. Über Erfahrungen wird in der Literatur (u. a. 144) ausführlich berichtet. In der Bundesrepublik ist eine bevorrechtigte Radfahrerfurt aus Erlangen bekannt *[Abb. 106]*. Dabei wurden im Abstand von ca. 6 – 8 m vor der Furt gepflasterte Schwellen zur Geschwindigkeitsdämpfung eingebaut. Unfälle sind bisher nicht aufgetreten (Einrichtung 1981). Nach Beobachtungen wird die Wartepflicht von den Kraftfahrern akzeptiert.

Abb. 106: Wartepflicht für den Kraftfahrzeugverkehr gegenüber einem selbständigen Radweg

S+S moderne Markiertechnik heißt:

hohe Wirtschaftlichkeit und vielseitiger Einsatz bei rationellen Anschaffungskosten. Mit S+S Maschinen sind Sie für jetzige und zukünftige Markierungsaufgaben gerüstet. Unsere Techniker lösen Ihre Probleme.
Ob kleine handgeführte Geräte, fahrbare Maschinen oder Markier-Lkw, wir von S+S haben für alles eine Lösung und die passende Maschine.
Vertrauen Sie auf S+S Markiersystem **Conex**® – das Applizieren konstanter Schichtdicken.

S✠S Vertrauen Sie den Profis

S+S Gesellschaft für Sicherheit auf Straßen mbH & Co. KG
Straßenmarkierungs-Maschinen, Straßen-Fräsen, Service und Reparatur
Robert-Bosch-Str. 19 · D-2085 Quickborn
Telefon: 04106/71076-78 · Telex: 212597

Das Fahrrad im Individual-Verkehr

Mit der Wiederentdeckung und der rasanten Zunahme des Fahrrades am Individual-Verkehr kamen die Probleme der Verkehrssicherheit.

- Das Lafrentz „Radweg-Programm" schafft problemlos und kostengünstig ein flächendeckendes und verkehrssicheres innerstädtisches Radwegnetz.

- Unsere bewährte „rote Thermoplastik" signalisiert Radwege im fahrbahnüberquerenden Bereich und der Radfahr-Furte.

- Geprüfte farbige Dick- und Dünnschicht-Markierungsmassen ermöglichen die Herstellung von Radwegen auf breiten Gehwegen und Radfahrstreifen auf Fahrbahnen ohne große bauliche Veränderungen.

- Unterhaltungsverträge entlasten Sie von der Überwachung und Instandsetzung der von uns applizierten Radweg-Beschichtung.

Fragen Sie Lafrentz. Mit 7 Niederlassungen im Bundesgebiet sind wir immer in Ihrer Nähe.

H. Lafrentz GmbH & Co.
Pinkertweg 47
2000 Hamburg 74
Telefon 040/7 32 05 06
Telex 02161035

LAFRENTZ

5. Lenkung und Regelung des Radverkehrs

5.1. Radverkehrsanlagen auf der Fahrbahn

Die Vorschriften der StVO bieten 3 Möglichkeiten, Radverkehrsanlagen im Bereich befahrbarer Straßenflächen einzurichten und zwar durch Nutzung von

- Seitenstreifen gem. § 2 Abs. 4 StVO
- Mehrzweckstreifen gem. § 41 Abs. 3 Nr. 3 b aa
- Sonderwegen (Radfahrstreifen) gem. § 41 Abs. 2 Nr. 5 i. V. m. Abs. 3.

Als Seitenstreifen wird derjenige Straßenteil bezeichnet, der im Niveau der Fahrbahn außerhalb der Fahrbahnbegrenzungslinien (Z 295 StVO) liegt. In den meisten Fällen handelt es sich um schmale Restflächen der Fahrbahnbefestigung und/oder um Bankette.

Fahrstreifenbegrenzung und Fahrbahnbegrenzung

Der Mehrzweckstreifen unterscheidet sich vom Seitenstreifen dadurch, daß er aufgrund seiner Breite und Befestigung offensichtlich für den Längsverkehr mit Kraftfahrzeugen geeignet ist. Von den Fahrstreifen wird er in der Regel durch einen Breitstrich (Z 295) abgegrenzt. Sowohl langsame motorisierte Verkehrsmittel als auch Radfahrer und Fußgänger müssen ihn benutzen.

Sonderwege in Form von Radfahrstreifen sind durch eine Langsmarkierung wie „Mehrzweck"- oder „Seitenstreifen" und an der zusätzlichen Ausschilderung mit dem Zeichen 237 zu erkennen. An sie sind höhere qualitative Anforderungen hinsichtlich gleichbleibender Breite, Art der Befestigung und Ausbildung von Beginn und Ende des Sonderweges zu stellen, da das Z 237 einen Vertrauensanspruch des Benutzers begründet, einen seiner Verkehrsart angemessenen Verkehrsweg vorzufinden.

Sonderweg Radfahrer

5.1.1. Seitenstreifen

Seitenstreifen haben für den Radverkehr überwiegend im Außerortsbereich Bedeutung. Eine Benutzungspflicht für Seitenstreifen besteht nur im Rahmen der Zumutbarkeit. Die Eignung als „Radweg" ist in vielen Fällen zweifelhaft. Ein Sicherheitsgewinn für den Radverkehr wird erst erreicht, wenn Radfahrer die Seitenstreifen auf ihrer Gesamtlänge als Fahrweg annehmen und nicht aufgrund z. B. schlechter Wegeverhältnisse punktuell auf die Fahrbahn ausscheren müssen. Erfahrungsgemäß benutzen Radfahrer den Seitenstreifen nur, wenn er mindestens so angenehm befahrbar ist, wie die daneben liegende Fahrbahn. Oft ist es möglich, schon durch lokale Ausbesserungsmaßnahmen im seitlichen Fahrbahnbereich viele Kilometer „Radverkehrsanlagen" bereitzustellen. Ein Ersatz für eigentlich notwendige Sonderwege für den Radverkehr können Seitenstreifen jedoch nicht sein.

5.1.2. Mehrzweckstreifen

Da Mehrzweckstreifen (MZS) neben dem langsamen Verkehr auch die Aufgabe haben, als Standstreifen zu dienen, sind sie als Radverkehrsanlagen wenig geeignet: Wie zu beobachten ist, finden dort Überholvorgänge LKW/Radfahrer statt, die bei

Abb. 107: Radweg in einer Ortsdurchfahrt, der durch Umbau eines Mehrzweckstreifens geschaffen wurde

der geringen Breite der MZS und den langdauernden Überholvorgängen zwischen beiden Verkehrsarten gefährlich sind. Ferner müssen Radfahrer auf die meist schnell befahrenen Fahrstreifen ausweichen, wenn haltende Fahrzeuge den MZS blockieren. Der geringe seitliche Abstand zur Fahrbahn setzt Radfahrer den Verkehrsemissionen (Sprühwasser, Lärm etc.) aus.

Besonders in Ortsdurchfahrten sollte deshalb zu Gunsten baulich angelegter Radwege auf Mehrzweckstreifen verzichtet werden [Abb. 107]. Außerorts ist bei gleicher Gesamtquerschnittsbreite eine Abpflanzung zwischen Fahrbahn und Radweg möglich und wünschenswert.

Die Vorstellung, daß dem Radfahrer mit dem Mehrzweckstreifen ein Ersatzradweg angeboten werden könnte, ist nicht mehr haltbar. So sind auch die derzeitigen Bestrebungen, die StVO dahingehend zu ändern, zu begrüßen.

5.1.3. Radfahrstreifen

Die Verwaltungsvorschrift zu § 41, Z 237 II. lautet: „Bloß durch Fahrstreifenbegrenzung (Z 295) abgesonderte, durch Zeichen 237 als Radweg gekennzeichnete Teile der Fahrbahn bieten Radfahrern in Städten in der Regel keinen ausreichenden Schutz. Dagegen kann sich das unmittelbar vor Kreuzungen empfehlen, soweit dort Haltverbot besteht."

Unter Punkt VII zum gleichen Zeichen wird ausgeführt, daß das Zeichen 237 an jeder Kreuzung und Einmündung zu wiederholen ist.

Die Bedenken der VwV-StVO zu Radfahrstreifen können bis heute durch keine wissenschaftliche Untersuchung belegt werden. Vielmehr gilt heute der Radfahrstreifen in vielen Einsatzmöglichkeiten als gleichwertig mit dem baulich abgetrennten Radweg (siehe Kap. 4.3.2.).

Weil nachträglich durch Straßenumbau anzulegende bauliche Lösungen von den Gemeinden immer seltener finanziert werden können, bekommt die Anlage von Radfahrstreifen zusehends größere Bedeutung. In vielen Orten sind deshalb Radfahrstreifen in verschiedenen Ausführungsformen geschaffen worden [siehe Abb. 35 – 38].

Folgende Besonderheiten sollten bei der Markierung von Radfahrstreifen berücksichtigt werden:

Radfahrstreifen

- Die StVO legt nicht fest, ob das Z 295 als schmaler oder breiter Strich zu erfolgen hat. Dem Preisvorteil einer 12-cm-Linie stehen laut (63) folgende Vorteile einer 25-cm-Linie gegenüber:

  - bessere Sichtbarkeit des Breitstriches (zum Schutz der Radfahrer)
  - entspricht der Regelung der StVO bzw. der RMS-1 (12) zu Sonderfahrstreifen für Busse, zu Parkstreifen und zu Mehrzweckstreifen.

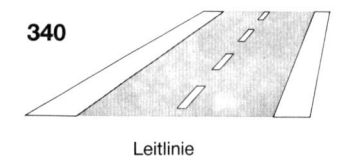

315 Parken auf Gehwegen

340 Leitlinie

Die StVO legt nicht fest, ob das Z 295 als Trennlinie zwischen Fahrstreifen und Radweg aufgetragen, als „Fahrstreifenbegrenzungslinie" oder als „Fahrbahnbegrenzungslinie" wirkt. Wird letzteres unterstellt, so darf die durchgezogene Linie zum Zwecke z. B. des Parkens auf dem Gehweg (Z 315, 316, 317) oder zum Erreichen eines Grundstückes von der Fahrbahn aus überfahren werden. Die Annahme, durch das Z 295 werde die Fahrbahn in zwei Fahrstreifen (KFZ- und Radfahrstreifen) unterteilt (Fahrstreifenbegrenzungslinie), führt dazu, daß im Bereich von Gehwegparkplätzen und Zufahrten statt des Z 295 die unterbrochene Linie auszuführen ist (Z 340). Gem. VwV zu Z 295 a II Nr. 1 ist in diesem Fall eine Ausführung als Schmalstrich vorgesehen. In der Praxis ist jedoch auch häufig eine Ausführung in Breitstrich vorzufinden (34).

- Links neben der Fahrbahnbegrenzungslinie ist das Halten nicht zulässig (§ 41 StVO (3) Zeichen 295 bb), wenn rechts dazu ausreichend Platz vorhanden ist. Diese Vorschrift ordnet nicht, wie vielfach zu hören, an, daß mit der Markierung von Radfahrstreifen gleichzeitig ein Haltverbot verhängt wird: Das Haltverbot im Fahrbahnbereich gilt nämlich nur für den Fall, daß außerhalb der Fahrbahn gehalten werden kann.

- Oft nimmt die Ebenheit der Fahrbahndecke im Randbereich neben der Entwässerungsrinne stark ab. Aus diesem Grund, und um das Überfahren von Sinkkästen zu vermeiden, halten Radfahrer einen seitlichen Abstand von ca. 0,6 m von der Bordsteinkante. Deshalb sollte die Markierung weiter als 1,10 m (0,6 m + 1/2 Verkehrsraumprofil) vom Bordstein entfernt liegen.

Ist ausreichend Platz vorhanden, so sollte durch eine weitere Linie ein Schutzstreifen markiert werden. Zur Ausbildung von Furtmarkierungen siehe Kap. 5.11.

DIRRIGL GMBH

STRASSENMARKIERUNGEN ALLER ART

Straßen-, Parkplatz- und Flugplatzmarkierungen

Verlegung von Thermoplastik und
Zweikomponenten-Kalt-Plastik

Einbau von Stahl- und Kunststoff-Markierungsnägeln

8441 GSCHWENDT Nr. 34, POST ASCHA, TEL. (09961) 6291

STRASSENMARKIERUNG

purr+dirrigl GMBH

Straßen-, Parkplatz- und Flugplatzmarkierungen

Verlegung von Thermoplastik und Zweikomponenten - Kalt - Plastik

Einbau von Stahl- und Kunststoff-Markierungsnägeln

8441 ASCHA · Telefon (09961) 295

*Fahrbahnmarkierungen
RMS 1.1.5., 1.1.6.

– Um Verwechslungen von Radfahrstreifen mit Park- oder Mehrzweckstreifen zu vermeiden, sollen Radfahrstreifen durch ein in nicht zu großen Abständen aufgebrachtes Piktogramm „Radfahrer" (RMS-2) zusätzlich gekennzeichnet werden, falls sie sich nicht durch eine rote Oberfläche unterscheiden (63).

– Wirkungsvoller als durch eine Farbgebung können Radfahrstreifen durch Nagelreihen oder durch einen energieabsorbierenden Kunststoff-Bordstein *[Abb. 38]* von den übrigen Verkehrsflächen abgeschirmt werden *(siehe Kap. 6.4.6.).*

5.1.4. Radverkehr auf land- und forstwirtschaftlichen Wegen

Das Mitbenutzen land- oder forstwirtschaftlicher Wege durch Fußgänger und Radfahrer ist in der Regel unproblematisch. Reglementierungen für beide Gruppen würden bei der Seltenheit der Begegnungsfälle mit anderen Fahrzeugen als überflüssig und störend empfunden.

Aus dieser Kenntnis heraus haben die meisten Bundesländer und der Bund Programme und Netzkonzepte entwickelt, die das Ziel haben, land- und forstwirtschaftliche Wege in die Radverkehrsnetze aufzunehmen und entsprechend zu kennzeichnen (55, 76, 114). In dem saarländischen Radwege-Netzmodell verlaufen, z. B. fast 1/3 aller Routen über land- und forstwirtschaftliche Wege.

Dienen land- und forstwirtschaftliche Wege als „Ersatz" für straßenbegleitende Radverkehrsanlagen an klassifizierten Straßen, so sollte mit dem Wegeeigentümer folgendes geregelt werden:

– die Übernahme/Ablösung der Unterhaltungs- und der Verkehrssicherungspflicht des (Rad-)Weges
– die erstmalige Herrichtung in einer für den Radverkehr erforderlichen Qualität
– die Änderung bzw. das Bestehenbleiben der Eigentumsverhältnisse.

Der Umfang der Verkehrssicherungspflicht ist in der Regel gering, da lt. BGH-Urteil (6. 7. 1959 VKBl. 1959, 549) der Straßenbenutzer sich den gegebenen Straßenverhältnissen anzupassen hat. Besondere Vorsichtsmaßnahmen sind nur zu fordern, wenn sie bei Berücksichtigung der örtlichen Verhältnisse nach allgemeiner Verkehrsanschauung erforderlich sind, um eine Gefahr für die Wegebenutzer zu verhüten.

Der Verkehrssicherungspflichtige muß grundsätzlich zweierlei tun, um seiner Pflicht zu genügen: Er muß zunächst eine Organisation schaffen, welche die ordnungsgemäße Unterhaltung gewährleistet, außerdem muß er für die Aufsichtsregelung sorgen.

Das Kennzeichnen eines Wirtschaftsweges als Teil einer Radverkehrsverbindung allein durch Hinweistafeln ändert an seiner primären Zweckbestimmung nichts, denn diese Wege dürfen generell, auch ohne daß sie ausgewiesener Bestand eines Radverkehrsnetzes sind, von Fußgängern und Radfahrern benutzt werden. Da durch Hinweisschilder kein neuer Verkehr eröffnet wird, wird auch keine besondere Verkehrssicherungspflicht begründet. Die Erlaubnis der Wegebenutzung ist in § 14 BWaldG sowie in den meisten Landesgesetzen in Ausformung des § 27 (2) BNatSchG ausdrücklich ausgesprochen:

- Baden-Württemberg: § 37 Abs. 5 Naturschutz G BW
  § 37 Abs. 1 L.Wald G BW
- Bayern: Art. 30 Bay Nat.Schutz G
- Berlin: § 36 Bln Nat.Schutz G
  § 20 Abs. 1 Bln L.Wald G
- Bremen: § 34 Abs. 1 BremNatSchG i. V. m.
  § 43 BStrG
- Hamburg: § 6 Abs. 3 Hb L.Wald G
- Hessen: § 9 Hess Nat.Schutz G
- Niedersachsen: § 12 Abs. 1 NFFOG
- Nordrhein-Westfalen: § 49 Abs. 2 LG NW
  § 2 Abs. 2 LWG NW
- Rheinland-Pfalz: § 11 Abs. 1 LFG
- Saarland: § 25 Abs. 1 LandesWaldgesetz
  § 5 Saarl. Naturschutzgesetz
- Schleswig-Holstein: § 35 Abs. 1 LPflegG
  § 5 b Abs. 1 LWaldG

Durch Kennzeichnung mit entsprechenden Hinweistafeln werden Verbindungen lediglich als für den Radverkehr im Netzzusammenhang stehend kenntlich gemacht und deren Benutzung freigestellt *[siehe Abb. 13]*. Die Haftung aus der Verkehrssicherungspflicht für den Radverkehr auf diesen Wegen ist durch die Kommunen i. d. R. beim Gemeindeunfall-Versicherungsverband in Köln abgedeckt.

Aus der Sicht des Radfahrers verleihen Hinweistafeln das Prädikat „zum Radfahren geeignet", so daß nicht jeder Weg für eine Ausschilderung ohne Verbesserungsmaßnahmen geeignet sein dürfte.

**FAHRBAHN-, PARKPLATZ-, FLUGPLATZ-
sowie BAUSTELLEN-MARKIERUNGEN**

**THERMOPLASTIK
KALTPLASTIK
EIN- und
MEHR-KOMP.-
FARBE**

**HEISS-
SPRITZPLASTIK
FOLIE
MARKIERUNGS-
NÄGEL**

**SANIERUNG VON FAHRBAHNRISSEN
FUGENVERGUSSARBEITEN**

DIERINGER-MARKIERUNGEN

Mitglied der Gütegemeinschaft Farbmarkierung e. V.

7210 Rottweil a. N.

Fichtenstraße 41 · Telefon (07 41) 4 13 36
Betrieb: 7211 Zimmern o. R. · Im Lachengrund 51

Als straßenverkehrsrechtliche Beschilderung kommt entweder die Kombination der Zeichen Z 250 mit dem Zusatz Z 848 oder die Kombination Z 252 mit dem Zusatz Z 803 oder Z 812 in Betracht.

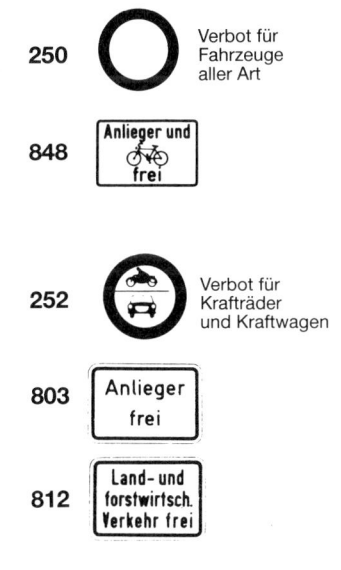

250 — Verbot für Fahrzeuge aller Art

848 — Anlieger und 🚲 frei

252 — Verbot für Krafträder und Kraftwagen

803 — Anlieger frei

812 — Land- und forstwirtsch. Verkehr frei

5.2. Radverkehr auf baulich von der Fahrbahn getrennten Wegen

5.2.1. Radwege

Baulich angelegte Radwege sind in der Regel aus ihrer äußeren Erscheinung als solche zu erkennen. Eine spezielle Kennzeichnung mit dem Z 237 oder Z 241 ist daher entbehrlich (vgl. VwV zu Z 237 I).

Für Fahrten bei Dunkelheit sollte erprobt werden, Radwege auf kurzen Strecken am Rande oder in der Mitte zu markieren, wenn sie z. B. mit kleinen Radien um eine Baumgruppe führen oder einen Versatz überwinden. Sportliche Radtouristen dürften dieses begrüßen.

5.2.2. Mischnutzung von Gehwegen

a) Radverkehr sollte auf straßenbegleitenden Gehwegen, die der Erschließung dienen, abgesehen von Kindern, die dort fahren müssen, nur in Ausnahmefällen zugelassen werden *(siehe auch Kap. 4.3.2.3.).*

Gegen solche Radverkehrsanlagen spricht vor allem,

- daß sie aus der Sicht aller anderen Verkehrsteilnehmer nicht als solche erkennbar sind
- daß an Grundstückszufahrten bzw. Zugängen sowie an einmündenden Straßen Konfliktpunkte neu geschaffen werden, die oft schwer einsehbar sind
- daß Fußgänger sich durch Radfahrer, die von hinten kommen, verunsichert fühlen.

Besonders von den verkehrsgeübten Radfahrern werden diese Radverkehrsanlagen häufig nicht angenommen, so daß weder ein Sicherheitsgewinn noch der eventuell beabsichtigte Nebeneffekt, die Fahrbahn „vom Radverkehr zu entlasten", vollständig erzielt werden kann.

244   Gemeinsamer Geh- u. Radweg

Innerörtliche gemeinsame Geh- und Radwege (Z 244) werden erfahrungsgemäß vom Radfahrer nur akzeptiert, wenn folgende Bedingungen erfüllt werden:

- Der Verkehrsraum für Radfahrer und Fußgänger ist mindestens 2,5 m breit und störungsfrei befahrbar (z. B. können parkende Fahrzeuge in diesen Bereich nicht eindringen, das Fußgängeraufkommen ist sehr gering).
- An den Einmündungen von Straßen und Zufahrten sind ausreichende Sichtbeziehungen geschaffen worden.
- Radwegefurten sind markiert worden.
- Die Bordsteine sind stufenlos abgesenkt worden.
- Der Gehwegbelag ist genauso eben wie der Fahrbahnbelag.

Aus der Vielzahl der Forderungen, die in der Regel gleichzeitig schwer erfüllbar sind, ergibt sich, daß innerorts auf gemeinsame Geh- und Radwege soweit als möglich verzichtet werden sollte. Im Randbereich bebauter Gebiete sowie außerorts werden sie dagegen in vielen Fällen ausreichend sein.

Das Zeichen Z 244 ist an jeder Einmündung zu wiederholen. Die Benutzungspflicht kann durch eine Beschilderung mit Z 241 und Zusatzschild 723 n vermieden werden. Dies bietet sich für Gehwege an, die den vorgenannten Anforderungen nicht entsprechen, und für solche Wege, die in Spitzenverkehrszeiten die Mengen der Radfahrer nicht aufnehmen können (z. B. Nähe Schulzentren).

241 — Sonderweg Fußgänger

723n — frei

b) Selbständig geführte Geh- und Radwege sollten in der Regel 4,0 m breit sein [siehe Tab. 7]. Eine Breite von unter 3,0 m wird aus Gründen der leichteren Herstellung und Wartung nicht empfohlen.

Als straßenverkehrsrechtliche Ausschilderung kommt das Z 244 in Frage. Die VwV-StVO führen zu Z 237 und Z 241 unter III sinngemäß aus, daß Mofaverkehr innerhalb geschlossener Ortschaften in der Regel auszuschließen ist, indem zusätzlich Z 860 angeordnet wird. Eine andere Möglichkeit dieses zu erreichen, bietet die Anordnung von Z 252.

860 — keine Mofas

252 — Verbot für Krafträder und Kraftwagen

Um das Befahren mit Kraftfahrzeugen zu unterbinden, sollten an Kreuzungsstellen u. U. Sperrpfosten angeordnet werden. Bei Anordnung von zwei Pfosten bleibt der am häufigsten genutzte mittlere Teil des Querschnittes frei. Die Pfosten sollten einen rot-weißen, reflektierenden Warnstrich erhalten und möglichst in Bereichen aufgestellt werden, die ausgeleuchtet und gut zu übersehen sind.

5.2.3. Markierte Radwege auf Gehwegen

Kann im Fahrbahnbereich keine Radverkehrsanlage geschaffen werden, so kann der Gehweg durch eine Längsmarkierung unterteilt werden, wenn dort Radverkehr zugelassen werden soll.

Nach (116) ist eine 0,06 m breite Markierung ausreichend und hat darüber hinaus gestalterische und preisliche Vorteile.

Die Mindestbreite, die dem Radverkehr zur Verfügung gestellt werden muß, beträgt aufgrund des Lichtraumprofiles 1,0 m. Zusammen mit der in anderen Vorschriften (21) festgelegten Mindestbreite von Gehwegen von 1,5 m ergibt sich die Einsatzgrenze für das Abmarkieren auf Gehwegen ab einer Nettobreite von 2,5 m.

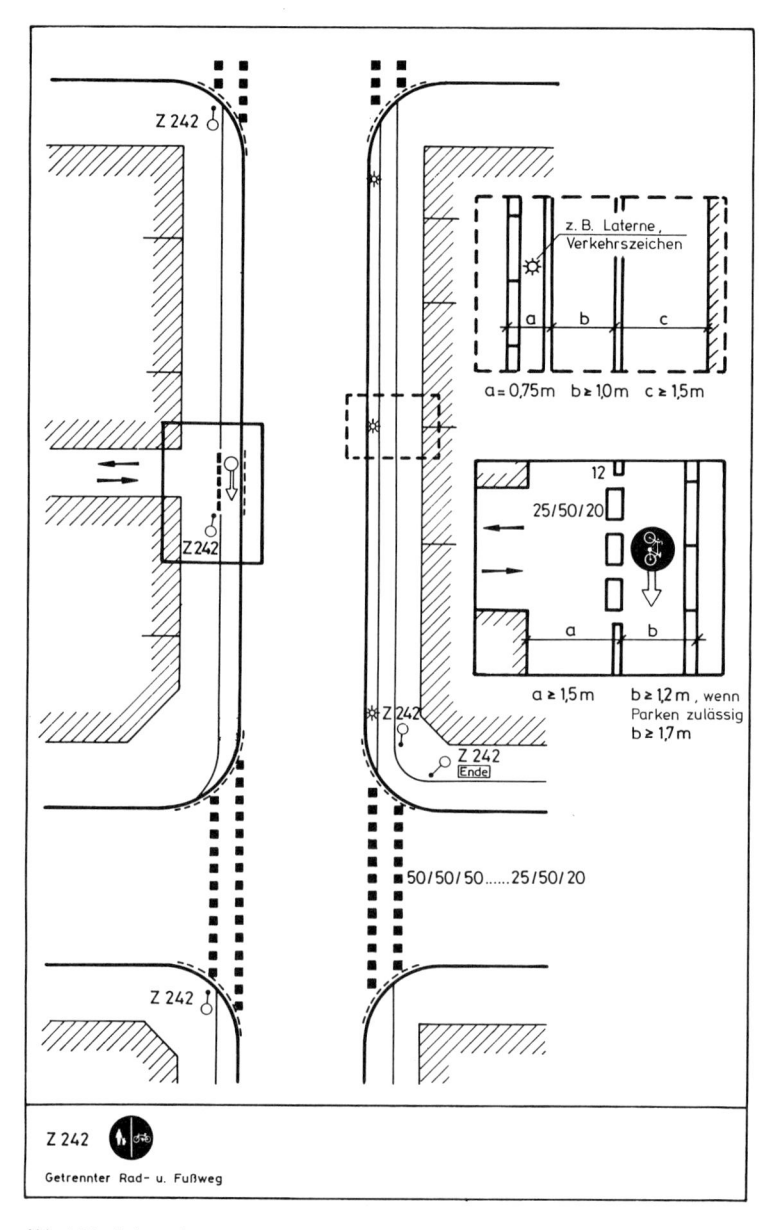

Abb. 108: Anlage eines getrennten Rad- und Fußweges in einem Straßenabschnitt

Fahrbahn-Markierung
RALUMAC-Mikrobeläge
Verkehrs-Sicherung
Fugen-Technik
Straßen-Fräsen

Vieh
Markieren + Sanieren

Karl Vieh GmbH · 6600 Saarbrücken 5
Luisenthaler Str. 160 · Tel. (0681) 76025

242

243

Getrennter Rad- und Fußweg

860 keine Mofas

Die Ausschilderung erfolgt durch Z 242/243. Das Zeichen ist an jeder Kreuzung zu wiederholen. Mofaverkehr sollte durch Z 860 von diesen Wegen ferngehalten werden. Als Markierung ist Z 295 zu verwenden, an Zufahrten sollte die Linie unterbrochen werden. Um Stürze besonders beim Einbiegen zu vermeiden, muß darauf geachtet werden, daß die Markierungslinien und der Bereich abgesenkter Bordsteine übereinstimmen (Zur Markierung der Furten siehe Kap. 5.11.). Das ist wegen des Steinmaßes oft nur zu erreichen, wenn eine überbreite Bordsteinabsenkung vorgenommen wird *[Abb. 108]*.

Da es sich mit dieser Ausschilderung um Verkehrsflächen handelt, die dem Radfahrer zur bevorrechtigten (alleinigen) Nutzung zugewiesen werden, darf der Benutzer von einer störungs- und gefahrenfreien Benutzbarkeit ausgehen. Das Vorhandensein von festen „Einbauten" (Maste, Hydranten usw.) im lichten Raum des Verkehrsweges läßt einen Verstoß gegen die Verkehrssicherungspflicht vermuten.

Auch die auf Gehwegen abmarkierten Radwege sollten nur begrenzt ausgeführt werden. Zwar macht die Markierung den Verkehrsweg sichtbar, die Probleme der Ebenheit und Störanfälligkeit bleiben jedoch bestehen. Auch hier geht die Anlage von Radwegen zu Lasten des schwächsten Verkehrsteilnehmers – des Fußgängers *(siehe auch Kap. 4.2.)*. Dieser Radwege-Typ sollte deshalb nur dort Anwendung finden, wo die Situation im Fahrbereich Schutzmaßnahmen für Radfahrer erfordert und die Anlage separater baulicher Anlagen nicht möglich ist.

5.3. Radverkehr auf Busspuren

245 Linienomnibusse

Der Sonderfahrstreifen wird durch Z 245 („Linienomnibusse") gekennzeichnet. Während die StVO empfiehlt, durch Zusatzbeschilderung Taxen auf der Busspur zuzulassen, ist ähnliches bezüglich des Radverkehrs nicht erwähnt. Das ausdrückliche Verbot: „Andere Verkehrsteilnehmer dürfen den Sonderfahrstreifen nicht benutzen", bedeutet nicht, daß etwa weitere Ausnahmen, z. B. das Zulassen des Radverkehrs, unzulässig wäre.

In den Städten Berlin und Erlangen ist Radverkehr auf (zeitlich begrenzten) Busspuren erlaubt. Eine Möglichkeit, auch bei beengten Verhältnissen Sonderfahrstreifen für Busse und Radfahrer nebeneinander zu verwirklichen, zeigt Abb. 109.

Abb. 109: Radfahrstreifen neben Busspur

Die „Empfehlungen für Planung, Entwurf und Betrieb von Radverkehrsanlagen" (5) sprechen sich dafür aus, nur ausnahmsweise z. B. auf kurzen Abschnitten zwischen benachbarten Knoten, dem Radverkehr die Mitbenutzung von Busspuren zu gestatten, wenn keine nennenswerten gegenseitigen Behinderungen auftreten können.

5.4. Radverkehr in Gegenrichtung von Einbahnstraßen

5.4.1. Problembeschreibung

Die VwV-StVO empfiehlt die Einführung von Einbahnstraßen mit der Begründung, die Sicherheit und Flüssigkeit des (KFZ-)Verkehrs werde dadurch gefördert und Parkraum geschaffen.

Viele Kommunen haben aus diesen Gründen vor allem ihre Kernbereiche mit einem Netz von Einbahnstraßen überzogen. Im Zuge von Verkehrsberuhigungsmaßnahmen wurden dann später auch in Wohnquartieren Einbahnstraßensysteme geschaffen; hier mit dem Ziel, den Durchgangsverkehr zu verdrängen und mehr Parkraum bereitzustellen. Für Radfahrer ergeben sich durch Einbahnstraßen in der Regel weitere Wege oder auch Unterbrechungen ansonsten günstiger Verbindungen, d. h. Nachteile, die nicht dazu motivieren, die angetroffene Regelung zu befolgen.

Beim unerlaubten Fahren entgegen der vorgeschriebenen Fahrtrichtung entstehen Gefahren vor allem an den Konfliktstellen mit dem kreuzenden und einmündenden Verkehr. Kraftfahrer dürfen entsprechend einem Urteil des BGH darauf vertrauen, daß in Einbahnstraßen kein Gegenverkehr herrscht (mit Ausnahme von Sonderfahrzeugen gem. § 35 StVO).

Bei der Verwirklichung von Radverkehrsnetzen wird sich in Zukunft vermehrt die Aufgabe stellen, Einbahnstraßen für Radfahrer in beiden Richtungen verkehrssicher befahrbar zu machen.

Nachdem im Ausland (vor allem in den Niederlanden und der Schweiz) schon seit längerem positive Erfahrungen gesammelt werden konnten, werden in zunehmendem Maße in bundesdeutschen Städten *[Tab. 13]* Lösungen verwirklicht, wie sie im Kap. 5.4.3. beschrieben sind.

Ob dem Radverkehr in Fahrtrichtung der Einbahntraße eine besondere Verkehrsanlage geschaffen werden sollte, beurteilt sich nach den in Kap. 4.3. genannten Kriterien.

5.4.2. Rechtliche Fragen

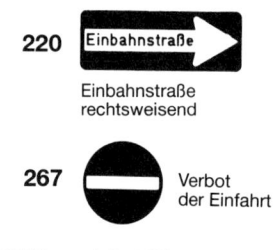

220 Einbahnstraße rechtsweisend

267 Verbot der Einfahrt

Zu einer Einbahnstraße im Sinne der StVO gehören die beiden Verkehrszeichen Z 220/221 sowie Z 267. Für den so gekennzeichneten Straßenabschnitt einer „echten Einbahnstraße" ist **eine** Fahrtrichtung zwingend vorgeschrieben.

Während die Führung des Radverkehrs gegen die Einbahnrichtung auf baulich von der Fahrbahn abgetrennten Sonderwegen (Radwege) schon seit langem unumstritten ist, gibt es bei der Führung auf Radfahrstreifen noch kein einheitliches Mei-

**Druckgießerei · Kunststoffverarbeitung
Werkzeugbau · Vermarkungsmaterial und
Geräte für den Vermessungsdienst**

Metallwarenfabrik JOSEF DICKE

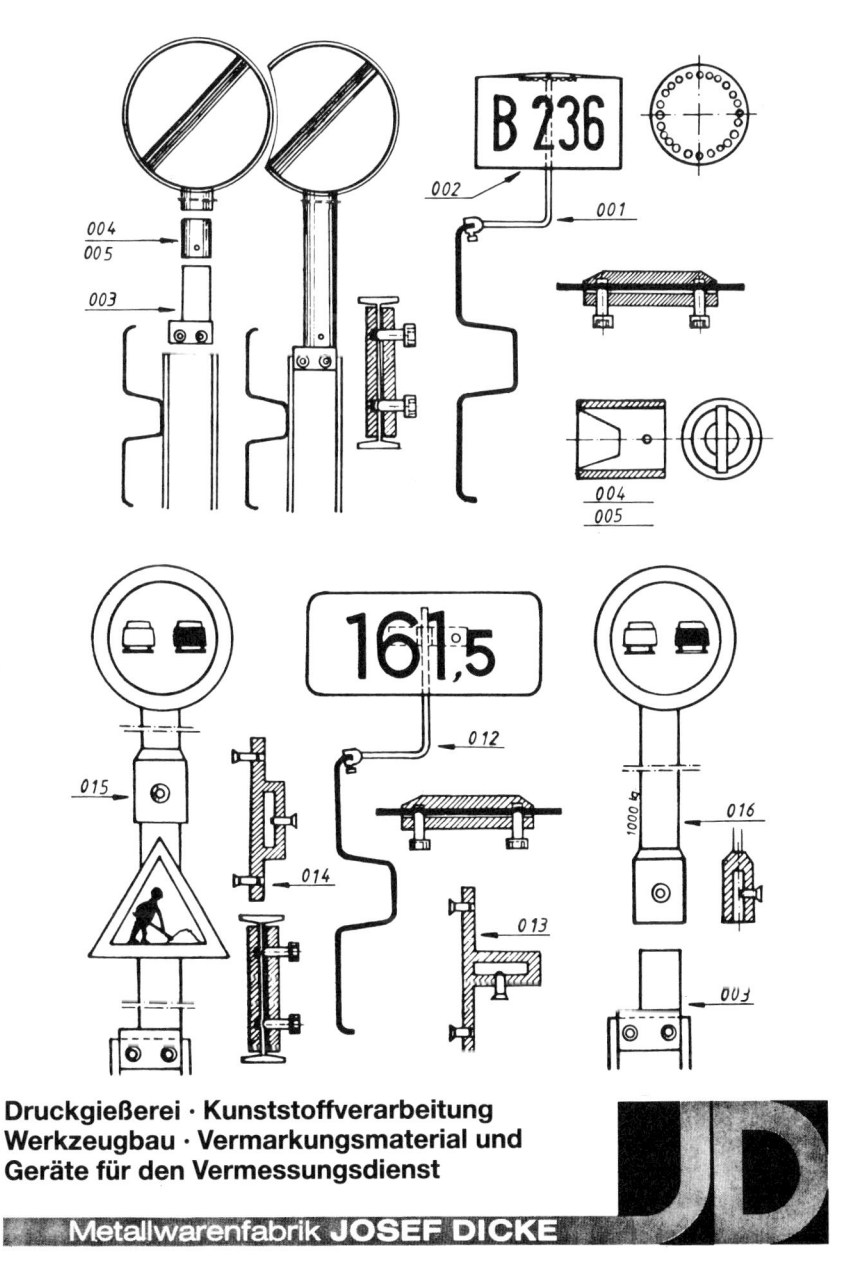

**Josef Dicke · Inh. Werner Dicke · Bamenohler Str. 340/42
5950 Finnentrop/Sauerland · Telefon 02721 / 7208**

Radverkehr in Gegenrichtung von Einbahnstraßen

Tab. 13: Zusammenstellung von Lösungen „Radfahren gegen Einbahnstraßen" in bundesdeutschen Städten (98)

	A Reine Beschilderung		
	267 + 723 p	250 + 723 p	252
	A 1	A 2	A 3
1. Augsburg			
2. Bonn			
3. Bremen		4	
4. Duisburg	2 213/723 p	2	
5. Düsseldorf			
6. Erlangen		1	10
7. Freiburg i. B.	3		
8. Hamburg	X	X	
8. Kiel			
10. Köln			
11. Leverkusen			
12. Ludwigshafen			
13. Lübeck	3		
14. Mainz		1	3
15. Mannheim		1	
16. Nürnberg			
17. Osnabrück			
18. Reutlingen		X	X
19. Trier	1		
20. Wuppertal			
Städte	5	7	3

Fortsetzung Tab. 13

	B					C		
	Abmarkierung					Durch bauliche Maßnahmen im Einmündungsbereich (Insel) sonst Markierung		
	an Fahrbahn			an Gehweg				
B 1	Verkehrszeichen	Breite / Strich	B 2	Verkehrszeichen	Breite / Strich	C	Zeichen / Breite	Strich
						1	267 u. 237 1,50 m / Insel 3,00 m	12 cm
2		2,40 m - 3,00 m / 10 cm				1	267 u. 237	
			1	243 u. 860	1,00 m / 12 cm			
2	252, 237	1,50 m / 50 cm	20	242, 243	1,00 m - 1,50 m / 12 cm			
			X	237, 242 243, 244 und 860	1,60 m / 5 cm			
						1	1,50 m rotgefärbt	12 cm
			1					
1		1,00 m / 12 cm	2	130, 242 254	1,60 m / 12 cm			
			6	242	1,00 m - 2,00 m / 12 cm			
			2	242	1,25 m - 1,50 m / 12 cm			
1		1,60 m / 50 cm				1	1,60 m / Insel 0,75 m	50 cm
1*	138, 267, 237	2,00 m / 25 cm						
5			7			4		

Fortsetzung Tab. 13

	D — Bauliche Maßnahmen					
	Gehwegverbreiterung		Aufgeklebter Bordstein auf Fahrbahn		Nagelreihe	
D1	Breite / Zeichen	D2	Breite / Zeichen	D3	Breite / Zeichen	verkehrsrechtliche Bedenken	Straßenklassifizierung
1	2,00 m						Stadtstraße
1	2,50 m / 237					ohne bauliche Abtrennung	Stadtstraße
2	1,60 m			1	2,20 m - 3,00 m / 267 u. 237		Stadtstraße, D 1 Bundesstraße
3	1,20 m / 267 u. 237						Stadtstraße
						A und B	Stadtstraße
4	1,50 m - 2,50 m / 267 u. 237 / 242 / 243					keine	Stadtstraße
X	bis 1,60 m / 237					A 1	Stadtstraße
1	3,00 m / 244					A und B	Anliegerstraße
1	1,30 m / 237						Stadtstraße
							Stadtstraße
1	2,20 m / 242						Stadtstraße
1	2,00 m beidseitig / 237						Stadtstraße
							Stadtstraße
						A 1	Stadtstraße
4	1,75 m - 2,00 m / 242					A 1-3, B 1, D 2 und D 3	Stadtstraße, 1 x B 2 an Bundesstraße
							Stadtstraße
							Stadtstraße
							Bundesstraße
11				1			

Für Ihre Rad- und Wanderwege

- Rad-Wegweiseschilder
- Rad-Orientierungstafeln
- Scotch-Lane Fahrbahnaufkleber

Verkehrszeichen mit RAL-Gütezeichen

- Vollreflektierend mit Reflexfolien Typ 1 und Typ 2
- Verkehrs-Leitsäule „Emma"
- Sicherheits-Leichtbake 2000 SL
- Straßennamenschilder h-2000
- Autobahn-Beschilderungen mit Fundamentierung und Montage
- Schilderbrücken, Gittermasten, Kragarme
- Rohrrahmen, Rohrpfosten
- Absperrgeräte
- Die preisgünstigen Leuchten L-2000

Verkehrszeichen für Export nach ausländischen Vorschriften, zur Komplettierung von Straßenbauaufträgen im Ausland

Herzberg GmbH, Schilderwerk

Riesestr. 8, 4600 Dortmund 41, Tel. (0231) 441022, FS 8227137

nungsbild, wie eine Anfrage der Autoren bei den oberen Straßenverkehrsbehörden der Länder zeigte. Es muß daher empfohlen werden, vor der Projektierung einer solchen Lösung Einvernehmen mit der Aufsichtsbehörde herzustellen, da gerade in dieser Frage die rechtliche Beurteilung noch Schwankungen unterliegt.

Der Bund-Länder-Fachausschuß – StVO gibt zu diesem Problem folgende Verlautbarung (BLFA-StVO 22./23. 8. 1983):

- Soll Radverkehr in „echten" Einbahnstraßen zugelassen werden, muß der Unterschied zwischen einer rechtlich zulässigen und einer verkehrstechnisch auch sicheren Lösung bedacht werden. Nicht alles, was rechtlich möglich ist, ist auch unter Sicherheitsaspekten vertretbar.
- Wird gegenläufiger Radverkehr im Bereich von Einbahnstraßen zugelassen, so ist in jedem Fall ein Sonderweg durch Z 237 StVO anzuordnen und mindestens durch eine Fahrbahnbegrenzung zu markieren.
- Die verkehrstechnische Ausgestaltung des Radweges richtet sich nach den örtlichen Gegebenheiten. Eine bauliche Trennung sollte, wenn möglich, einer Abmarkierung vorgezogen werden. Die Verkehrssicherheit muß an erster Stelle aller Überlegungen stehen.

Lösungen mit Radfahrstreifen gegen die Einbahnrichtung sind in der Bundesrepublik in zunehmendem Maße anzutreffen.

Eine „unechte Einbahnstraße" ist eine Straße, in der Verkehr in **beiden** Fahrtrichtungen zugelassen ist. (Das Zeichen 220/221 fehlt also.) Die Beschilderung erfolgt so, daß von Kraftfahrern nur von einer Seite eingefahren werden kann. Durch Wenden und Zufahren von Grundstücken kann in diesem Straßenabschnitt Begegnungsverkehr möglich sein.

5.4.3. Empfehlungen

Prinzipiell können zwei Lösungen, Radverkehr „gegen" die Einbahnstraße zu führen, unterschieden werden:

- In den vorhandenen Querschnitt der Einbahnstraße wird ein Sonderweg (Z 237 „Radfahrer") eingefügt, für den die ansonsten vorgeschriebene Fahrtrichtung nicht gilt *(Kap. 5.4.3.1.)*.
- Die „echte" Einbahnstraße wird durch Abänderung der Beschilderung in eine „unechte" Einbahnstraße umgewandelt und die gesperrte Zufahrt so ausgeschildert, daß sie für Radfahrer durchlässig wird *(Kap. 5.4.3.2.)*.

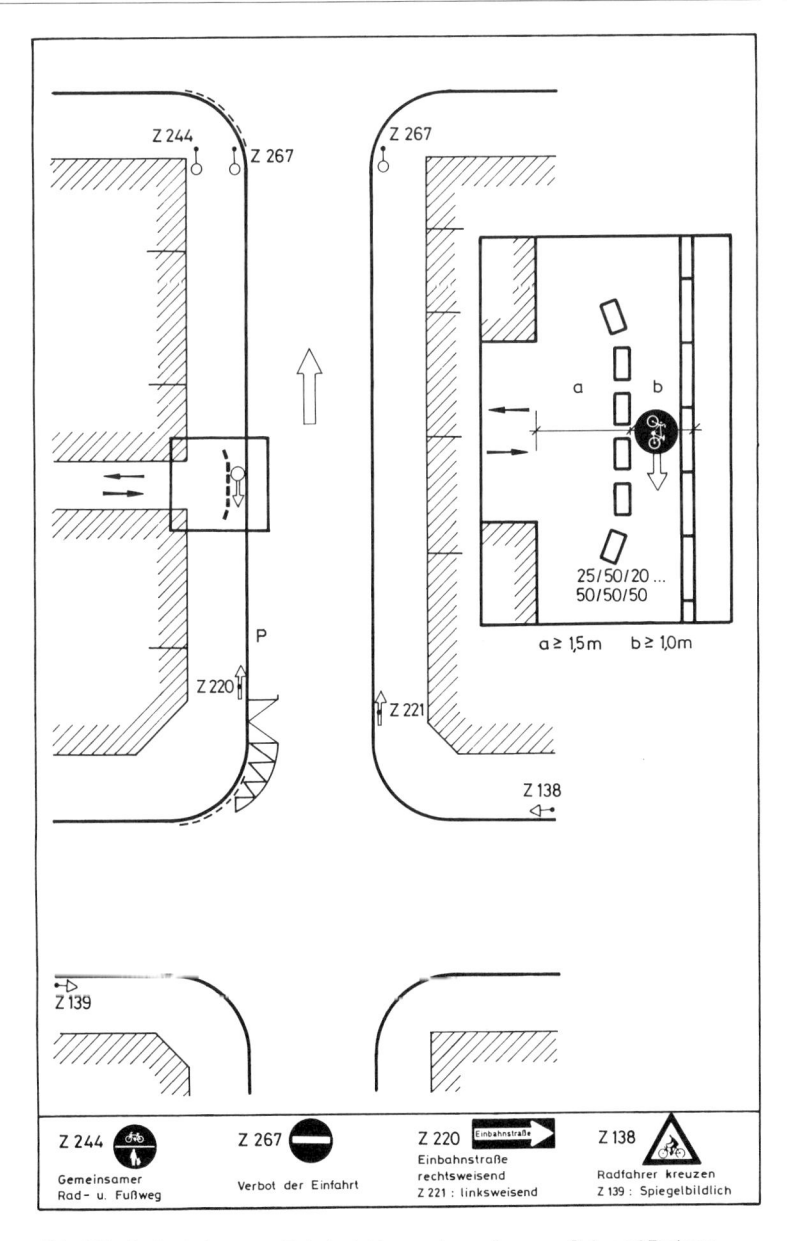

Abb. 110: Radverkehr gegen Einbahnrichtung auf gemeinsamen Geh- und Radweg

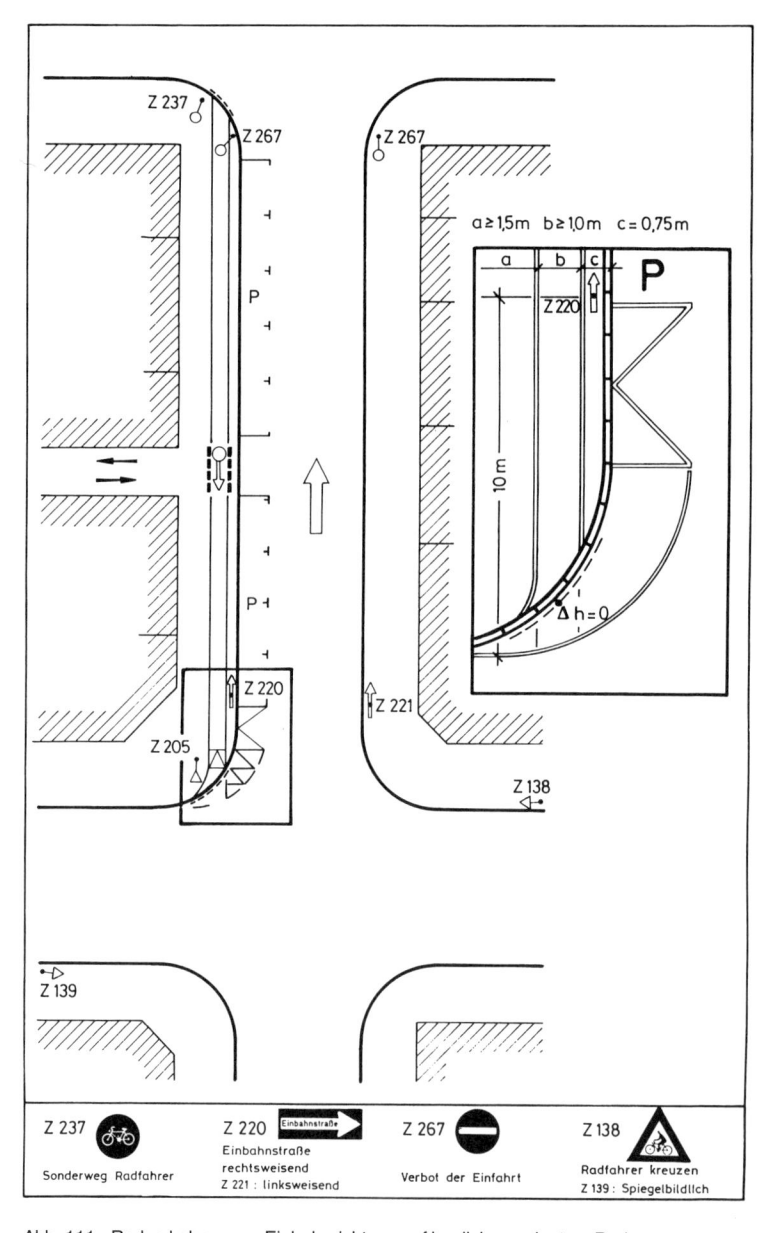

Abb. 111: Radverkehr gegen Einbahnrichtung auf baulich angelegtem Radweg

5.4.3.1. Beibehalten der „echten" Einbahnstraße

Der bei dem Beibehalten einer echten Einbahnstraße erforderliche Sonderweg entgegen der vorgeschriebenen Fahrtrichtung kann auf vier verschiedene Arten eingerichtet werden:

- unter Mitbenutzung von Gehwegen durch Z 237 *(siehe Kap. 5.2.2. und Abb. 110)*
- als markierter Radweg auf Gehwegen durch Z 242 *(siehe Kap. 5.2.3. und Abb. 108)*
- als baulich angelegter Radweg durch Z 237 *(siehe Kap. 5.2.1. und Abb. 111, 112)* oder
- als Radfahrstreifen auf der Fahrbahn *(siehe Kap. 5.1.3. und Abb. 113, 114)*.

Es hat sich bewährt, zu Beginn und am Ende des Radfahrstreifens durch die Anlage je einer Verkehrsinsel die Richtungsströme zu kanalisieren. (95) *[siehe Abb. 113, 114]*.

Wird statt der Markierung der in Kapitel 6.4.6. näher beschriebene energieabsorbierende Kunstbordstein verwendet, entsteht ein Sonderweg der als „baulich abgetrennt" eingestuft werden kann *[siehe Abb. 38]*.

Normalerweise können Verkehrsteilnehmer davon ausgehen, daß aus einer als Einbahnstraße (Z 220/221) ausgeschilderten Straßeneinmündung kein Fahrzeug ausfährt. Wird nun durch geeignete Maßnahmen der Radverkehr entgegen dieser Fahrtrichtung ermöglicht, so sollten Maßnahmen ergriffen werden, die auf diese besondere Verkehrssituation hinweisen:

Abb. 112: Beispiel eines Radweges gegen Einbahnrichtung

Beibehalten der „echten" Einbahnstraße

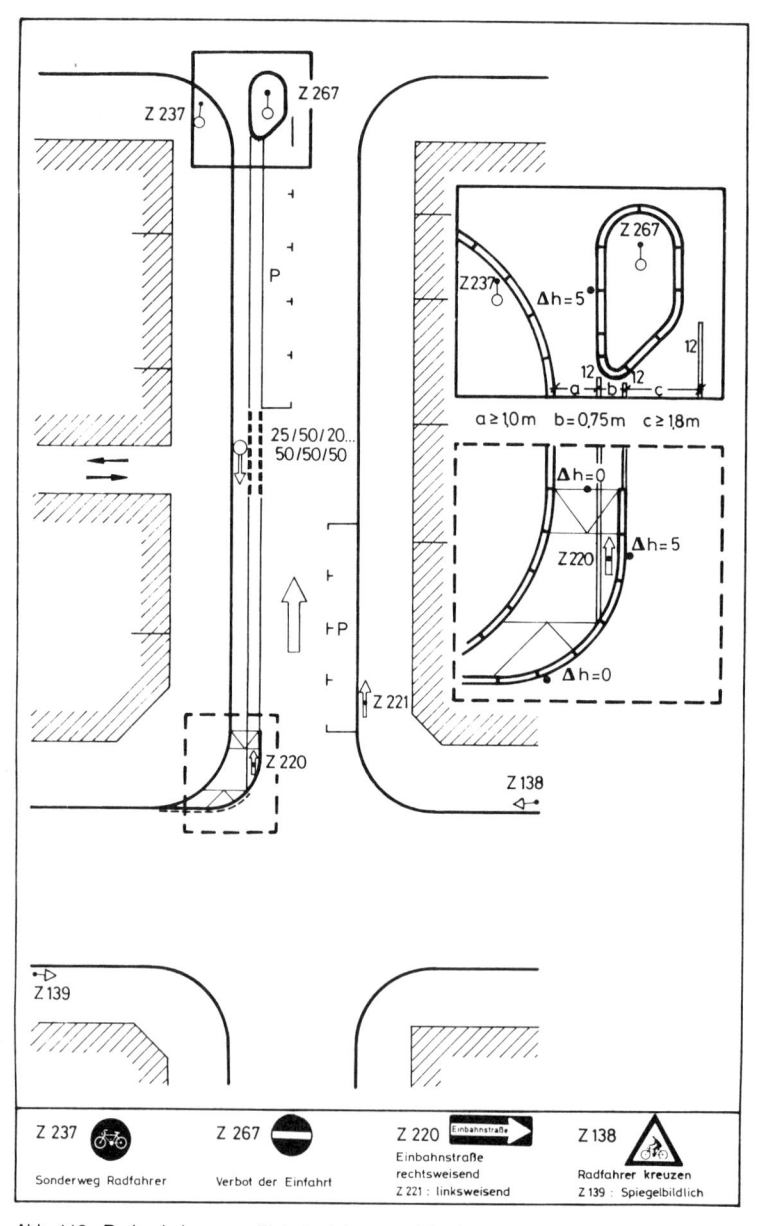

Abb. 113: Radverkehr gegen Einbahnrichtung auf Radfahrstreifen

Abb. 114: Verkehrsinsel am Beginn einer Einbahnstraße mit gegenläufigem Radverkehr

- Ein Zurücksetzen des Z 220/221 bewirkt, daß die Einbahnstraßenregelung erst dann erkennbar wird, wenn das Fahrverhalten auf die normale Rechts-vor-Links-Regelung abgestimmt wurde. Ein zügiges Durchfahren, „weil aus dieser Straße ja doch keiner kommt" kann vermieden werden.

138 Radfahrer kreuzen
139: Spiegelbildlich

702

- Mit den Z 138/139 und dem Zusatz 702 wird in den Knotenzufahrten auf die Besonderheit der Verkehrsregelung hingewiesen.

283 Haltverbot

299

- Die Anordnung einer 10 – 15 m langen Halteverbotszone durch Z 299 (Sperrlinie) oder Z 283 (A + E) verbessert die Einsehbarkeit des Knotens. Der gegen die Einbahnrichtung in den Knoten einfahrende Radfahrer kann vom Wartepflichtigen so frühzeitig gesehen werden *[siehe Abb. 110, 111]*.

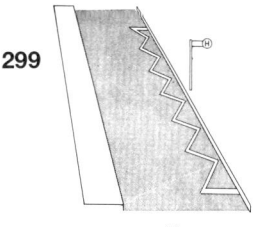

Grenzmarkierung für Parkverbote

5.4.3.2. Einrichtung der „unechten" Einbahnstraße

Nr.	Zeichen	Bedeutung
267	⛔	Verbot der Einfahrt
250	⭕	Verbot für Fahrzeuge aller Art
252	🚫	Verbot für Krafträder und Kraftwagen
723n	🚲 frei	

Am Beginn der „Einbahnstraße" wird das Z 220/221 entfernt, so daß hier einfahrende Fahrzeuge mit Gegenverkehr rechnen müssen. Das Verbot der Einfahrt am Ende der „unechten" Einbahnstraße wird am wirkungsvollsten durch das Z 267 erreicht, da dieses Zeichen im Vergleich zu den Zeichen Z 250 oder Z 252 erfahrungsgemäß besser befolgt wird. Die Öffnung dieser Sperre geschieht für den Radverkehr durch das Zusatzzeichen Z 723 n *[Abb. 115]*. Sollten Hinderungsgründe gesehen werden, die Zeichen 267 und 723 „gehäuft" anzubringen, so besteht in der Anlage eines Fahrbahnteilers *[siehe Abb. 113)* eine Möglichkeit, die gewünschte Beschilderung räumlich getrennt zu realisieren.

Abb. 115: Beschilderung einer unechten Einbahnstraße

Mancherorts ist zu beobachten, daß unechte Einbahnstraßen von KFZ-Führern wie echte Einbahnstraßen eingestuft werden, d. h., es wird sehr weit links gefahren und entgegenkommender Radverkehr dadurch gefährdet. Das Aufstellen des Z 125 mit dem Zusatz Z 723 n sollte in diesen Fällen erwogen werden.

125 — Gegenverkehr

Unerwünschter KFZ-Verkehr in der „Gegenrichtung", der durch Wenden oder Zufahren von Grundstücken auftreten kann, kann durch Wiederholung des Sperrschildes (Z 267 oder Z 252) oder durch Vorschreiben der Fahrtrichtung (z. B. Z 211) verhindert werden (66).

211 — Hier rechts

Ist jedoch Zweirichtungsverkehr möglich, muß eine entsprechende Fahrbahnbreite verfügbar sein bzw. geschaffen werden. Dies kann zum Verlust von Stellplätzen führen. Die Fahrgassenbreite richtet sich nach der Bedeutung der Straße und dem maßgeblichen Begegnungsfall (EAE-85) [23]. Es muß außerdem darauf geachtet werden, daß gegebenenfalls Umbaumaßnahmen an dem Knoten erforderlich werden, in denen der neu zugelassene Verkehrsstrom einfahren darf.

5.5. Radverkehr in Fußgängerzonen

5.5.1. Problembeschreibung

Die Einrichtung von Fußgängerzonen (FGZ) führt häufig zu Nachteilen für den Radverkehr. Wenn – wie allgemein üblich – Radverkehr im Fußgängerbereich nicht zugelassen ist, können günstige Radverkehrsverbindungen in und durch das Zentrum unterbrochen sein. Die Radfahrer werden auf stark belastete Hauptverkehrsstraßen am Rande der Innenstadt verdrängt.

Aus diesem Grund wird zunehmend die Forderung erhoben, FGZ für den Radverkehr freizugeben. Neuere Forschungsarbeiten (74, 124) kommen hier zu folgenden Ergebnissen:

– Radfahrer befahren auch unerlaubt in starkem Maße FGZ und zwar sowohl als Durchgangs- als auch als Zielverkehr.

- Unfälle zwischen Radfahrern und Fußgängern in FGZ sind sehr selten. Die Unfallfolgen sind meist gering.
- Sowohl in FGZ mit legalisiertem als auch in solchen mit nicht erlaubtem Radverkehr hat sich in der Regel ein weitgehend konfliktfreies „Miteinander" eingespielt. Radfahrer passen sich dabei in ihrem Verhalten (Geschwindigkeit, Fahren oder Schieben) der jeweiligen Fußgängerdichte an.
- Besonders ältere Fußgänger fühlen sich durch Radfahrer in ihrem subjektiven Sicherheitsbedürfnis beeinträchtigt.
- Ein als „Orientierungshilfe" hervorgehobener Fahrbereich für Radfahrer begünstigt einen störungsfreien Verkehrsablauf.

Die Erfahrungen aus Städten, die ihre FGZ wieder für den Radverkehr geöffnet haben (u. a. Cloppenburg, Darmstadt, Erlangen, Braunschweig, Freiburg i. Br., Leverkusen, Münster, Bonn) sind überwiegend positiv. Das Ergebnis einer bundesweiten Umfrage bei Kommunen zur Zulassung von Radverkehr in FGZ ist in (39) enthalten.

Einsatzbereiche für eine Zulassung des Radverkehrs in FGZ werden als Anhaltswerte in Abhängigkeit von der Fußgängerdichte und der Radverkehrsmenge in (74) und (124) gegeben. Letztlich beruht aber die Entscheidung auf einem Abwägungsprozeß, der in starkem Maße die örtlichen Verhältnisse zu berücksichtigen hat. Dabei steht auf der einen Seite das Sicherheitsbedürfnis der Fußgänger und das Recht dieser schwächsten Gruppe von Verkehrsteilnehmern, sich zumindest in solchen abgegrenzten Bereichen („Zonen") frei bewegen zu können. Auf Seiten des Radverkehrs ist der Sicherheitsgewinn zu bewerten, der bei der Freigabe der FGZ zu erwarten ist. Stehen nur umwegige Routen oder gefährliche Hauptverkehrsstraßen abseits der FGZ zur Verfügung, ist dort die Zulassung des Radverkehrs eher zu erwägen als bei Vorhandensein günstiger Alternativrouten.

Wird Radverkehr zugelassen, so sollten Anordnungen getroffen werden, die den Radfahrern deutlich machen, daß sie auf Fußgängerverkehr Rücksicht zu nehmen haben.

5.5.2. Rechtliche Fragen

241 Sonderweg Fußgänger

Fußgängerzonen sind i. a. mit Z 241 gekennzeichnet und damit verkehrsrechtlich Gehwege. Fahrradfahren ist nur Kindern bis zum vollendeten 8. Lebensjahr erlaubt.

Eine generelle Zulassung des Radverkehrs erfordert die Zustimmung der Straßenverkehrsbehörde, die die entsprechende Anordnung z. B. aufgrund der allgemeinen Ermächtigung nach § 45 StVO treffen kann. Dies gilt auch dann, wenn die Straße nicht mit Z 241, sondern mit Z 250 gekennzeichnet ist.

250 — Verbot für Fahrzeuge aller Art

Die Benutzung der FGZ ist in der Regel auch wegerechtlich durch eine entsprechende Widmung auf den Fußgängerverkehr beschränkt. Soll der Radverkehr auf Dauer zugelassen werden, ist in solchen Fällen eine Änderung der Widmungsbestimmung notwendig (60). Vielfach wird der Radverkehr zunächst versuchsweise aufgrund § 45 StVO zugelassen. Soll die Regelung bei guten Erfahrungen Bestand erhalten, so kann dies nachträglich durch die Änderung der Widmung wegerechtlich nachvollzogen werden.

Die verkehrsrechtlichen Möglichkeiten für eine Zulassung des Radverkehrs in FGZ sind:

a) Kennzeichnung eines Sonderweges (z. B. Markierung, Gestaltung) für Radfahrer und entsprechende Ausschilderung durch Z 237, Z 242 oder Z 243 (ggf. mit auf die Radfahrtrasse hinweisendem Zusatzschild)

237 — Sonderweg Radfahrer

242
243 — Getrennter Rad- und Fußweg

b) Mischen der Verkehrsarten durch Zeichen 244 StVO „Gemeinsamer Geh- und Radweg"

244 — Gemeinsamer Geh- u. Radweg

c) Ergänzung des Z 241 um das Zusatzschild 723 n ggf. mit zeitlicher Beschränkung und auf eine Radfahrtrasse hinweisendem Zusatzschild. Die Freigabe kann gemeinsam mit dem Lieferverkehr erfolgen.

241 — Sonderweg Fußgänger

723n — frei

d) Ergänzung des Z 250 durch Zusatzschild 723 n oder Anbringung von Z 252.

252 — Verbot für Krafträder und Kraftwagen

Mofaverkehr sollte in einer FGZ auf jeden Fall ausgeschlossen werden. Dies erfordert bei den beiden erstgenannten Möglichkeiten die Anbringung des Zusatzschildes 860.

860 — keine Mofas

Von den vier Möglichkeiten erscheint Lösung c) für den Regelfall als die günstigste. Sie wird auch in den meisten bekannten Beispielen ausgeführt und hat folgende Vorteile:

- Der Ausnahmecharakter des Radverkehrs wird deutlich.
- Die Rücksichtspflicht der Radfahrer gegenüber den Fußgängern ist rechtlich geklärt. Radfahrer müssen gemäß StVO § 41, Zeichen 241 Schrittgeschwindigkeit fahren.
- Sie ermöglicht am leichtesten Kombinationen mit anderen Regelungen (Zeitbeschränkung, Zuweisung eines Fahrbereichs, Freigabe des Lieferverkehrs).
- Ein ausdrückliches Verbot von Mofaverkehr ist rechtlich nicht mehr nötig.
- Die Lösung ist – im Falle schlechter Erfahrungen – einfach zu korrigieren.

5.5.3. Empfehlungen

5.5.3.1. Einrichtung eines Fahrbereichs für Radfahrer

Der Fahrbereich für Radfahrer wird durch andersartige Farbgebung oder einen besonderen Belag gekennzeichnet. Auch ein geeignetes Aufstellen der Möblierung oder Bepflanzung kann hinreichend sein. Die Kennzeichnung dient als Orientierungshilfe und soll keinen Vorrang bestimmter Nutzer signalisieren. Radfahrerpiktogramme als „Erinnerung" für Fußgänger sollten deshalb nur in Ausnahmefällen aufgebracht werden.

Günstigste Lage ist in der Regel die Straßenmitte. Nur bei Querschnitten mit asymetrischer Nutzung kann eine Lage auf der Seite mit geringerem Fußgängerverkehr vorteilhaft sein. Der Fahrbereich muß für Zweirichtungsverkehr ausreichend breit sein (ca. 3,00 – 4,00 m) und Möglichkeit zum Ausweichen auf die angrenzenden Bereiche lassen. Eine bauliche Absperrung behindert den Fußgängerverkehr und ist deshalb nur dort sinnvoll, wo besonders schützenswerte Aufenthaltsbereiche für Fußgänger abzugrenzen sind *[Abb. 116]*.

Beschilderung:
Z 241 mit Zusatzschild 723 n. Der Hinweis auf die zu benutzende Trasse kann entfallen, wenn diese eindeutig erkennbar ist, oder wenn sie durch die Materialwahl (ebenerer Belag als die anderen Flächen) ohnehin von den Radfahrern bevorzugt wird. Ggf. können Radfahrer durch ein Zusatzschild zur Rücksichtnahme gegenüber den Fußgängern aufgefordert werden.

Abb. 116: Radverkehr auf zugewiesener Trasse in einer Fußgängerzone

Einsatzbereich:
Die Lösung empfiehlt sich als Regelfall für FGZ in Geschäftsstraßen. Die Gesamtbelastung durch Fußgänger und Radfahrer kann in Abhängigkeit von der Breite der Straße im Vergleich zu den anderen Lösungen hoch sein.

5.5.3.2. Ausweisung eines Sonderweges für Radfahrer

Die Lösung erfordert ein eindeutiges, gestalterisch angepaßtes Kenntlichmachen eines Radweges in der FGZ, wobei im einzelnen ähnliche Elemente wie bei 5.5.3.1. möglich sind *[Abb. 117]*. Der Radweg sollte i. a. für Fußgänger jederzeit überquerbar sein und entsprechend häufig mit Radfahrerpiktogrammen versehen werden. Eine bauliche Trennung durch Borde oder andere Begrenzungen auf längeren Abschnitten ist deshalb nur in Ausnahmefällen sinnvoll, z. B. wenn ein stark in Längsrichtung ausgerichteter Fußgängerverkehr auf einzelne Querungsstellen zu kanalisieren ist.

Beschilderung:
Z 237 StVO für den Radweg oder Z 242 (bzw. 243), ggf. mit auf den Radweg hinweisendem Zusatzschild und Z 860 in Verbindung mit baulicher oder StVO-konformer Abgrenzung (Z 295, Nagelreihe) in Längsrichtung.

Mischnutzung auf dem gesamten Querschnitt

Abb. 117:
Sonderweg für
Radfahrer in einer Fußgängerzone

Einsatzbereich:
FGZ mit starkem Fahrraddurchgangsverkehr im Zuge einer wichtigen Radverkehrsverbindung,
– relativ große Breite der Straße
– verhältnismäßig geringer Fußgängerquerverkehr
– geringe Gestaltungsansprüche.

5.5.3.3. Mischnutzung auf dem gesamten Querschnitt

Die gesamte Fläche wird den Fußgängern und Radfahrern gleichermaßen freigegeben. Besondere bauliche Maßnahmen sind nicht notwendig. Die Möblierung ist so anzuordnen, daß Engpässe vermieden und notwendige Sichtbeziehungen erhalten bleiben *[Abb. 118]*.

Beschilderung:
Z 244 mit Zusatzschild 860 oder Z 241 mit Zusatzschild 723 n oder Z 252 bzw. 250 mit Zusatzschild 723 n.

Abb. 118: Mischnutzung für Fußgänger und Radfahrer auf der gesamten Fläche

Einsatzbereich:
Im Verhältnis zur Breite geringer Fußgängerverkehr, der ein jederzeitiges Ausweichen des Radverkehrs ermöglicht (z. B. an Plätzen).

5.5.3.4. Zeitlich beschränkte Zulassung des Radverkehrs

Eine zeitlich beschränkte Zulassung des Radverkehrs kommt vor allem bei den Lösungen nach Kap. 5.5.3.1. und 5.5.3.3. in Frage. Bei geeigneter Zeitwahl ist fast in allen FGZ Radverkehr möglich. In der Regel wird eine Freigabezeit außerhalb der Hauptgeschäftszeit (z. B. 18.00 Uhr bis 9.00 Uhr) zweckmäßig sein. Dies erlaubt es den Radfahrern, zur morgendlichen Spitzenzeit des KFZ-Verkehrs die noch unbelebte FGZ zu befahren oder abends im Zentrum gelegene Freizeitziele direkt zu erreichen. Mit einer zeitlichen Beschränkung wurden z. B. in Lingen gute Erfahrungen gemacht. Befürchtungen, daß der Radverkehr verstärkt auch in der nicht erlaubten Zeit die FGZ befahren würde, haben sich nicht bestätigt.

5.6. Radverkehr auf verkehrsarmen und verkehrsberuhigten Straßen

5.6.1. Problembeschreibung

Aus Gründen der Verkehrssicherheit und der Attraktivität des Radverkehrs ist es anzustreben, Verbindungen eines Radverkehrsnetzes soweit wie möglich über Straßen mit geringem und langsam fahrenden KFZ-Verkehr zu führen. Gegenüber Hauptverkehrsstraßen verringern weniger Begegnungs- und Überholvorgänge mit KFZ-Verkehr die Unfallgefahr; weniger Lärm und Abgase, sowie die Möglichkeit auf der vergleichsweise breiten Fahrbahn zu fahren, erhöhen die Attraktivität solcher Routen.

Diese Vorteile können jedoch nur zum Tragen kommen, wenn die Routen außer der notwendigen Umwegfreiheit in ihrer Gestaltung keine besonderen Hemmnisse für den Radverkehr bergen (z. B. Querung verkehrsreicher Straßen). In vielen Fällen ist es möglich, den Radfahrern nur durch Änderung der Beschilderung wirksame Verbesserungen, vor allem Fahrtzeitverkürzungen zu verschaffen. Probleme können in verkehrsberuhigten Straßen entstehen. Die mittlerweile etablierten und bei richtigem Einsatz bewährten Elemente der Verkehrsberuhigung behindern u. U. den Fahrradverkehr, so z. B. durch die

- Einrichtung von Einbahnstraßen
- Anlage von Stichstraßen oder Diagonalsperren
- Anlage von Fahrbahnversätzen
- Anlage von Schwellen und Aufpflasterungen
- Verbote für bestimmte Fahrtrichtungen.

In einer Untersuchung zu diesem Thema (25) wird darüberhinaus festgestellt:

- Bei Schräg- oder Senkrechtaufstellung ergeben sich beim Ein- und Ausparken Konflikte mit Radfahrern.
- Bei engen Fahrgassen gibt es bei Überholvorgängen durch Kraftfahrzeuge Konflikte, wenn die Gestaltung der Straße eine zu hohe Geschwindigkeit zuläßt.
- Bei Straßen mit Mischnutzung ergeben sich auch Konflikte mit Fußgängern (insbesondere spielenden Kindern).

5.6.2. Rechtliche Fragen

In mit Z 325/326 gekennzeichneten verkehrsberuhigten Bereichen gilt u. a.:

- Fußgänger dürfen die Straße in ihrer ganzen Breite benutzen
- Kinderspiele sind überall erlaubt
- Der Fahrzeugverkehr (d. h. auch der Radverkehr) muß Schrittgeschwindigkeit einhalten und darf Fußgänger weder gefährden noch behindern.

325

Verkehrsberuhigter Bereich (Beginn)

Diese Vorgaben lassen die Ausweisung einer stark frequentierten Hauptverbindung des Radverkehrs in einer mit Z 325 gekennzeichneten Straße (jedenfalls bei größerer Länge) nicht geeignet erscheinen. Es ist allerdings anzumerken, daß das Einhalten der „Schrittgeschwindigkeit" auch für den KFZ-Verkehr in der Praxis nicht wörtlich genommen wird. Es wird bereits als Erfolg angesehen, wenn es gelingt, die mittlere Geschwindigkeit auf unter 30 km/h zu drosseln (42). Die Durchschnittsgeschwindigkeit des Radverkehrs mit ca. 15 – 18 km/h müßte in diesem Zusammenhang als noch akzeptabel angesehen werden. Innerhalb eines verkehrsberuhigten Bereiches (Z 325/326) ist die Ausweisung eines Sonderweges für den Radverkehr nicht möglich (66). Lediglich für Fußgänger können Flächen reserviert werden.

Probleme dieser Art treten bei der Verwirklichung verkehrsberuhigender Maßnahmen ohne Kennzeichnung mit Zeichen 325 nicht auf. Die VwV-StVO (zu den Zeichen 325/326) weist auch auf diese Möglichkeit hin und führt beispielhafte Maßnahmen an. Eine gute Möglichkeit, kurzfristig und ohne großen Aufwand die Verkehrssicherheit zu erhöhen, besteht in der Reduzierung der zulässigen Geschwindigkeit. Bei einer großflächigen Verwirklichung, wie sie derzeit in Hamburg praktiziert wird, zeichnen sich Erfolge in dieser Richtung deutlich ab (111). Die Möglichkeit einer Zonen-Geschwindigkeits-Beschränkung ist durch Verordnung vom 19. 2. 1985 vom Bundesminister für Verkehr versuchsweise eingeführt (56).

Beginn der Zone mit zulässiger Höchstgeschwindigkeit, eingeführt durch Verordnung des Bundesministers für Verkehr vom 28. 2. 85 (Verkehrsblatt, Heft 4/1985)

5.6.3. Empfehlungen

Es sollte versucht werden, die Verringerung und Verlangsamung des KFZ-Verkehrs in Wohngebieten weitgehend mit solchen Mitteln zu verwirklichen, die neue Behinderungen für Radfahrer gar nicht erst entstehen lassen.

Ein wesentlicher Schritt in diese Richtung kann die großflächige Einrichtung von „Tempo 30"-Bereichen sein. Entsprechend dem Hamburger Vorgehen kann ein Grundgerüst von Straßen festgelegt werden, für das aus gesamtverkehrlichen Gründen eine Geschwindigkeitsbeschränkung auf unter 50 km/h nicht vorzusehen ist. Die Bereiche dazwischen können nach einem Dringlichkeitsplan umgerüstet und die zulässige Höchstgeschwindigkeit reduziert werden. Weitere reine Beschilderungsmaßnahmen in verkehrsberuhigten Bereichen sind noch:

– Ausnahmeregelung für den Radverkehr beim Verbot bestimmter Fahrtrichtungen für den KFZ-Verkehr *[Abb. 119]*.

Abb. 119:
Ausnahmeregelung durch Beschilderung für den Radverkehr

Radverkehr auf verkehrsarmen und verkehrsberuhigten Straßen

- Einrichtung von Anliegerstraßen, Kennzeichnung mit Zusatzzeichen 848

  848 | Anlieger und 🚲 frei |

- Einrichtung von Halteverboten, z. B. an unübersichtlichen Stellen (Z 283).

  283 ⊗ Haltverbot

Werden verkehrsberuhigte Straßen auch baulich verändert, so sollten die Ausbauelemente so ausgeführt werden, daß Behinderungen für Radfahrer weitgehend vermieden werden. Bei starkem Radverkehr sind besondere Lösungen (z. B. Fahrradstraßen, *siehe Kap. 5.9.*) zu empfehlen.

Radwege oder Radfahrstreifen sind in verkehrsarmen Straßen in der Regel entbehrlich. Sie kommen ggf. zur Ermöglichung von Radverkehr in der Gegenrichtung von Einbahnstraßen *(siehe Kap. 5.4.)* in Frage.

Radverkehr auf der Fahrbahn kann durch folgende Maßnahmen erleichtert werden:

- Diagonalsperren und Stichstraßen sollen einen Durchlaß mit entsprechender Absenkung für Radfahrer haben. Bei Stichstraßen mit Bedeutung für den Durchgangsradverkehr sollte dies den Radfahrern bereits bei der Einfahrt kenntlich gemacht werden. Kurze Treppen können durch parallele Rampen befahrbar gemacht werden *[Abb. 120]*.
- Fahrbahnversätze, Aufpflasterungen und Schwellen können durch seitliche „Schleusen" geradlinig und eben umfahren werden *[Abb. 121]*.
- Bei einspurigen Straßen sollte die Fahrgassenbreite so gering sein, daß ein Überholen von Radfahrern gar nicht erst versucht wird. (Wird die Fahrgasse so breit ausgeführt, daß die Radfahrer gefahrlos überholt werden können, kann andererseits die angestrebte Geschwindigkeitssenkung oft nicht erreicht werden.) Bei großen Längen solcher Abschnitte können Ausweichstellen angeordnet werden (25).
- Es ist zu verhindern, daß Radfahrer direkt an Hauseingängen vorbeifahren können.
- Bei nichtbituminösen Fahrbahnen sollte ein radfahrerfreundlicher Belag gewählt werden.

Generell ist bei durchgehenden Radverkehrsverbindungen auf eine verkehrssichere und gleichzeitig annehmbare Anbindung an Hauptverkehrsstraßen bzw. deren Querung zu achten. Häufig wird eine signalgeregelte Furt notwendig sein. Dabei dürfen nicht zu lange Wartezeiten für die Radfahrer auftreten.

208　Radverkehr auf verkehrsarmen und verkehrsberuhigten Straßen

Abb. 120: Rampe für Radfahrer neben einer Treppe

Abb. 121: Geradliniger Durchlaß für Radfahrer an einem Fahrbahnversatz

5.7. Mofaverkehr auf Radwegen

5.7.1. Problembeschreibung

Die Benutzungspflicht für Mofaverkehr auf gekennzeichneten Sonderwegen für Radfahrer (Z 237) ist für Fahrradfahrer und Mofafahrer problematisch. Dies ergibt sich aus den höheren mittleren Geschwindigkeiten (105) und der größeren Masse des Mofas, die es im Vergleich zum Fahrrad wesentlich weniger wendig machen. Wendigkeit ist aber gerade auf schmalen Radwegen (oder Radwegen mit Hindernissen) zur Unfallvermeidung oft notwendig.

Dementsprechend zeigen Unfallanalysen (32, 87), daß Mofafahrer innerorts auf Radwegen anteilmäßig wesentlich häufiger in Unfälle verwickelt werden als Fahrradfahrer. Sie haben insbesondere überdurchschnittlich viele Alleinunfälle und stoßen auf Radwegen mit Fahrradfahrern oder Fußgängern zusammen. So wird in (32) festgestellt, daß aus Gründen der Verkehrssicherheit – zumindest innerhalb bebauter Gebiete – die Benutzungspflicht des Mofaverkehrs für Radwege nicht zu begründen ist. Zählungen zeigen, daß ein erheblicher Anteil (über 50 %) der Mofafahrer vorhandene Radwege ohnehin nicht benutzt (zum Vergleich: nur ca. 5 % der Fahrradfahrer benutzen Radwege nicht) (32).

5.7.2. Rechtliche Fragen

Gemäß StVO § 2, Abs. 4 und § 41, Abs. 2, Nr. 5 müssen Fahrräder mit Hilfsmotor, die auf ebener Strecke nicht schneller als 25 km/h fahren können (Mofas), Radwege benutzen. Entsprechend der VwV-StVO (zu den Zeichen 237 und 241) kommt allerdings innerhalb geschlossener Ortschaften ein gemeinsamer Geh- und Radweg nur in Betracht, wenn Mofas ausgeschlossen werden. Der Ausschluß von Mofaverkehr kann durch das Zusatzzeichen 860 vorgenommen werden. Bei der anstehenden StVO-Novellierung ist vorgesehen, Mofverkehr auf Radwegen generell nicht mehr zuzulassen. Eine Benutzungspflicht für Ausnahmefälle ist dann besonders zu kennzeichnen.

5.7.3. Empfehlungen

In den „Empfehlungen für Planung, Entwurf und Betrieb von Radverkehrsanlagen" (5) wird vorgeschlagen, Mofaverkehr innerhalb bebauter Gebiete auf Radwegen zu untersagen, wenn die Breite des Radweges unter den empfohlenen Richtwerten liegt. Im Kommentar zu den Empfehlungen (108) wird weiter ausgeführt, für Mofafahrer die Benutzung von Radwegen dann vorzusehen, wenn der Kraftfahrzeugverkehr auf der Fahrbahn sehr schnell fährt (zulässige Geschwindigkeit > 50 km/h). Dies ist vor allem an Ausfallstraßen sowie außerorts der Fall.

Zusammengefaßt läßt sich sagen, daß Mofaverkehr unabhängig von der geplanten StVO-Novellierung in der Regel in folgenden Fällen untersagt werden sollte:

- in Fußgängerzonen mit erlaubtem Radverkehr
- auf gemeinsamen Geh- und Radwegen innerhalb bebauter Gebiete
- bei Verlauf der Radwege in Ruhezonen (z. B. Grünanlagen)
- auf Radwegen mit Breiten von unter 2 m innerhalb bebauter Gebiete, insbesondere wenn
  - Hindernisse oder Engstellen vorhanden sind
  - enge Radien zu befahren sind
  - häufig mit Fußgängern auf dem Radweg zu rechnen ist, weil der Gehweg zu schmal ist oder Fußgänger den Radweg queren.
- für beidseitig angelegte Radwege mit erlaubtem Zweirichtungsverkehr
  (siehe Kap. 5.8.).

Bei Inkrafttreten der angesprochenen StVO-Novellierung sollte Mofaverkehr in der Regel in folgenden Fällen gestattet werden:

- innerhalb bebauter Gebiete auf Straßen mit einer höheren zulässigen Geschwindigkeit als 50 km/h oder, wo aus anderen örtlich bedingten Gründen besondere Gefahren auf der Fahrbahn zu erwarten sind, sofern der Radweg eine ausreichende Breite zum Überholen aufweist
- außerhalb bebauter Bereiche auch auf gemeinsamen Geh- und Radwegen, wenn diese mindestens 2,50 m breit sind.

5.8. Freigabe linksliegender Radwege

5.8.1. Problematik

Auch bei beidseitig der Fahrbahn angelegten Radwegen ist festzustellen, daß Radfahrer in zum Teil beträchtlichem Ausmaß die Radwege in der Gegenrichtung befahren. Im Mittel liegt der Anteil linksfahrender Radfahrer bei ca. 15 % des Gesamtradverkehrs (31). Er kann jedoch innerhalb bebauter Gebiete und im Einzugsgebiet wichtige Ziele des Radverkehrs wesentlich höher liegen.

Wie Unfallanalysen zeigen, sind linksfahrende Radfahrer einem erheblich höheren Unfallrisiko ausgesetzt als die „richtig" fahrenden. Unfälle ereignen sich vor allem dadurch, daß einbiegende wartepflichtige Kraftfahrer, die den Radweg kreuzen, nicht mit den aus ihrer Sicht von rechts kommenden Radfahrern rechnen.

Man macht es sich jedoch zu einfach, wenn man diese Problematik mit der „Disziplinlosigkeit" der Radfahrer abtut. Die Gründe für das Linksfahren lassen sich fast immer aus der Struktur der jeweiligen Straße ableiten: Radwege werden vor allem links befahren, wenn eine Fahrbahn auf langen Abschnitten nicht oder nur gefährlich zu überqueren ist und zwischen einzelnen Querungsstellen Quellen und Ziele des Radverkehrs liegen. Ca. 60 % der linksfahrenden Radfahrer haben Quelle und Ziel auf der gleichen Fahrbahnseite (31).

Eine strikte Beachtung der vorgeschriebenen Benutzung nur der rechten Radwege würde den Radfahrern für viele Fahrten beträchtliche Umwege und Zeitverluste auferlegen, die ein starkes Hemmnis für die Benutzung des Fahrrads überhaupt darstellen und zudem Gefahren durch unnötiges Überqueren der Fahrbahn bewirken können.

Diese hinsichtlich Verkehrssicherheit und Attraktivität für den Radverkehr derzeit unbefriedigende Situation macht es erforderlich, daß sich die Straßenbaulastträger insbesondere innerorts verstärkt diesem Problem zuwenden.

5.8.2. Rechtliche Fragen

Gemäß der StVO haben Radfahrer „rechte Radwege zu benutzen, linke Radwege dürfen sie nur benutzen, wenn diese für die Gegenrichtung freigegeben sind (Zeichen 237)" (StVO, § 2 Abs. 4).

Freigabe linksliegender Radwege

Ein zum Linksfahren freigegebener Radweg muß dementsprechend an allen Straßeneinmündungen mit Zeichen 237 StVO gekennzeichnet werden. Auch an signalgeregelten Knotenpunkten sind eindeutige Verhältnisse zu schaffen, d. h. entweder eigene Signalgeber für linksfahrende Radfahrer oder eine kombinierte Signalisation für Fußgänger und Radfahrer mit den in der VwV-StVO (zu § 37, zu Abs. 2, Nr. 5) angegebenen Möglichkeiten *(siehe Kap. 5.10.4.).*

Eine Warnung des Fahrzeugverkehrs vor linksfahrenden Radfahrern in Knotenpunktzufahrten mit Wartepflicht sollte nur an gefährlichen Stellen erfolgen, um nicht den Eindruck aufkommen zu lassen, beim Fehlen eines solchen Hinweises sei nicht mehr mit linksfahrenden Radfahrern zu rechnen (44).

Solche gefährlichen Stellen bestehen insbesondere

- bei ungünstigen Sichtverhältnissen
- wenn der Fahrzeugverkehr zügig in die bevorrechtigte Straße einbiegen kann.

138

Radfahrer kreuzen
139: Spiegelbildlich

702

Für die Art der auf Zweirichtungsradverkehr hinweisenden Beschilderung gibt es derzeit keine einheitliche Regelung. Überwiegend wird eine Kombination von Zeichen 138 mit dem Zusatzzeichen 702 befürwortet (44) *[Abb. 122]*, jedoch sind in der Praxis sehr verschiedenartige Formen der Beschilderung zu finden. Es ist zu wünschen, daß der Gesetzgeber hier baldmöglichst für eine einheitliche Regelung sorgt.

Abb. 122: Hinweis auf Zweirichtungsradverkehr in einer Zufahrt mit provisorischem Umbau zur Verminderung der Geschwindigkeit einbiegender Kraftfahrzeuge

Im übrigen haben Kraftfahrer – entsprechend gängiger Urteilspraxis – stets bei der Kreuzung von Radwegen mit Radfahrern aus beiden Richtungen zu rechnen, insbesondere, seit Kinder uneingeschränkt Gehwege befahren müssen. Von Interesse ist hier noch der Hinweis, daß der Gesetzgeber mit der 1980 bei der StVO-Novellierung für § 2 Abs. 4 gewählten Formulierung neben einer rechtlichen Klarstellung ausdrücklich zum Ziel hatte, aus Gründen der Verkehrssicherheit verstärkt die Freigabe linksliegender Radwege zu eröffnen (siehe Begründung zur Novellierung in 139).

5.8.3. Empfehlungen

Als Ergebnis einer Forschungsarbeit zur Benutzung linksliegender Radwege (31) sowie einer konkreten Planungsarbeit (30) sind folgende Empfehlungen zu nennen:

(1) Aufgrund der hohen Verkehrsgefährdung sollten sich die Kommunen der Problematik verstärkt zuwenden und insbesondere für bestehende (beidseitige und einseitige) Radwege untersuchen, ob eine Freigabe zum Linksfahren sinnvoll und möglich ist.

(2) Der Bedarf zum Linksfahren sollte durch Verbesserung der Querungsmöglichkeit einer Fahrbahn sowie durch Herrichten von Alternativrouten für stark frequentierte Radverkehrsverbindungen, bei denen Quelle und Ziel auf der gleichen Fahrbahnseite liegen, soweit wie möglich reduziert werden.

(3) Dementsprechend soll die zusätzliche Freigabe eines linksliegenden Radweges eine Ausnahmeregelung bleiben, die auf vom Bedarf her notwendige Fälle beschränkt ist.

(4) Ein linksliegender Radweg kann nachträglich zur Benutzung freigegeben werden, wenn folgende Bedingungen erfüllt sind:

- Linksfahrende Radfahrer sind keinen besonderen Gefährdungen ausgesetzt (z. B. Engstellen, Radwegende).
- Es muß ein durchgängig hindernisfreier Begegnungsraum von mindestens 2,00 m Breite vorhanden sein. Die befestigte Radwegbreite kann geringer sein, wenn seitlich ausreichend breite Lichträume frei sind und Ausweichmöglichkeit besteht [Abb. 123].
- Fußgänger werden in ihrer Bewegungsfreiheit auf dem Gehweg nicht beschränkt. In keinem Fall dürfen sie gefährdet werden. Eine Gefährdung ist in der Regel dann nicht auszuschließen, wenn der Radweg so schmal ist, daß zum Begegnen der Gehweg regelmäßig überfahren werden muß.
- Knotenpunkte müssen gefahrfrei zu queren und besonders gut einsehbar sein. Ggf. müssen sie signaltechnisch ausgerüstet werden.

Abb. 123: Zum Linksfahren freigegebener Radweg

- Maßnahmen, die zur Sicherung des Linksfahrens getroffen werden, sollen nicht zu Lasten der wesentlich größeren Anzahl rechtsfahrender Radfahrer gehen. Vielmehr sollen vorwiegend solche Maßnahmen ergriffen werden, die beiden Gruppen günstigere Bedingungen verschaffen.
(5) An Stellen oder Radwegabschnitten, an denen sich Unfälle mit Radfahrern häufen, sollten vorrangig Maßnahmen zur Behebung der Gefahrenstelle durchgeführt werden.
(6) Bei der Neuplanung von Radwegen ist das Linksfahren von vornherein zu berücksichtigen. Bei nicht vermeidbarem Bedarf sind ausreichend breite *[siehe Tab. 7]* Zweirichtungsradwege anzulegen.
(7) Nach Möglichkeit sind zusammenhängende Radwegabschnitte für das Linksfahren freizugeben. Im Einzelfall ist es aber durchaus möglich, nur kurze Zweirichtungsabschnitte vorzusehen, da die Weglängen, die auf linksliegenden Radwegen zurückgelegt werden, überwiegend kurz sind.

254 Verbot für Radfahrer

(8) Das Ende eines für das Linksfahren zugelassenen Radweges sollte in der Regel immer an einer gesicherten Überquerungsstelle liegen und den Radfahrern deutlich angezeigt werden. Folgt eine gefährliche Passage, ist die Anbringung von Zeichen 254 zu erwägen *[Abb. 124]*.
(9) Mofaverkehr kann auf linksliegenden Radwegen nur in Ausnahmefällen gestattet werden.

Abb. 124: Ende eines Radwegabschnittes, der für das Linksfahren freigegeben ist

Von der angesprochenen Problematik der nachträglichen Freigabe linksliegender Radwege ist die Fragestellung abzugrenzen, ob anstelle richtungsgebundener, beiderseits der Fahrbahn verlaufender Radverkehrsanlagen nur einseitig ein Zweirichtungsradweg angelegt werden sollte *(siehe auch Kap. 4.3.2.2.)*. Innerorts erscheint letzteres nur sinnvoll, wenn diese Führung über größere Entfernungen durchzuhalten und Kreuzungspunkte besonders gesichert werden können. Im allgemeinen sind richtungsgebundene Radwege in KFZ-Fahrtrichtung hinsichtlich ihrer Sicherheit überlegen.

5.9. Fahrradstraßen

5.9.1. Problembeschreibung

Vor allem in innenstadtnahen Bereichen fehlt oft der Platz, auf Hauptverkehrsstraßen ausreichend attraktive Sonderwege (Radwege oder Radfahrstreifen) zu schaffen. Auch die Straßen in dicht bebauten Wohngebieten sind häufig durch Schleichverkehr und hohen Parkdruck nicht mehr als attraktive verkehrsarme Straßen *(siehe Kap. 5.6.)* zu bezeichnen, zumal häufig sehr beengte Verhältnisse bestehen.

Fahrradstraßen

Im Zuge wichtiger Radverkehrsverbindungen (z. B. bei Velorouten) kann auf diesen Straßen eine besondere Bevorzugung des Radverkehrs wünschenswert sein, so z.B. auf Straßen in kernstadtnahen Wohngebieten, wo mehrere Hauptverbindungen als Zubringer zur Innenstadt zusammenlaufen.

Durch Fahrradstraßen kann hier die Möglichkeit geschaffen werden, daß Radfahrer die gesamte Fahrbahnbreite nutzen können und durch angepaßte Geschwindigkeiten des KFZ-Verkehrs keine Gefährdungen auftreten. Voraussetzung ist, daß es gelingt, den KFZ-Verkehr auf den Anliegerverkehr zu beschränken und ein insgesamt niedriges Geschwindigkeitsniveau zu erzielen (ca. 15 – 25 km/h).

Aus dem Ausland sind Fahrradstraßen in unterschiedlicher Ausprägung aus England (Portsmouth), Niederlande (Fietsroute in Tilburg) (144) sowie aus verschiedenen schwedischen Städten (36) bekannt. In der Bundesrepublik konnten erstmals im Rahmen eines Modellvorhabens in Bremen, bei dem drei Straßen in Fahrradstraßen („Radfahrerzone", Abb. 125) umgewandelt wurden, Erfahrungen gesammelt werden (84, 112).

Abb. 125: Fahrradstraße in einer Einrichtungsstraße für den KFZ-Verkehr

Ergebnisse dieser Untersuchung sind:

- eine starke Zunahme des Radverkehrs zum Teil durch Verlagerung aus Parallelstraßen
- die mittleren Geschwindigkeiten der KFZ lagen deutlich unter 30 km/h ($\bar{V} = 23{,}5$ km/h); die teilweise vorgeschriebene Höchstgeschwindigkeit von 10 km/h wurde vom KFZ-Verkehr nicht akzeptiert
- die Zahl der konflikthaften Begegnungen ging aufgrund des geringen Geschwindigkeitsniveaus deutlich zurück
- bei schmalen Fahrgassen (3,00 m bei Einrichtungsverkehr für den KFZ-Verkehr) treten Behinderungen der Radfahrer durch entgegenkommende LKW's auf,
- Geschäfte an den Fahrradstraßen brauchen keine Umsatzeinbußen zu befürchten, sofern die Zahl der Parkplätze nicht eingeschränkt wird.

Bei den Bremer Beispielen ist zu beachten, daß es sich hier um frühere Einbahnstraßen handelt, bei denen Richtungsbetrieb für den KFZ-Verkehr auch nach der Umwandlung beibehalten wurde. Im Normalfall einer Fahrradstraße sollte jedoch auch Zweirichtungsverkehr für Kraftfahrzeuge möglich sein, wie dies aus den schwedischen Beispielen bekannt ist (36). In Malmö konnten z. B. Zweirichtungsstraßen dadurch zu attraktiven „Fahrradstraßen" umgewandelt werden, daß der KFZ-Durchgangsverkehr durch Anordnung von Sperren in 300 – 500 m Abstand unterbunden wurde und diese Straßen gegenüber kreuzendem Verkehr bevorrechtigt wurden. Außer der Ausbildung von durchlässigen Sperren für den Fahrradverkehr wurden im Straßenquerschnitt keine besonderen baulichen Maßnahmen durchgeführt.

5.9.2. Rechtliche Fragen

Fahrradstraßen sind Sonderwege für Radfahrer, auf denen Anliegerkraftfahrzeugverkehr, der den Vorrang der Radfahrer zu beachten hat, zugelassen ist. Sie entsprechen in ihrer Rechtswirkung etwa den Fußgängerzonen, in denen zu bestimmten Zeiten Anlieferverkehr zugelassen wird.

Da ein Verkehrsschild „Fahrradstraße" (oder „Radfahrerzone"), das die genannten Beschränkungen für den KFZ-Verkehr von vornherein beinhaltet, in der StVO noch nicht vorgesehen ist, kann derzeit nur mit einer Kombination bestehender Verkehrszeichen eine ähnliche Wirkung erreicht

237 Sonderweg Radfahrer

803 Anlieger frei

274

252 Verbot für Krafträder und Kraftwagen

werden. Dem rechtlichen Charakter einer Fahrradstraße in etwa entsprechen würde eine Kennzeichnungmit Z 237, Zusatzschild 803 und Z 274 (z. B. 20 oder 30 km/h). Eine Bevorrechtigung des Radverkehrs kann damit jedoch nicht erzielt werden. Da Zweifel bestehen, ob die erwähnte Kombination überhaupt zulässig ist, kann anstatt des Z 237 auch ein Z 252 angeordnet werden.

5.9.3. Empfehlungen

Fahrradstraßen eignen sich als Bestandteile wichtiger Radverkehrsverbindungen auf Straßenzügen mit von vornherein geringem Kraftfahrzeugverkehr oder mit der Möglichkeit, Durchgangsverkehr zu unterbinden. Sie können sowohl in Straßen mit Einrichtungs- als auch mit Zweirichtungsverkehr für Kraftfahrzeuge angelegt werden.

Einer Fahrradstraße sollte – ihrer Bedeutung angemessen – in der Regel gegenüber kreuzenden oder einmündenden Straßen (außer Verkehrsstraßen) die Vorfahrt eingeräumt werden.

An Knotenpunkten mit bevorrechtigten Straßen sind besondere Maßnahmen (Lichtsignalregelung oder Querungshilfen) erforderlich, die gewährleisten, daß der Radverkehr sicher und ohne lange Wartezeiten die Straße überqueren kann. Beginn und Ende der Fahrradstraße sollten so umgebaut werden (z. B. kleine Insel, Aufpflasterung, Fahrbahneinengung), daß den Kraftfahrern die besondere Situation deutlich wird [Abb. 126].

Unerwünschter Durchgangsverkehr der Kraftfahrzeuge kann durch eine Einbahnregelung, durch Abbiegegebote oder durch ein konsequentes Sperrensystem verhindert werden. Die zulässige Geschwindigkeit für den verbleibenden Anliegerverkehr sollte auf maximal 30 km/h beschränkt werden. Um Behinderungen durch ruhenden Verkehr und Lieferverkehr zu vermeiden, sollte die Anzahl von Parkständen bei der Einrichtung einer Fahrradstraße nicht vermindert werden. Dadurch kann auch ein besseres Verständnis bei den Anliegern erreicht werden. Bei Straßen mit Einrichtungsverkehr sollte die Fahrgasse 3,50 m breit sein. Bei größeren Breiten kann in Mittellage eine Trasse für die Radfahrer abmarkiert werden.

Abb. 126: Beginn einer Fahrradstraße

Im Normalfall kann die bisherige Querschnittsaufteilung der Straße beibehalten werden. Dies betrifft auch die Führung des Fußgängerverkehrs auf den seitlichen Gehwegen. Mischverkehr zwischen Fußgängern und Radfahrern ist einer Fahrradstraße nicht angemessen. Auch eine Kombination mit verkehrsberuhigten Bereichen (Z 325) entspricht nicht dem Sinn einer Fahrradstraße, da Radfahrer hier Schrittgeschwindigkeit fahren müssen.

5.10. Radverkehr an signalisierten Knoten

Der Verkehrsablauf, der mit Hilfe der Lichtsignalsteuerung erreicht werden soll, stellt spezifische Anforderungen an die Knotenpunktgestaltung. Umgekehrt ergeben sich aus der Knotenpunktgestalt häufig Abhängigkeiten für die Lichtsignalsteuerung. Knotenpunktentwurf und Signalprogrammberechnung sind daher als Einheit zu betrachten und in wechselseitiger Abstimmung durchzuführen (11).

DIE NEUE FREIHEIT BEIM SPAREN UND BAUEN: *BHW DISPO 2000*

Mit BHW DISPO 2000 komme ich schnell zum neuen Bad.

Denn das BHW hat als erste Bausparkasse die Teilbausparsumme eingeführt.

Damit habe ich die Möglichkeit, schnell ein neues Bad einzubauen, den Traum vom eigenen Wintergarten zu verwirklichen, neue Fenster und Türen einzubauen oder endlich das Dach auszubauen. Also, BHW DISPO 2000 ist eine phantastische Sache. Worauf noch warten?

Sprechen Sie doch auch einmal mit Ihrem BHW-Berater.

BHW
Bausparkasse
für den öffentlichen Dienst

5.10.1. Problembeschreibung

Für den Kraftfahrzeugverkehr ist i.a. die klare Festlegung getroffen, daß Ampeln vor der Kreuzung stehen, drei-feldig und vier-begriffig sind. Eine ähnlich leicht begreifbare und eindeutige Festlegung existiert für den oft verkehrs-ungeübten Radfahrer nicht. Die StVO bietet neben der vorgenannten, für alle Fahrzeuge geltenden Regelung für den Radverkehr noch vier weitere Lösungen (VwV-StVO zu § 37 Nr. 5 II):

(1) Für Radfahrer wird kein besonderes Lichtzeichen gegeben. Durch ein Zusatzschild kann deutlich gemacht werden, daß die Radfahrer die Lichtzeichen für Fußgänger zu beachten haben.
(2) In den roten und grünen Lichtzeichen der Fußgängersignalanlage werden jeweils die Sinnbilder für Radfahrer und Fußgänger gezeigt.
(3) Über der Lichtzeichenanlage für Fußgänger wird ein kombiniertes Zeichen 237 und 241 StVO angebracht.
(4) Neben dem Lichtzeichen für Fußgänger wird ein zweifarbiges Lichtzeichen für Radfahrer angebracht.
Beide Lichtzeichenanlagen müssen jeweils die gleiche Farbe zeigen.

Neben dem anderen Erscheinungsbild der Fußgängersignale, die nur „rot" oder „grün" zeigen, muß zusätzlich beachtet werden, daß sie **hinter** dem zu sichernden Konfliktbereich anzuordnen sind.

Diese rechtlich zulässige Vielfalt der Signalisierung führt dazu, daß Radfahrer u. U. an einem einzigen Knoten verschiedene Signaltypen zu beachten haben.

Im Sinne der leichteren Begreifbarkeit sollte hier der Lösungsspielraum stark eingeschränkt werden.

Einen weiteren Problemkreis bildet die Grünzeit-Zuweisung für Radfahrer: Haben Radfahrer die Fahrzeugsignale zu beachten, so kommen sie in den Genuß einer weit längeren Grünzeit als in den Fällen, wo sie in die Fußgänger-Signalisierung einbezogen werden. Besonders an weiträumigen Knoten und beim Linksabbiegen kann die Beachtung der Fußgängersignale zu hohen Zeitverlusten führen.

5.10.2. Empfehlungen

In den „Empfehlungen" (5) werden folgende Anregungen gegeben, wie der Radverkehr bei der Signalisierung besser berücksichtigt werden kann:

- Radfahrer sollen die kreuzende Straße grundsätzlich ohne Zwischenhalt auf einem Fahrbahnteiler überqueren können. Werden in Ausnahmefällen Zwischenhalte erforderlich, sollten aus Akzeptanzgründen die Radfahrerphasen so koordiniert werden, daß nur kurze Wartezeiten entstehen können. Die Wartefläche auf dem Fahrbahnteiler richtet sich nach der Zahl der Radfahrer pro Umlauf. Bei nicht ausreichender Wartefläche muß ggf. die Signalisierung angepaßt werden.
- Bei gemeinsamer Signalisierung mit Fußgängern sollten Radfahrer und Fußgänger so rechtzeitig Grün erhalten, daß sie sich bereits auf der Konfliktfläche befinden, wenn der Kraftfahrzeugverkehr dort eintrifft.
- Radfahrern kann eine gesicherte Fahrt ermöglicht werden, indem an stark belasteten Knotenpunkten besondere Phasen für links- und rechtsabbiegende Kraftfahrzeuge eingerichtet werden.
- Werden Radfahrer nicht gemeinsam mit dem Fußgänger- oder dem Kraftfahrzeugverkehr gesteuert, sollen sie durch dreifeldige Signalgeber vor dem zu sichernden Konfliktbereich signalisiert werden (vgl. RiLSA, Abschnitt 10.434) (11). Ggf. kann rechtsabbiegenden Radfahrern durch ein Zusatzsignal länger Grün gegeben werden.
- Bei koordiniert geschalteten Lichtsignalanlagen sollte versucht werden, z. B. durch eine geeignete Wahl der Progressionsgeschwindigkeit und der Umlaufzeit auch Radfahrern eine „Grüne Welle" anzubieten.

5.10.2.1. Lage und Art der Signalgeber

In einer neueren Forschungsarbeit (77) werden bezüglich der Lage und der Art der Signalgeber folgende Anregungen gegeben:

(1) Die Anzahl der Signalisierungsvarianten für den Radfahrer sollte auf drei Grundformen beschränkt werden.
(2) Die gemeinsame Signalisierung mit dem KFZ-Verkehr weist die größte Akzeptanz auf, während die gemeinsame Signalisierung mit dem Fußgängerverkehr nur von 75 % der Radfahrer angenommen wird. 25 % der Radfahrer orientieren sich nach Freigabezeitende des Fußgänger/Radfahrersignals an der Zugabezeit der parallelen KFZ-Signalisierung.
(3) Sind Radfahrer am Knotenpunkt signaltechnisch gemeinsam mit dem Fußgänger geführt, so sollten die Signalgeberscheiben Radfahrer- und Fußgängersymbole (Kombischeiben) aufweisen.
(4) Soll der Radverkehr gemeinsam mit dem Kraftfahrzeugverkehr signalisiert werden, so sollten die Radfahrer baulich direkt neben der Fahrbahn (Sichtkontakt) oder auf ihr geführt werden (Radfahrstreifen).

(5) Entscheidend für die Wahl der Signalisierung des Radverkehrs und die Sicherheitswirkung der Radverkehrsanlage am Knoten sind die geometrische Anordnung der Fahrstreifen und Haltlinien und damit die Sichtverhältnisse der Verkehrsteilnehmer untereinander.

In Anlehnung an (77) kann für die Auswahl der Signalgeber sowie deren Standort Tab. 14 verwendet werden. Zu den drei Grundformen A — C ist noch folgendes anzumerken:

Grundform A:

Für den Standort „A 1" des Lichtsignals ergibt sich insofern eine mögliche Rechtsunsicherheit für Radfahrer als (analog zu VwV-StVO zu § 39, III Nr. 8) in der Regel nur rechts der Fahrbahn gelegene Verkehrszeichen zu beachten sind. Der Sonderweg verläuft jedoch links von dem Signal. Nach Möglichkeit sollte deshalb das gemeinsame Signal in der Position „A 2" aufgestellt werden. Besonders dort, wo der Standort „A 1" angetroffen wird, sollte dem Radfahrer durch das Markieren einer Haltlinie (Z 294) verdeutlicht werden, daß das linksliegende Signal zu beachten ist.

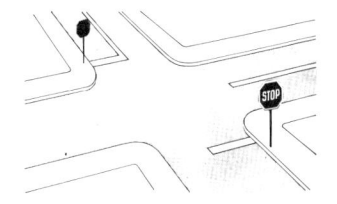

294 Haltlinie

Für Haltlinien auf Radwegen gilt, daß sie vor der Haltlinie des KFZ-Verkehrs liegen sollten. Dadurch wird zum einen die Räumzeit verkürzt (d. h. längere Grünzeit möglich), zum anderen rücken wartende Radfahrer besser in das Sichtfeld des ggf. rechts abbiegenden Kraftfahrzeugführers.

Würden bei gemeinsamer Signalisierung von Radfahrern und Kraftfahrzeugen infolge langer Räumwege die Räumzeiten der Radfahrer maßgebend, so kann dies bei Vorhandensein von Radwegen oder Radfahrstreifen durch separate Signalisierung der Radfahrer vermieden werden (siehe Grundform B).

Grundform B:

Bei der Auswahl des Signalstandortes „B 1" oder „B 2" sollte folgendes berücksichtigt werden:

Der Standort „B 1" ist vorteilhaft

- wenn im Zuge der querenden Straße ebenfalls Radverkehrsanlagen vorhanden sind und der Radverkehr beim Linksabbiegen in die Signalisierung einbezogen werden soll (indirektes Abbiegen)
- weil die Räumzeit kürzer ist als im Fall „B 2"
- weil Radfahrer eher im Sichtfeld abbiegender Fahrzeuge sind als im Fall „B 2"
- weil kein zusätzlicher Signalmast aufgestellt werden muß.

Tab. 14: Art, Ausbildung und Aufstellort der Signalgeber

A	**Nicht abgesetzte Führung des Radverkehrs**
	Gemeinsame Signalisierung des Radverkehrs mit dem Kraftfahrzeugverkehr

Aufstellorte an der Haltelinie im Schutzstreifen oder rechts neben dem Radweg

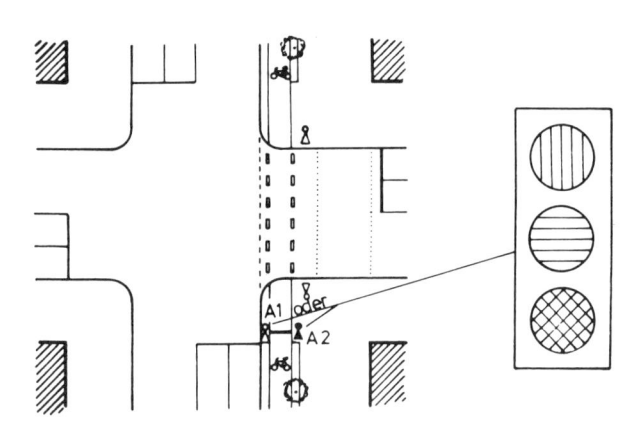

Einsatzgrenzen:
- nicht abgesetzte Führung des Radverkehrs (z. B. Radfahrstreifen, Radwege im Schutzstreifenabstand zur Fahrbahn)
- gute Sichtbeziehung zum parallelen Verkehr
- geringer Abbiegeverkehr ($\leqslant$ 5 Fz/Umlauf)

Bemessung: siehe RiLSA Abschn. 2.3
Räumzeit: Parallele Berechnung für Radfahrer und Kraftfahrzeuge. Die höhere Räumzeit ist Dimensionierungsgröße (v_R = 4,0 m/s für Radfahrer)

Signalbild: 3-feldig, 4-begriffig

Aktzeptanz: gut

Fortsetzung Tab. 14

B	**Abgesetzte Führung des Radverkehrs**
	Separate Signalisierung des Radverkehrs

Aufstellorte des Radfahrersignals vor der Konfliktfläche / Furt mit Haltelinie

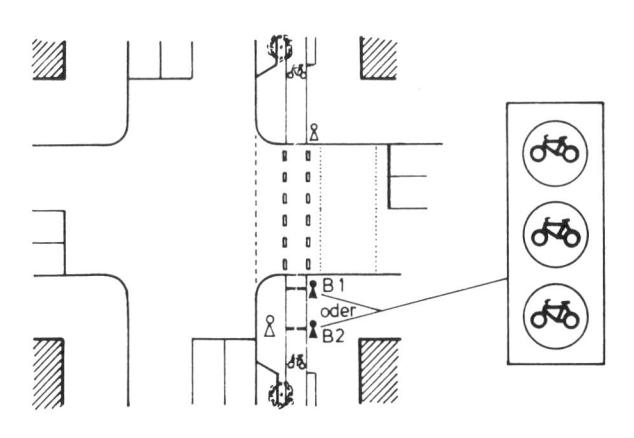

Einsatzgrenzen:
- abgesetzte Furten
- behinderte Sichtverhältnisse zum parallelen Verkehr
- starker Abbiegeverkehr (gesonderte Freigabe von Radfahrern und KFZ erforderlich)
- längere Freigabe als für Fußgänger wünschenswert

Bemessung: siehe RiLSA Abschn. 2.3
- Räumzeitberechnung mit $v_R \leq 4{,}0$ m/s
- bei engen Radien: $v_R \geq 2{,}0$ m/s

Signalbild: 3-feldig, 4-begriffig oder
2-feldig, 2-begriffig

Akzeptanz: mäßig

Fortsetzung Tab. 14

C	Gemeinsame Signalisierung des Radverkehrs mit dem Fußgängerverkehr
	Aufstellort des kombinierten Signals hinter der Fußgänger- und Radfurt

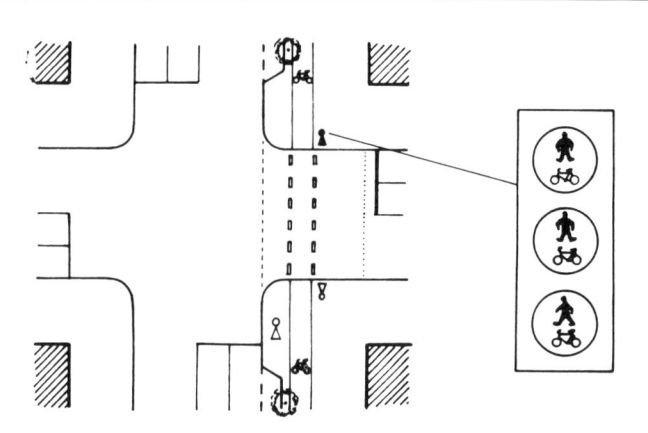

Einsatzgrenzen:
- deutlich abgesetzte Furten
- nur bei kurzen Überwegen (Grünzeitverlust der Radfahrer durch lange Räumzeit der Fußgänger)
- bei Radverkehrsanlagen nach VZ 244 StVO (Mischbeschilderung)
- nur bei Queren in einem Zug

Bemessung: siehe RiLSA Abschn. 2.3
- maßgebend sind die Werte für Fußgänger
- Überfahrzeit $t_ü = 1$ s
- Einfahrgeschwindigkeit $v_E = 5$ m/s

Signalbild: 3(2)-feldig, 2-begriffig, Kombimaske

Akzeptanz: schlecht (meist wird die Grünzeit des parallelen KFZ-Signals ausgenutzt)

Die Vorteile des Standortes „B 2" liegen darin,

- daß für querende Fußgänger ein besserer Schutz und ein ungestörtes Gehen möglich ist (ankommende bzw. wartende Radfahrer vor „B 1" können die Fußgänger behindern)
- daß Induktischleifen für eine Signalsteuerung angelegt werden können, die nicht von querendem Fahrradverkehr zweckwidrig erregt werden.

Sind in der querenden Straße Radverkehrsanlagen vorhanden, so kann ergänzend zum Signal „B 2" ein spezielles Signal für linksabbiegende Radfahrer am Standort „B 1" vorgesehen werden.

Grundform C

Diese Grundform hat den Vorteil mit nur geringem Aufwand aus einer vorhandenen Fußgängersignalanlage entwickelt werden zu können. Ggf. muß eine Rotlichtsicherung der Signalanlage nachgerüstet werden. Günstig ist außerdem, daß die Anzeige gleichzeitig von bedingt feindlichen Strömen (Abbiegern) eingesehen werden kann.

Ihr entscheidender Nachteil, der übereinstimmend in (5, 77 und 140) beschrieben wird, besteht darin, daß für Radfahrer wegen der Gleichbehandlung mit den Fußgängern nur wenig Grünzeit angeboten werden kann.

Die Lage des Signals hinter der Konfliktfläche bedingt, daß Radfahrer (wie Fußgänger) zum Räumen der Furt rechtmäßig gegen ein „Rot" zeigendes Signal fahren dürfen. Dies führt u. U. bei Radfahrern dazu, auch in anderen Fällen weniger strikt das Rotlicht zu beachten.

In (140) wird eine kombinierte Signalisierung besonders dann abgelehnt, wenn der Fußgänger die Fahrbahn nicht in einem Zug quert, sondern auf dem Fahrbahnteiler angehalten wird.

In solchen Fällen ist zu prüfen, ob die Aufstellflächen für die in einem Umlauf zu erwartenden Radfahrer in ausreichender Größe vorhanden sind (ca. 2 m^2/Radfahrer). Ist dies nicht der Fall, so ist eine getrennte Signalisierung erforderlich.

5.10.2.2. Programmbemessung

Die Grünzeitbemessung sowie die Berechnung der Zwischenzeiten ist von der Verkehrsbelastung und der Knotengeometrie abhängig. Die Berechnung der Zwischenzeiten erfolgt nach den Vorschriften der RiLSA, Kap. 2.3 *[siehe Tab. 14]*.

Die in Abschnitt 2.333 der RiLSA für Radfahrer vorgesehene Räumgeschwindigkeit bis zu 5 m/s hat sich in der Praxis als zu hoch erwiesen.

In (64) wird empfohlen, bei der Zwischenzeitberechnung künftig mit Räumgeschwindigkeiten bis zu 4 m/s bei einer überfahrenen Gelbzeit von $t_ü = 1$ s zu rechnen. Weiter wird dort die Abstimmung der Freigabezeiten in der Weise gefordert, daß kreuzende Straßen mit Mittelstreifen oder Dreiecksinseln grundsätzlich ohne Zwischenhalt überquert werden können.

5.10.2.3. Schutzmöglichkeit vor abbiegenden Kraftfahrzeugen

In einer Vielzahl von Knoten werden die Radfahrerströme gleichzeitig mit bedingt feindlichen Strömen freigegeben (z. B. mit rechtsabbiegenden gleichgerichteten oder linksabbiegenden gegenläufigen Fahrzeugströmen). Dieses Signalschema ist Ursache einer beträchtlichen Anzahl von Unfällen (108, 142). In den Niederlanden sind deshalb häufig Signalprogramme eingesetzt worden, die dem Radverkehr „konfliktfreie" Phasen einräumen. Signaltechnisch entstehen dadurch aber auch für den Radfahrer kürzere Grünzeiten. Eine vergleichende Unfalluntersuchung (142) kommt zu dem Ergebnis, daß trotzdem keine signifikant günstigere Wirkung auf die Gesamtzahl der Unfälle zu verzeichnen ist. Der Grund: Die verkürzten Grünzeiten führen vermehrt zu besonders unfallträchtigen Rotlichtfahrten der Radfahrer.

Es wird daher folgendes empfohlen:

An Knotenpunkten mit starken, für den Radverkehr bedingt feindlichen Verkehrsströmen, sollte verstärkt von dem warnenden Hilfssignal – gelbes Blinklicht mit Fahrradstreuscheibe – Gebrauch gemacht werden (vgl. RiLSA 10.261). Der Standort dieses Signals ist unmittelbar vor der Gefahrenstelle, vor der gewarnt wird (vgl. RiLSA 10.435). Um den häufig befürchteten Abnutzungseffekt zu vermeiden, kann das Hilfssignal durch Induktivschleifen im Radweg nur im Bedarfsfalle ausgelöst werden. Solche Signale werden besonders für Furten im Zweirichtungsbetrieb empfohlen.

5.10.3. Signalisierung für linksabbiegende Radfahrer

5.10.3.1. Indirektes Linksabbiegen

Sind bei der indirekten Führung *(siehe Kap. 4.6.5.3.)* in der Querrichtung ebenfalls Radwege vorhanden, so sind die Radfahrer nach Möglichkeit in die Signalisierung der Grundform „B", sonst in „C" einzubeziehen. Bei einem Signalstandort „B 2" gemäß Tabelle 14 ist ein Zusatzsignal für linksabbiegende Radfahrer am Standort

„B 1" erforderlich, welches sicherstellt, daß die auf der Aufstellfläche wartenden linksabbiegenden Radfahrer erst dann starten, wenn die Kraftfahrzeuge beider zu kreuzenden Richtungen und eventuelle Abbiegeströme die Konfliktflächen geräumt haben.

Sind in der Querrichtung keine Radwege vorhanden, so ist links und rechts neben der Radfahrerfurt für die linksabbiegenden Radfahrer eine besondere Aufstellfläche *(siehe Kap. 4.6.5.3.)* zu markieren.

In Bocholt und Detmold *[siehe Abb. 95]* sind dabei gute Erfahrungen mit neben der Aufstellfläche angebrachten Zusatzsignalen für die linksabbiegenden Radfahrer gemacht worden. Um Irritationen anderer Radfahrer zu vermeiden, sollte dieses Zusatzsignal nur solange „Grün" zeigen, bis davon ausgegangen werden kann, daß auch der letzte linksabbiegende Radfahrer die Staufläche geräumt hat (ca. 10 s [35]).

5.10.3.2. Direktes Linksabbiegen

Beim direkten Linksabbiegen *(siehe Kap. 4.6.5.1.)* wird der Radverkehr im Knoten nicht gesondert signalisiert. Er folgt den „normalen" Verkehrssignalen. Werden richtungsbezogene Radfahrstreifen im Knoten angelegt, so ist darauf zu achten, daß die Zwischenzeiten anhand der dadurch vorgegebenen Räumwege zu berechnen sind. Das Vorziehen der Haltlinie verkürzt die Räumzeit und verbessert die Sichtbeziehung zwischen Fahrzeugführer und Radfahrer.

5.10.3.3. Direktes Linksabbiegen im Signalschutz

Die Radfahrerschleuse *(siehe Kap. 4.6.5.2.)* ist der aus der RiLSA (11) bekannten Busschleuse vergleichbar: Mit Hilfe eines Vorsignals wird abwechselnd dem KFZ-Verkehr oder dem parallelen Radverkehr der Querschnitt freigegeben. Radfahrern wird dadurch ermöglicht, linke Richtungsfahrspuren ungefährdet zu erreichen bzw. Ausfädelungsspuren gefahrlos zu queren. Wenn möglich, sollte der geradeausfahrende bzw. rechtsabbiegende Radverkehr aus der Vorsignalisierung herausgehalten und dadurch die Akzeptanz der Gesamtanlage erhöht werden.

Das KFZ-Signal mit der Signalfolge „Rot", „Rot+Gelb", „Dunkel", „Gelb", wird mit dem Programm des Hauptsignals koordiniert, um Leistungsverluste für den KFZ-Verkehr auszuschalten.

Das führt in der Regel dazu, daß der Radfahrer wegen seiner geringeren Geschwindigkeit zwei Umläufe benötigt, um Vorsignal und Hauptsignal zu passieren. Aus diesem Grund sehen z. B. (77 und 140) diese Lösung hinsichtlich ihrer Annahme-Wahrscheinlichkeit durch Radfahrer eher kritisch an. Für den Abstand zwischen Vorsignal und Hauptsignal sind in der Literatur Werte von 20 − 80 m angegeben (5, 135, 140).

5.10.4. Radfahrerfurten mit Zweirichtungsverkehr

Darf eine lichtsignalgesteuerte Radfahrerfurt an einem Knotenpunkt von Radfahrern auch in Gegenrichtung befahren werden, so gilt das in Kap. 5.10.2.1. gesagte entsprechend. Es kommen die Fälle „B 1" oder „C" zur Ausführung, wobei ein zusätzliches gelbes Blinklicht für den abbiegenden KFZ-Verkehr hilfreich sein kann, den Gegenrichtungsverkehr auf dem Radweg zu beachten. Diese Hilfe sollte verstärkt auf einseitig verlaufenden Zweirichtungsradwegen und bei zügigen Rechtsabbiegemöglichkeiten gegeben werden.

Die Fräsen zum Markieren – Demarkieren

Kalt-Straßenfräse SF 300
ausrüstbar mit
Demarkierungswerkzeugen

**Warm-Straßenfräse
SF 501 W**

- **Markierungen einfräsen**
- **Markierungen abtragen**
- **Fahrbahnbeläge abfräsen**
- **Fahrbahnen instandsetzen**

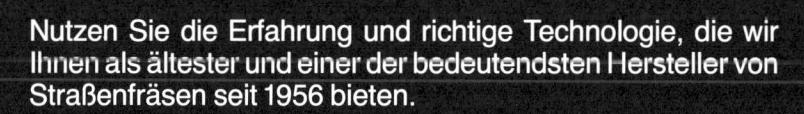

Nutzen Sie die Erfahrung und richtige Technologie, die wir Ihnen als ältester und einer der bedeutendsten Hersteller von Straßenfräsen seit 1956 bieten.

MARKS

Karlstraße 13 · D-4353 Oer-Erkenschwick
Telefon (02368) 60021 · Telex 829754 marks d

Demarkieren auf Asphalt oder Beton
Farb-, Kalt- oder Thermoplaststreifen

Unser Maschinenprogramm

- für kleinere Strecken:
  Arbeitsbreite 20 cm oder 35 cm,
  wahlweise mit Vorschubfahrzeug mit
  sitzender Bedienung
- für grössere Strecken:
  Hochleistungsdemarkiermaschine mit
  4 Arbeitseinheiten, Arbeitsbreite 40 cm

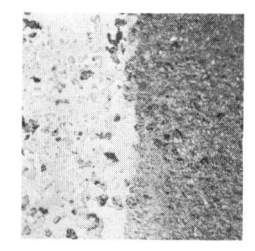

vorher   nachher

FR 200, oder FR 200 twin mit
gegenläufigen Trommeln,
Arbeitsbreite 20 cm

FR 350 – Kombi mit Truck
T 2/350, Arbeitsbreite 35 cm

Hochleistungsdemarkiermaschine DM 400,
Arbeitsbreite 40 cm, mit 4 Arbeitseinheiten,
jeweils mit Elektromotor angetrieben, zum
Anbau an Zugfahrzeug mit Kriechgängen.
Die Arbeitsbreite ist an die Breite der
Markierungslinie bis zu 400 mm anpassbar.
Stromquelle: ab separatem Diesel-Generator

- verblüffende Tagesleistungen
- schlagende und kratzende Lamellen entfernen Markierungen aller Art, Arbeitstiefe einstellbar
- robuste Bauweise – einfache Bedienung – geringe Wartung

VON ARX

VON ARX GMBH, Menzinger Straße 85, 8000 München 50, Tel. (089) 81 15 6 55

Feichtner & Bossert KG

Biebing – Steinfeldstraße 7, **8225 Traunreut**, Tel. (0 86 69) 64 11 oder 74 22

FLUGPLATZ-, AUTOBAHN- UND STRASSENMARKIERUNGEN, PARK-PLATZMARKIERUNGEN IN:

- Kaltfarben
- Kaltplastik
- Heißspray-Plastik
- aufgelegte und eingefräste Thermoplastik
- Baustellenmarkierungen in Folie, Farbe und Nägel
- Demarkierung
- sowie Vertrieb von Markierungsfarben

Elektrobetriebene Demarkierungsmaschine mit getrennt absenkbaren Fräskappen.

FS FEICHTNER + SPITTHÖVER GMBH

Markierung und Sanierung von Verkehrsflächen

Bürener Straße 49 · **4406 Drensteinfurt**

Telefon (0 25 08) 87 87 / 87 07

- Dünnschicht-Markierungen
- Dickschicht-Markierungen
- Heiß- und Kaltplastiken
- Baustellenmarkierung Folie, Farben, Nägel

Fräsarbeiten · Demarkierung · Fugenverguß

Hitzblech MARKIERUNG

Fachunternehmen für:

- Markierungsarbeiten jeder gewünschten Art und Ausführung.
- Demarkierung alter Markierungen auf Beton- und Schwarzdecken.
- Abfräsen bitum. Schwarzdecken.
- Rissesanierung
- Baustelleneinrichtungen

Vertrieb von:

- REFLUX-Markierungsknöpfen BAST-Prüf-Nr. 46016 und Markierungsnägeln aus eigener Herstellung.
- 3M-Markierungsfolien.
- Thermo- und Kaltplastik.
- Markierungsfarben.

Hitzblech-Markierung GmbH & Co KG, Maybachstr. 52, 8500 Nürnberg 70, Telefon: 09 11 – 4 19 86

Hitzblech KG, Postfach 13 25, 5980 Werdohl, Telefon: 0 23 92 – 29 06

5.11. Markierung von Radfahrerfurten

5.11.1. Problembeschreibung

Bei der Abgrenzung und Zuweisung von Verkehrsflächen spielen Fahrbahnmarkierungen eine wesentliche Rolle. Daher ist der richtige Einsatz der richtigen Markierung besonders an Knotenpunkten von Bedeutung, weil hier eine planmäßige Mischung sämtlicher Verkehrsarten auf einer gemeinsamen Fläche stattfindet. Diese Konfliktbereiche gilt es durch Markierungen zu verdeutlichen. Die Problematik der Furtmarkierung für den Radverkehr enthält drei Aspekte:
– Wann sind Furtmarkierungen erforderlich?
– Wo soll die Markierung liegen?
– Wie soll deren Abmessung ausfallen?

5.11.2. Rechtliche Fragen

Radfahrerfurten sind gesetzlich nicht als notwendig verankert. Lediglich die VwV-StVO gibt Hinweise über das Aussehen von Furtmarkierungen: In der VwV-StVO zu Z 237 „Radfahrer", § 41.2 Nr. 5 heißt es:

1. Zur Führung von Radfahrern dienen vor allem Radfahrerfurten. Sie bestehen aus zwei unterbrochenen Quermarkierungen, die i. d. R. 2 m voneinander entfernt sind. Die Maßgabe der Linien und deren Abstände voneinander sind die der Fußgängerfurten.

2. Nebeneinander liegende Fußgänger- und Radfahrerfurten sind nur durch eine gleichartige Markierung zu trennen.

Fußgängerfurten bestehen aus unterbrochenen Quermarkierungen, deren Linien höchstens 0,15 m breit sind. Sie sollen i. d. R. 0,50 m lang sein und voneinander einen Abstand von 0,20 m haben (VwV-StVO zu § 25, Abs. 3 Nr. III).

Diese Vorschriften sind in der letzten Zeit zunehmender Kritik unterworfen, weil sie zwei so grundverschiedene Arten von Verkehrsteilnehmern wie Radfahrer und Fußgänger gleich behandeln.

Schneller, einfacher und billiger markieren
– ohne Rollscheiben

Straßenmarkierungsmaschinen aller Größen mit dem patentierten rollscheibenfreien ZINDEL-Spritzkopf

* randscharfe Striche
* weniger Reinigungsaufwand
* weniger Farbverbrauch
* höhere Markiergeschwindigkeit

JAKOB ZINDEL GMBH
STRASSENMARKIERUNGSMASCHINEN
ENZSTRASSE 17 · 7014 KORNWESTHEIM
TELEFON (07154) 25 98 · TELEX: 7 22 689

Ballotini-Reflexperlen

für Horizontal- und Vertikalreflexion

Weltweit zuständig für gute Nachtsichtbarkeit!

Straßen sichern heißt Leben retten – vielleicht das eigene.

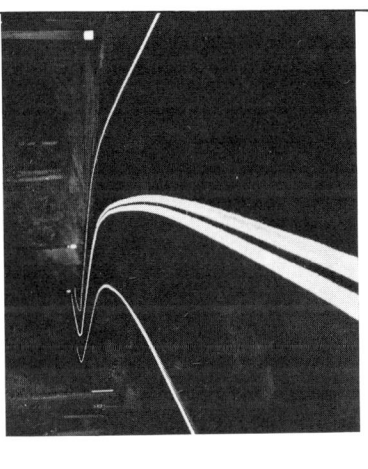

Gleiche Landstraße mit reflektierender Mittel- und Randmarkierung

Landstraße ohne reflektierende Markierung bei Nacht

POTTERS-BALLOTINI GmbH

6719 Kirchheimbolanden - Postfach 1226 - Telefon (06352) 8484 - Telex 451208

Unser Dienstleistungs- und Lieferprogramm:

Wir markieren Fahrbahnen, Parkplätze, Flugplätze, Baustellen – mit Thermoplastik, Farbe, Heißspritzplastik, Kaltplastik und Markierungsnägeln

Wir fräsen auf Fahrbahnen, Start- und Landebahnen, Industriehallen-Böden – alle bituminösen und Gußasphalt-Beläge

Wir montieren Stahlschutzplanken, Profil A / B, einschl. der Lieferung in ES, DS, EDS, DDS Leitpfosten – Lieferung und Montage

Wir vergießen Fugen und Risse auf Fahrbahnbelägen mit Fugenvergußmasse

Wir liefern Straßenausrüstungsartikel aller Art

ROSTRA
Rottweiler Straßenmarkierungs-Ges. mbH

Betrieb / Büro: 7216 Dietingen-Böhringen, Trichtinger Straße 23, Tel. (0 74 04) 70 11, Telex 7 62 715 rosta

– Im Dienste der Verkehrssicherheit –

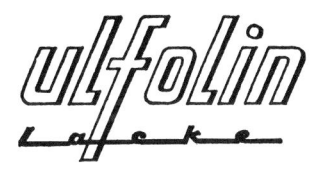

CARL ULFIG
GmbH u. Co. KG
Chemische- und Lackfabrik

Postfach 12 68 · Obere Industriestraße 18
5902 Netphen 1
☏ (0 27 38) 3 05 / 3 06 / 3 07 · FS 08 72 975
Werk II: 5902 Netphen 3 – Helgersdorf
☏ (0 27 37) 6 81 + 6 82

Wir liefern für die Straße:

Markierungsstoff-Klasse II
Straßenmarkierungsfarben weiß mit Zulassungs-Nr. der BASt 44.065 und 44.093 und Markierungsfarben in allen Verkehrsfarbtönen.

Markierungsstoff-Klasse III
Zweikomponenten-Fahrbahnmarkierungsfarbe Zulassungs-Nr. der BASt 44.124, mit einer herkömmlichen Einkomponenten-Markierungsmaschine spritzbar <u>auch bei **feuchten** Straßenoberflächen bzw. hoher Luftfeuchtigkeit.</u>
(Bei 20° x ● = 5 bis 6 Tage Topfzeit)

Markierungsstoff-Klasse V
Zweikomponenten-Kaltplastik, gemäß Zulassungs-Nr. der BASt 44.209, zu verarbeiten mit einer Zweikomponenten-Maschine bzw. manuell mit einem Ziehschuh oder Schablone.

ULUX-Abbeizpaste
zum Abbeizen von Markierungsfarben

Für feuerverzinkte Stahlleitplanken:

Spezial-Lackaufbauten
auf Kunstharz- und Kunststoff-Basis

Für Stahlkonstruktionen:

Spezial-Grundierungen,
Industrie-Lacke und Lackfarben

Die „Empfehlungen" (5) haben spezielle Markierungen für Radfahrerfurten vorgeschlagen, deren Festlegungen in verschiedenen Fällen von den bisherigen Festlegungen der StVO und den RMS (12) abweichen. Sie folgen damit dem Bedarf und der Entwicklung in der Praxis aufgrund der zunehmenden Bedeutung des Radverkehrs. Wie die Diskussion u. a. in der Fachliteratur zeigt (107, 119), besteht zu verschiedenen der in den „Empfehlungen" vorgeschlagenen Markierungen noch keine einheitliche Auffassung.

5.11.3. Empfehlungen

5.11.3.1. Einsatzgrenzen für Furtmarkierungen

Furtmarkierungen haben zwei Aufgaben: Sie sollen den Verlauf des Radweges im Knotenbereich für den Radfahrer leichter ablesbar machen und allen anderen Verkehrsteilnehmern, besonders den Kraftfahrzeugführern, verdeutlichen, wo sie mit Radverkehr zu rechnen haben. Nach dem Meinungsbild des zuständigen Arbeitskreises „Geometrie von Markierungen" der FGSV (Stand Juni 1984) (63) sind Furtmarkierungen ein Beitrag zur Verkehrssicherheit.

Es liegt nahe, daß Markierungen von Furten, besonders, wenn sie auffällig oder sogar farbig ausgeführt wurden, Radfahrern ein Vorfahrtrecht suggerieren. Eine solche Vorrangregelung besteht rechtlich nicht. Unter diesen Überlegungen ergeben sich folgende **Einsatzgrenzen** für Radfahrerfurten:

— dauernd oder nur zeitweise signalisierte Überwege im Zuge von Radverkehrsanlagen
— Kreuzungen oder Einmündungen im Zuge von Radverkehrsanlagen der bevorrechtigten Straße
— Grundstückszufahrten im Zuge von Radverkehrsanlagen, besonders wenn lediglich eine Mischnutzung der Gehwege (Z 244) besteht.

Furtmarkierungen sollen **nicht** angelegt werden

— im Zuge von Radwegen, die bevorrechtigte Straßen kreuzen
— an End- und Anfangspunkten einseitiger Radverkehrsanlagen für den Zweirichtungsverkehr.

Hier sollte vielmehr durch bauliche Maßnahmen und flankierende Beschilderung allen Verkehrsteilnehmern die Verkehrssituation verdeutlicht werden.

Markierungen für das direkte Linksabbiegen *(siehe Kap. 4.6.5.1.)* sind immer erforderlich. Markierungen für das indirekte Linksabbiegen *(siehe Kap. 4.6.5.3.)* sollten angelegt werden, wenn die Belastung der zu querenden Fahrspuren dies erfordert.

Fahrbahnmarkierung und Radwegbeschichtung mit Degadur.

DEGADUR®

Kalthärtende, niederviskose Methacrylatharze zur Herstellung von 2 K-Kaltplastik Fahrbahn-Dauermarkierungen für Stadt- und Landstraßen, Autobahnen und für Radwegbeschichtungen

- geeignet für Handmarkierung mit Schablonen oder Ziehkasten
- gute Nachmarkierung
- hohe Griffigkeit
- gute Nachtsichtbarkeit
- einfache Demarkierung
- witterungsbeständig
- dauerhaft
- farbecht
- Tausalzbeständig
- geeignet für maschinelle Verlegung
 (2–10 km/h) im Mischungsverhältnis 4:1
 mindestens vierjährige Haltbarkeit
 auf Asphalt- und Betonstraßen
 in- und ausländische Zulassungen

Degussa ◆

Degussa AG
Geschäftsbereich
Industrie- u. Feinchemikalien
Postfach 110533
D-6000 Frankfurt 11
Telefon (069) 218-01

5.11.3.2. Lage der Radfahrerfurt

Die Markierung sollte die jeweils am Beginn und Ende des Knotens vorhandenen Radverkehrsanlagen geradlinig miteinander verbinden. Die Breite der Furt richtet sich nach den Abmessungen der anschließenden Radverkehrsanlagen. Als Breite wird dabei der Abstand zwischen den Innenkanten der Markierung verstanden. Nur bei Anwendung dieser Lagekriterien kann die Markierung dem Radfahrer eine Orientierungshilfe sein. Eine schematisch festgelegte Breite der Furt oder das in der VwV-StVO vorgesehene Zusammenfallen der jeweils innen liegenden Fußgängermarkierung mit der Radfahrermarkierung kann zu folgenschweren Fehlinformationen bezüglich der sich anschließenden Breite der Radverkehrsanlage führen *[Abb. 127]*.

Abb. 127:
Markierung einer
Radfahrerfurt mit Blockmarkierung

5.11.3.3. Geometrie der Furtmarkierung

Die Markierung von Radfahrerfurten ist nach wie vor in Bezug auf ihre Abmessungen umstritten *[Abb. 128]*. Allen abgebildeten Vorschlägen ist die gegenüber der StVO größere Breite der Markierung gemeinsam, die auf der Erkenntnis beruht, daß

Tag und Nacht mehr Sicherheit durch Sichtbarkeit

VESTOLINE-REFLEXPERLEN
- Glasperlen für alle Fahrbahn- und Flugplatz-Markierungen
- Premix-Perlen
- Nachstreuperlen und -Gemische mit Cristobalit, Grenette-Minigrain
- BAST-Prüfnummer 41 581

VESTISCHE GLASHÜTTE GMBH
„VESTGLAS"

4350 Recklinghausen, Postfach 10 19 51, Tel. (0 23 61) 7 20 35 + 36
Telex 829 776

244 *Geometrie der Furtmarkierung*

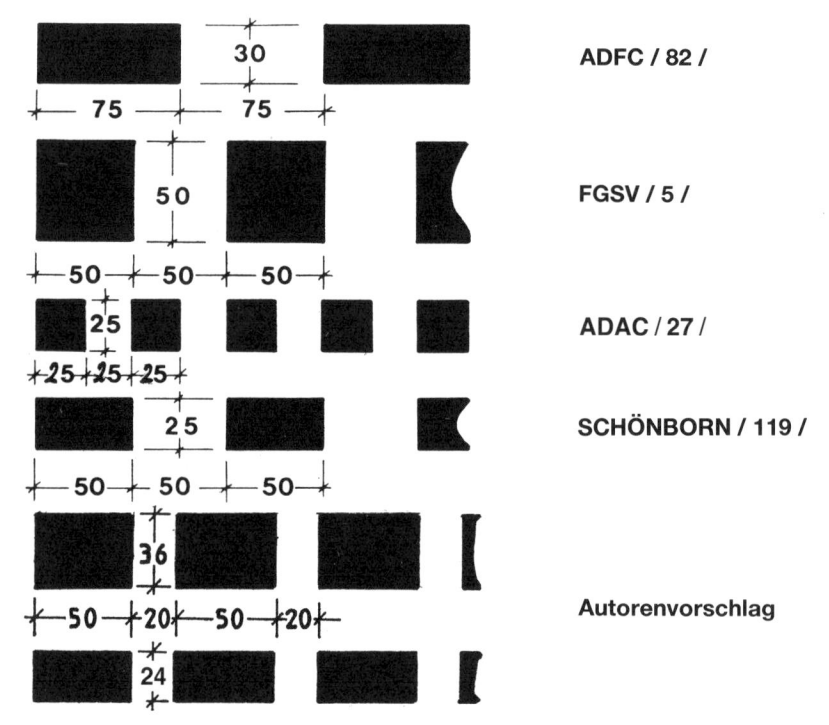

Abb. 128: Vorschläge für die Abmessungen von Furtmarkierungen

75 — 30 — 75	ADFC / 82 /
50	FGSV / 5 /
50 — 50 — 50	
25 / 25-25-25	ADAC / 27 /
25	SCHÖNBORN / 119 /
50 — 50 — 50	
36	Autorenvorschlag
50 — 20 — 50 — 20	
24	

für Radfahrerfurten ein höheres Schutzbedürfnis besteht als für Fußgängerfurten, weil Radfahrer sich dem Knotenpunkt schneller nähern als Fußgänger, aber nicht so schnell anhalten (oder sogar zurückweichen) können wie Fußgänger. Kraftfahrern, die abbiegen wollen, muß deshalb schon aus größerer Entfernung eine Bevorrechtigung von Radfahrern deutlich gemacht werden. Im Land Berlin besteht die Wahlmöglichkeit statt der 12 cm breiten Furtmarkierung eine 50 cm breite Würfelmarkierung auszuführen (43).

Aus Gründen der Praktikabilität und der Sparsamkeit wird eine Markierung mit den Abmessungen Breite 24 oder 36 cm, Länge 50 cm und Lücke 20 cm vorgeschlagen. Diese Maße ergeben sich, wenn die heute üblicherweise vorhandenen Markierungen verbreitert werden. Diese Lösung ist kostengünstig, da sie häufig ohne Veränderung des Bestandes verwirklicht werden kann *[Abb. 129]*.

Der sichere Weg

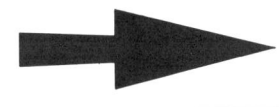

➡ Limboroute

**Fahrbahn-
markierungen**
Straßen-
markierungsfarben
Kaltplastiken
Heißplastiken
Heißspritzplastiken
von der BASt geprüft
und in der Praxis
bewährt

**Radweg-
markierungen**
Dünnschicht und
Dickschichtmaterialien
in allen Farbtönen

Ihr Partner für Verkehrssicherheit

Herstellung, Vertrieb, Technik und Beratung
Limburger Lackfabrik GmbH
Im Elbboden 8, Postfach 1604, D-6250 Limburg/Lahn
Telefon 06431 / 8077 und 8078, Telex 484806

Abb. 129: Radfahrerfurt mit den Abmessungen 25/50/20 cm

Schmalere Furtmarkierungen werden vor allem aus Kostengründen von vielen Baulastträgern befürwortet, zum Teil auch mit der Begründung, daß an Straßen mit geringerer Verkehrsbedeutung schmalere Furtmarkierungen völlig ausreichend seien oder „so auffällige Markierungen an schmalen Straßen auch im optischen Bild zu sehr dominieren".

*Fahrbahnmarkierungen RMS 1.1.5., 1.1.6.

Für diese Fälle sind Piktogramme (12) geeignet, Kraftfahrer frühzeitig auf den kreuzenden Radweg hinzuweisen. Piktogramme mit nach beiden Seiten weisenden Pfeilen sind auch zur Kennzeichnung von Zweirichtungsradwegen sinnvoll.

Nach Ansicht von Wacker (140) ist die Markierung der Furten allein nicht ausreichend. Es sei psychologisch falsch, daß der Radweg mit seiner besonderen Oberfläche vor Einmündungen aufhört und der Radfahrer, obwohl er vorfahrtberechtigt ist, eine anders gestaltete Fahrbahn überqueren muß. Auch dem abbiegenden Autofahrer wird so nicht deutlich, daß er einen Radweg überquert. Daher sollte zwischen der markierten Radfahrerfurt die Kreuzungsfläche möglichst in der gleichen Erscheinungsform befestigt werden wie der übrige Radweg (140). Dieses baulich auszuführen, ist zumeist nicht finanzierbar, weshalb verstärkt auf farbige Markierungsbeläge im Knotenbereich zurückgegriffen werden sollte. Wie wichtig es ist, al-

FLAMUCO – RAPID® – Markierungsstoffe
für wirtschaftliche Beschichtung und Markierung von Radwegen

permatex
Systeme für den Korrosions- & Objektschutz

PERMATEX GmbH
Rieter Tal, Postfach 1447, 7143 Vaihingen/Enz 2
Tel.: 07042/109-0, Tx. 7263829 ptx, Telefax: 07042/109180

Herbert Ruch GmbH

GEGRÜNDET 1885

Malerbetrieb,
Radweg- und Fahrbahnmarkierungen
Mitglied der Gütegemeinschaft
Fahrbahnmarkierung e.V.

**Westheimer Straße 12, 6721 Schwegenheim,
Tel. (06344) 2434**

kaliroute®

Aufklebbare Markierung von der Rolle

Markierungsfolien in allen RAL-Farben
- Verkehrszeichen nach StVO
- Schulwegmarkierungen
- Radfahrersymbole

Verkehrsberuhigungsschwellen
Bodenrückstrahler, Stadtnägel
Radwegschwellen

KLS
Kahles GmbH

Postfach 237
Hauptstraße 9
7146 Tamm
Tel.: 07141/604466

Postfach 116
Wolfsweg 7
7120 Bietigheim
Tel.: 07142/41900

roleit®
Straßenleittechnik

- Stahlschutzplanken
- Lieferung und Montage
- Reparatur- und Wartungsdienst

Roleit GmbH
Postfach 44 · 7214 Zimmern o. R.
Flözlinger Straße 34 · Tel. (07 41) 3 37 97

HAUERT KG
vormals Zipfel

Spezialbetrieb für Radwegemarkierungen, Straßenmarkierungen, Parkplätze, Fabrikhallen, Spielfelder usw.

Villinger Straße 3 · **6800 Mannheim 61**
Telefon (06 21) 47 54 12

Kurt Hüneke
2906 WARDENBURG

FARBMARKIERUNG GÜTEZEICHEN
2201 RAL 2202
Mitglied der Gütegemeinschaft Farbmarkierung e.V.

Fahrbahnmarkierung:
- Farb- und Dauer-Markierungen
- Fräsen von Schwarz- und Betondecken
- Schlämmarbeiten
- Schneiden und Vergießen von Dehnungsfugen
- Sandstrahlen

Sichere Rad- und Schulwege durch Spezial-Markierungen

Hüneke GmbH & Co. KG · Telefon (0 44 07) 89 86

PFNÜR MÜNCHEN

Rudolf-Diesel-Straße 9
8012 Ottobrunn
Telefon 089 / 6 09 20 26

- Fahrbahnmarkierungen
- Sportplatzmarkierungen
- Radwegmarkierungen
- Fahrbahndeckenfräsungen
- Risse- und Fugensanierungen

Kommentar
ZTV-M 84
Zusätzliche Technische Vorschriften und Richtlinien für Markierungen auf Straßen

Sofortbestellungen: Tel. (06151) 31 16 30, Preis DM 39,50

OTTO ELSNER VERLAGSGESELLSCHAFT
6100 Darmstadt 1 · Postfach 40 39 · Schöfferstraße 15

len Verkehrsteilnehmern den Konfliktpunkt Radfahrer–KFZ kenntlich zu machen, zeigen Unfallanalysen: Bei Radwegebenutzung sind geradeausfahrende Radfahrer sehr viel stärker von rechtsabbiegenden Fahrzeugen gefährdet als bei der Fahrt auf der gemeinsamen Fahrbahn (35, 108).

5.11.3.4. Markierungen für das Linksabbiegen

Den „Empfehlungen" (5) entsprechend sind die Radfahrstreifen für direktes Linksabbiegen mit Markierungen von 0,25 m Breite zu begrenzen. Im Aufstellbereich sind durchgezogene, im Sortier- sowie im Knoteninnenbereich unterbrochene (0,25 m × 0,50 m/0,50 m Lücke) Fahrstreifenmarkierungen anzuwenden.

Hinsichtlich der Fahrstreifenbreite wird in (35) empfohlen:

- einstreifiger Radfahrstreifen: 1,00 + 2 × 0,25 m Markierung
- zweistreifiger Radfahrstreifen: 1,50 + 2 × 0,25 m Markierung
- Linksabbiegespur für KFZ: 3,00 m
- Geradeausspur für KFZ: min. 2,75 m

Bei starkem LKW-Verkehr sind um 0,25 m höhere Werte in Ansatz zu bringen.

In beengten Verhältnissen sollte gegebenenfalls auf einen Radfahrstreifen für geradeausfahrende Radfahrer zu Gunsten des Streifens für die Linksabbiegenden verzichtet werden.

Da Radfahrer sich in der Regel sehr frühzeitig einordnen, sollte ihnen nach Möglichkeit schon im Sortierbereich ein Radfahrstreifen angeboten werden. Lassen dies Platzgründe nicht zu, sind Radfahrstreifen auf jeden Fall im Aufstellbereich und Anfahrbereich anzulegen siehe Kap. 4.6.5.1. *[Abb. 89].*

Die Radfahrstreifen für den Linksabbiegeverkehr werden bis zum Konfliktbereich mit dem entgegenkommenden Geradeaus-Verkehr markiert. Durch eine betont großzügige Aufweitung des benachbarten KFZ-Linksabbiegestreifens im Knoteninnenbereich ist dafür Sorge zu tragen, daß keine Kraftfahrzeuge – insbesondere LKW und Busse – in den Radfahrstreifenbereich geraten (35).

Es hat sich als zweckdienlich erwiesen, die Radfahrstreifenmarkierung im Bereich der Fußgängerfurt nicht zu unterbrechen. Fußgänger werden durch die Markierung nicht irritiert (35). Um den Radfahrern ein weitgehend ungestörtes Anfahren zu ermöglichen und sie besser in den Sichtbereich der anfahrenden Kraftfahrzeuge zu bringen, sollte die Haltlinie für den Radverkehr um etwa 2 – 3 m (bei höheren Radfahrbelastungen: 3 – 4 m) vor der Haltlinie für den übrigen Verkehr angeordnet werden *[Abb. 130].*

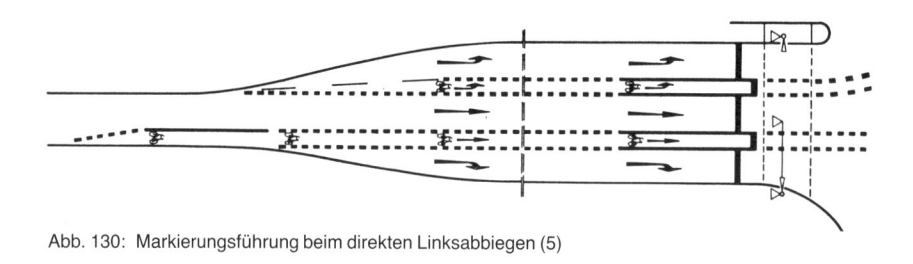

Abb. 130: Markierungsführung beim direkten Linksabbiegen (5)

5.12. Querungsstellen mit dem Schienenverkehr

5.12.1. Problembeschreibung

Die Kreuzungspunkte von Gleisanlagen mit anderen Verkehrswegen sind unter folgenden Gesichtspunkten zu betrachten:

- Durch ihre Bauart und Masse haben Schienenfahrzeuge einen sehr langen Bremsweg
- Schienenfahrzeuge dienen dem öffentlichen Personenverkehr, der gegenüber individuellen Verkehrsteilnehmern bevorrechtigt werden sollte
- Schienenfahrzeuge verkehren nach einem festen Zeitplan, der nicht gestört werden darf
- Unfälle mit Schienenfahrzeugen verursachen bei den Unfallgegnern meist erhebliche Verletzungen.

5.12.2. Rechtliche Fragen

Für den Bahnbetrieb gilt die StVO bzw. BO-Strab (24). Darin heißt es in § 11 Abs. 2 u. 4:

(2) Ein besonderer Bahnkörper ist eine Gleisanlage, die außerhalb des Verkehrsraumes öffentlicher Straßen verläuft oder innerhalb des Verkehrsraumes öffent-

licher Straßen liegend durch weiß gekennzeichnete Bordsteine oder andere ortsfeste, körperliche Hindernisse erkennbar gegenüber dem übrigen Verkehr abgegrenzt ist. Zum besonderen Bahnkörper gehören auch die Bahnübergänge, auf denen die Straßenbahnfahrzeuge den Vorrang haben.

(4) Bei Fußwegen über besondere Bahnkörper innerhalb des Verkehrsraumes öffentlicher Straßen muß für die Benutzer eine ausreichende Aufstellfläche zwischen der Fahrbahn für den Straßenverkehr und der Begrenzungslinie der Schienenfahrzeuge vorhanden sein.

In der StVO ist das Verhalten an Bahnübergängen dementsprechend geregelt (§ 19 Abs. 1 Nr. 2):

> Schienenfahrzeuge haben Vorrang . . . auf Bahnübergängen über Fuß-, Feldoder Waldwege . . .

5.12.3. Empfehlungen

Aus der BO-Strab läßt sich ableiten, daß eine Signalisierung eines Radweges über einen „besonderen Bahnkörper" nur in der Weise möglich ist, daß auf Anforderung des Schienenfahrzeuges der Überweg gesperrt wird. (. . . Schienenfahrzeuge haben Vorrang.)

Dann sind außerhalb des Lichtraumes der Bahn Aufstellflächen vorzusehen, die eine Tiefe von mehr als 2,50 m haben sollten. Die Signale stehen vor dem Konfliktbereich.

Ist kein „besonderer Bahnkörper" vorhanden, so ist eine Signalisierung prinzipiell möglich. Es sollte versucht werden, durch entsprechende Signalsteuerung den Zeitverlust der Bahnen so kurz wie möglich zu halten. Generell sollte eine Signalisierung von Radwegen nur erfolgen, wenn der Gesamtknoten signalisiert ist.

Ist keine Signalanlage vorhanden, so wird besonders an unübersichtlichen Querungsstellen das Aufstellen von Drängelgittern empfohlen, die den Verkehr zunächst in Gegenrichtung des Schienenverkehrs zwingt, bevor das jeweilige Gleis gekreuzt wird.

CDS Thermoflex 2000

Farbige und griffige Beschichtung von Rad- und Gehwegen zur Erhöhung der Verkehrssicherheit

- zweikomponentiges Epoxidmaterial, besonders für Asphaltflächen
- geprüft nach MIB (Merkblatt der Forschungsgesellschaft für das Straßenwesen)
- Farbton nach Wahl. Der Farbton dieser Anzeige ist der RAL-Farbe 3020 – verkehrsrot – angeglichen
- seit Jahren mit Erfolg unter Verkehr, Beweis für höchste Abriebfestigkeit
- hohe Dauerflexibilität, auch auf Flächen ohne hohe Zugfestigkeit
- stabilisiert die Oberflächen
- ausgezeichnete Griffigkeit
- resistent gegen Tausalze
- langjährige Haltbarkeit und verlängerte Gewährleistungsdauer

Fragen Sie bei uns an. Wir beraten Sie und unterbreiten Ihnen gern ein Ausführungsangebot.

Aus unserem weiteren Arbeitsprogramm:

Rissesanierung, Kaltasphaltschichten „KATFIX", Aufrauhen von Verkehrsflächen, spezielle Anwendungsbereiche mit Kunststoffprodukten.

POSSEHL Spezialbau GmbH · Wiesbaden

6200 Wiesbaden · Rheinstraße 19 · Postfach 47 29
Telefon (06121) 3 95 61 · Telex 4 186 785
Büro Nord: 3100 Celle-Westercelle
Wernerusstraße 37 · Telefon (05141) 8 10 91
Büro Süd: 8059 Aufkirchen-Erding
Dorfstraße 15 · Telefon (08122) 70 38

6. Bau von Radverkehrsanlagen

Der Bau von Radverkehrsanlagen erfolgt im wesentlichen nach den allgemeinen Grundsätzen für den Bau von Verkehrsanlagen.

Hierzu wird z. B. auf

- Der Elsner
  Handbuch für Straßenwesen
  Planung – Bau – Verkehr – Betrieb
- Elsners Handbuch für Städtisches Ingenieurwesen
  Planung – Bau – Betrieb – Umweltschutz – Stadterneuerung, Bd. I – III

verwiesen. Die Bauwerke für Unterführungen, Überführungen oder Brücken werden deshalb in den folgenden Texten auch nicht besonders behandelt. Die Anforderungen an Rampen, Längsneigungen und Querschnitte sind in Kap. 4.1.6. und 4.7.2.1. beschrieben.

6.1. Deckenaufbau

6.1.1. Übersicht

Der Bundesminister für Verkehr hat mit Allgemeinem Rundschreiben 28/1980 die RStRG 80 (2) eingeführt. Da in den meisten Förderungs- oder Zuschußrichtlinien die Anwendung der RStRG 80 zur Bedingung gemacht wird, verfahren auch die Kommunen nach dieser Vorschrift. (Statt der dort angesprochenen TVbit gelten jedoch heute die DIN 18 317 sowie die ZTVbit.) Die noch in der Diskussion (40, 41) befindlichen „Richtlinien für die Standardisierung von Verkehrsflächenbefestigungen" (RStV 84) (4) – jetzt RSTO-85 – werden den Katalog möglicher Standardbefestigungen noch erweitern. Eine Gegenüberstellung der bisherigen und der kommenden Befestigung bietet *Abb. 131.*

Die ungebundenen Decken gehören nicht zu den Standardbefestigungen für Radwege. Besonders für die Erschließung von Räumen, in denen eine weitere Versiegelung der Landschaft nicht zulässig oder erwünscht ist, bieten sie sich jedoch an.

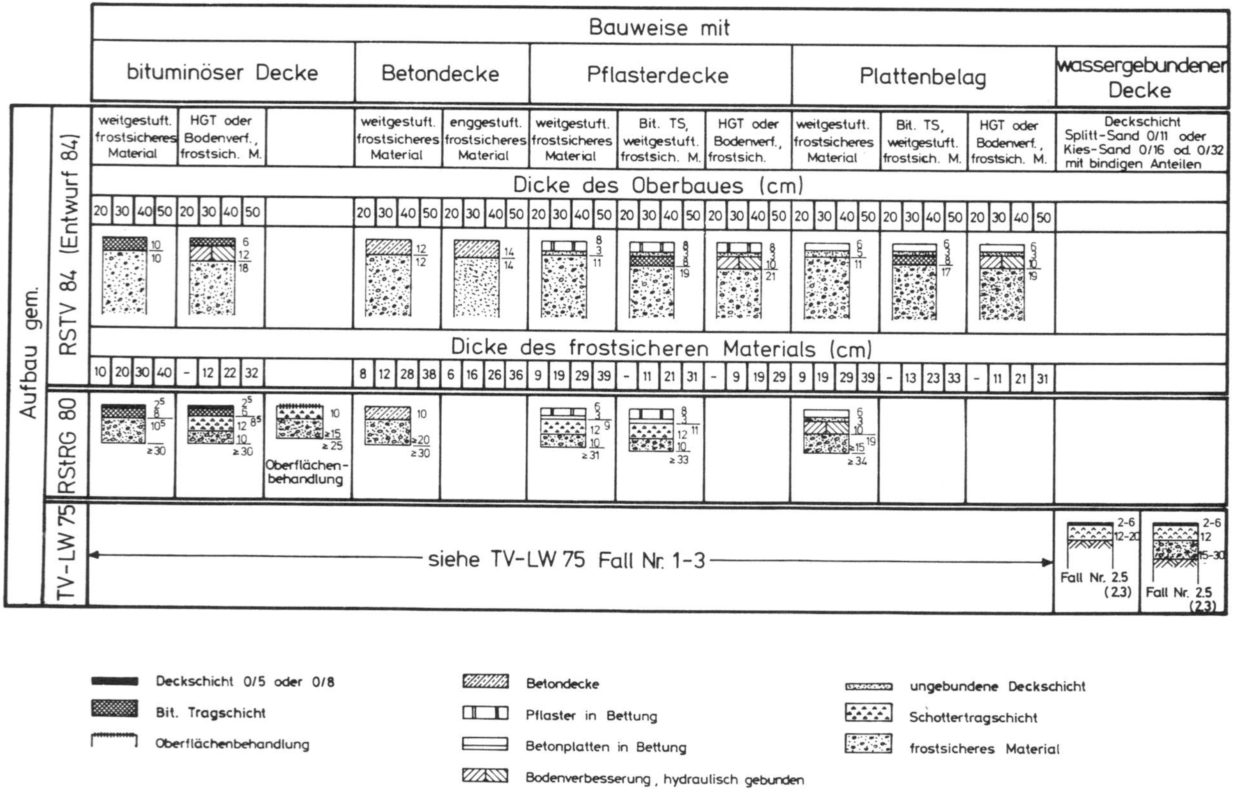

Abb. 131: Deckenaufbau der Geh- und Radwege

STRASSENTEST GMBH

Rudolf-Diesel-Str. 5 · 7122 Besigheim 3 · Tel. (07143) 5751 · Tx. 7264770

Prüfgeräte für Asphalt, Bodenmechanik und Beton

Automatisches Marshallverdichtungsgerät DBGM a nach neuer DIN.

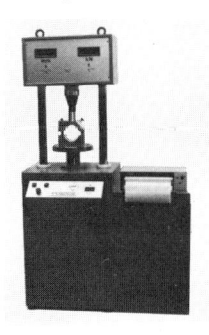

Universalprüfpresse 50 kN mit Vorschubgeschwindigkeiten von 1,00 bis 50,99 mm/min., die mittels Kodierschalter einstellbar sind (auch mit 100 kN und 200 kN lieferbar).

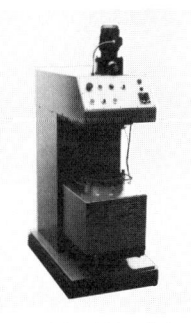

Labormischer 16 kg mit thermostatisch geregeltem Heizmantel, welcher den Kessel ganz umschließt. Temperaturbereich +20 °C bis +300 °C.

Straßenkernbohrgerät mit hydraulischer Absenkung der Grundplatte.

Duktilometer mit 1500 mm Meßlänge, Edelstahlwasserbad mit Prüfmöglichkeit für 4 Formen, Präzisionsantrieb mit stufenloser und 3 fest programmierten Geschwindigkeiten von 2,5 – 10 – 50 mm/min. mit digitaler Anzeige.

Fertigungsprogramm:
Vollautomatische Extraktionsanlagen, Pressen und Verdichtungsgeräte für den Marshalltest mit elektronischen Registriereinheiten, Lösungsmittel-Rückgewinnungsanlagen für brennbare und nicht brennbare Lösungsmittel, automatischer Proctor bis 250 mm ⌀, Rammsonden, Kernbohrgeräte sowie komplett eingerichtete Container und fahrbare Laboratorien.

Betonprüfpresse 3000 kN in stabiler 4-Säulenkonstruktion. Andere Druckbereiche sowie Digitalanzeige ebenfalls lieferbar.

Universalprüfpresse 200/10 kN mit Manometer – bzw. Digitalanzeige.

6.1.2. Anforderungen an die Oberfläche

Die Akzeptanz von Radverkehrsanlagen hängt stark davon ab, ob eine bessere oder zumindest mit der Befestigung der Fahrbahn vergleichbare Qualität vorhanden ist. An die Befestigung der Radwege sind darüberhinaus vier Hauptforderungen zu stellen:

- Das gewählte Material muß sich leicht einbauen lassen und es muß im Hinblick auf die Lage der Versorgungsleitungen im Straßenquerschnitt besonders unterhaltungsfreundlich sein.
- die Oberfläche muß sich optisch von den angrenzenden Flächen deutlich unterscheiden. Ein einheitliches Erscheinungsbild aller Radwege in einer Gemeinde ist erstrebenswert.
- Die Oberfläche muß eben und griffig sein und dauerhaft bleiben, damit eine gute Befahrbarkeit gewährleistet ist.
- Die Befestigungsart muß im Einklang mit der Umgebung stehen.
- Die Oberfläche muß gut entwässert sein. Schmutz, Eis und Schnee müssen leicht zu beseitigen sein.

6.1.3. Besondere Hinweise für bituminöse Decken

Bituminöse Deckenschichten sind gemäß ZTVbit herzustellen.

Geringe Querschnittsabmessungen erschweren es vielfach, die Ansprüche des Radverkehrs an die Ebenheit zu realisieren. Im Leistungsverzeichnis sollte deshalb ausdrücklich eine geringe Toleranz der Ebenheit vereinbart werden. Diese ist leichter zu erzielen, wenn ein Mischgut mit vergleichsweise weichem Bindemittel (B 80/B 100) ausgeschrieben wird. Dazu gibt (130) folgende Hinweise:

„Es sollten nur Zusammensetzungen gewählt werden, die speziell für Rad- und Gehwege konzipiert wurden.

Während der Ausführung sollten die Mischgutproben unbedingt auf der Baustelle und nicht an der Mischanlage entnommen werden. Es ist außerdem anzustreben, im Liefervertrag die zulässige Toleranz im Bindemittelgehalt von 0,5 Gew.-% auf höchstens 0,3 Gew.-% zu begrenzen; denn ein zu wenig an Bindemitteln von etwa 0,2 bis 0,3 Gew.-% hat hier besonders nachteilige Auswirkungen, da dadurch die ohnehin schwierigen Verdichtungsbedingungen ganz erheblich verschlechtert werden.

AALENER MATERIALPRÜFINSTITUT FÜR BAUSTOFFE

MPI

DIPL.-ING. KARL BAYER

Nach RAP Stra anerkannte Prüfstelle

Mitglied im **bup** Bundesverband unabhängiger Institute für bautechnische Prüfungen e.V.

Untersuchungen · Prüfungen · Gutachten für Hoch - Tief - Straßen - und Sportplatzbau

Röntgenstraße 17 · 7080 Aalen · Tel. 0 73 61 / 4 20 92

Baustoffprüfinstitut

bpi Ingenieurgesellschaft mbH

Am Scherle 4   8865 Hainsfarth

Tel. 0 90 82 / 85 55

- Prüfungen im Straßenbau
- ländliche Wege-Sportplatzbau
- Kanal-, Erdbau – Boden
- gebundene und ungebundene Tragschichten
- Asphaltstraßenbau und Mineralstoffe
- Betonprüfstelle E und W

Nach Rap Stra anerkannte Prüfstelle

Die Verdichtung sollte anders als bei Tragschichten, die mit Vibration verdichtet werden sollen – ausschließlich mit statisch wirkenden Walzen erfolgen, da unkontrollierte Vibrationsverdichtung auf dünnen Schichten rasch wieder zu Gefügelokkerungen führen kann. Nur sehr erfahrenen Walzenfahrern können nach dem statischen Andrücken hinter dem Fertiger zwei – und nur zwei – Übergänge mit Vibration gestattet werden."

Bituminöse Konstruktionen haben vielfach den Vorteil relativ geringer Erstinvestitionen. Darüber hinaus ermöglicht das Material eine große Flexibilität bezüglich Einbaudicke und -breite, so daß der nahtlose Anschluß an den Bestand kaum Mühe bereitet. Dafür ist aber ein baulich gestalteter Schutzstreifen nur mit viel Mehraufwand zu erreichen. Das Abmarkieren eines Schutzstreifens ist unterhaltungsunfreundlich und wird oft als Parkmarkierung fehlinterpretiert.

Ist der Einsatz von Fertigern wegen zu geringer Radwegebreite nicht möglich, so läßt die Ebenheit asphaltierter Wege oft zu wünschen übrig.

6.1.4. Besondere Hinweise für Ortbetondecken

Bei der Ortbetonbauweise finden die Vorschriften der ZTV Beton für Straßen der Bauklasse V unverändert Anwendung. Zur weiteren Information siehe (131).

Im Hinblick auf eine bequeme und akzeptable Nutzung durch den Radverkehr müssen die Fugen von Betondecken besonders sorgfältig ausgebildet werden, damit der Radfahrer nicht durch unangenehme Erschütterungen beim Überfahren der Fugen von der Nutzung des Radweges Abstand nimmt.

6.1.5. Besondere Hinweise für Pflaster- und Plattendecken

Der Bundesverband der deutschen Zementindustrie e. V., Köln, hat eine Präsentation „Pflastersteine aus Beton" herausgegeben, die verschiedene Steintypen und Deckenkonstruktionen enthält.

Kunststeine bieten den Vorteil, daß sie in vielen Farbtönen erhältlich sind, so daß z. B. ein Schutzstreifen ohne Material- bzw. Konstruktionsänderung allein durch Än-

Für Radfahrwege ...
ESKOO®-VERBUNDSTEINE
in vielen Formen, Farben und Stärken.

ESKOO®-Betonsteine sind gütegeschützt, frost- und witterungsbeständig und unempfindlich gegen Tausalz. Sie haben sich in vielen Millionen von Quadratmetern bewährt.

Handverlegegeräte für den Einbau von Verlegeeinheiten mit $1/3$ m² Fläche werden zur Verfügung gestellt.

Liefermöglichkeit in allen Teilen der Bundesrepublik Deutschland.

Überregionaler Nachweis:

SF-VOLLVERBUNDSTEIN-KOOPERATION GMBH
Postfach 77 03 10 · 2820 Bremen 77 · Telefon (04 21) 63 70 61 · Telex 2 45 099 Eskoo

Hochleistungs-Verlegung mit Uni-<u>Coloc</u>-Verbundsteinen

Der Uni-Coloc-Verbundstein hat den hoch belastbaren Ankerverbund. Er ist konstruiert für die maschinelle Verlegung mit allen Systemen.

Bis 600 m² pro Tag

Fordern Sie die Uni-Coloc-Dokumentationsmappe und die Vorführung des informativen Video-Filmes an.

F. von Langsdorff Bauverfahren GmbH
Karl-Stier-Straße 7, D-7550 Rastatt
Tel. 07222-21525, Telex 786694

Anzeige ist Informations-Scheck. Bitte einsenden!

derung der Farbgebung angelegt werden kann. Nach eventuellen Aufbrüchen kann das Material wiederverwendet werden. Auch auf relativ schmalen Radwegen ist ein hohes Maß an Ebenheit erzielbar, wenn Material mit ungephasten Kanten Verwendung findet.

Allerdings ist zur Verwendung von Kunststeinen bzw. Platten eine Mindestkonstruktionshöhe erforderlich, die beim Straßenumbau oft nicht zur Verfügung steht.

6.1.6. Besondere Hinweise für wassergebundene Wege

Beim Bau ungebundener (wassergebundener) Decken finden die „Technischen Vorschriften und Richtlinien für die Befestigung ländlicher Wege" (TV-LW 75) Anwendung.

Diese Decken haben in der Regel einen dreischichtigen Aufbau, der sich in Tragschicht (z. B. Körnung 15/30), Zwischenschicht (z. B. 3/5) und dünne Deckschicht (z. B. 0/3 ggf. mit bindigem Anteil) gliedert.

Eine dicke Deckschicht eignet sich – zumal ohne bindige Anteile – wegen ihres sehr hohen Rollwiderstandes kaum zum Radfahren. Eine sehr dünne Decke wird schnell abgefahren, so daß die schlecht befahrbare Zwischenschicht freigelegt wird. Eine 3 – 4 cm dicke Deckschicht mit bindigen Anteilen hat sich bewährt.

Die Standzeit beträgt 3 Jahre und mehr. Zur Verlängerung der Standzeit trägt die Ausbildung eines mindestens 3 % geneigten Dachprofils bei. Es ist vorteilhaft, auch den darunter liegenden Schichten das gleiche Profil zu geben und durch seitliche stärker geneigte Bankette für eine sichere Ableitung des Oberflächenwassers zu sorgen.

An Gefällstrecken führt die erhöhte Schleppkraft des Niederschlagswassers zu häufigen Unterhaltungsaufwendungen, so daß dort ggf. eine andere Befestigungsart, z. B. eine hydraulisch gebundene Decke, vorteilhaft sein kann. Im allgemeinen werden wassergebundene Decken den Anforderungen an Radwanderwege durchaus gerecht.

6.1.7. Tragschichten und Verstärkungen

Im Unterschied zu Gehwegen werden auf Radwegen die Reinigung und der Winterdienst in der Regel mit Maschinen ausgeführt. Die Dicke der Tragschicht sollte auf diese Belastung abgestimmt sein. Sie wird ggf. stärker als bei Gehwegbefestigung ausfallen müssen. Aus fertigungstechnischen Gründen ist dann zu prüfen, ob der Aufbau des Gehweges dem des Radweges angepaßt werden sollte. Der Entwurf der RStV 84 (März 84) (4) enthält darüber hinaus noch folgende Hinweise:

„Im Bereich von Überfahrten für Kraftfahrzeuge ist die Befestigungsdicke auf die Verkehrsbelastung abzustimmen. Bei einer dichten Folge von Überfahrten sollte die für die Überfahrten gewählte Bauweise auch in den Zwischenbereichen beibehalten werden. Bauweisen mit Plattenbelägen sind hierfür nicht vorzusehen."

6.2. Farbgebung von Radverkehrsanlagen

6.2.1. Problembeschreibung

Rote Radwege haben in unseren nordischen Nachbarländern schon eine lange Tradition. Diese Tradition beruht aller Wahrscheinlichkeit nach nicht darauf, daß dort das Prinzip „Sicherheit durch Sichtbarkeit" früher als anderswo entdeckt und umgesetzt wurde, sondern auf der praktischen Erfahrung in der Verwendung von roten Straßenklinkern.

Heute stehen die meisten Veröffentlichungen (z. B. 5, 140) einer Farbgebung von Radwegen oder Radfahrstreifen positiv gegenüber und begründen dies zusammengefaßt wie folgt:

- bessere Erkennbarkeit von Konfliktpunkten/-flächen vor Zufahrten, an Knoten und Einmündungen
- Orientierungshilfe im Längsverkehr für Fußgänger oder Fahrzeugführer
- Leitsystem für Radfahrer
- geringerer Mißbrauch farbiger Radwege als Parkfläche
- Werbewirksamkeit für potentielle Nutzer.

Die heute noch vielerorts zu beobachtende Zurückhaltung gegenüber einer Farbgebung von Radwegen geht auf folgende Bedenken zurück:

- zusätzlicher Aufwand an Geld und Arbeitszeit bei der erstmaligen Herstellung sowie der Unterhaltung
- Verlust des einheitlichen Erscheinungsbildes der Radverkehrsanlagen, wenn nicht gleichzeitig der vorhandene Bestand (nicht nur der Neubau) farbig angelegt wird

LIPARIT

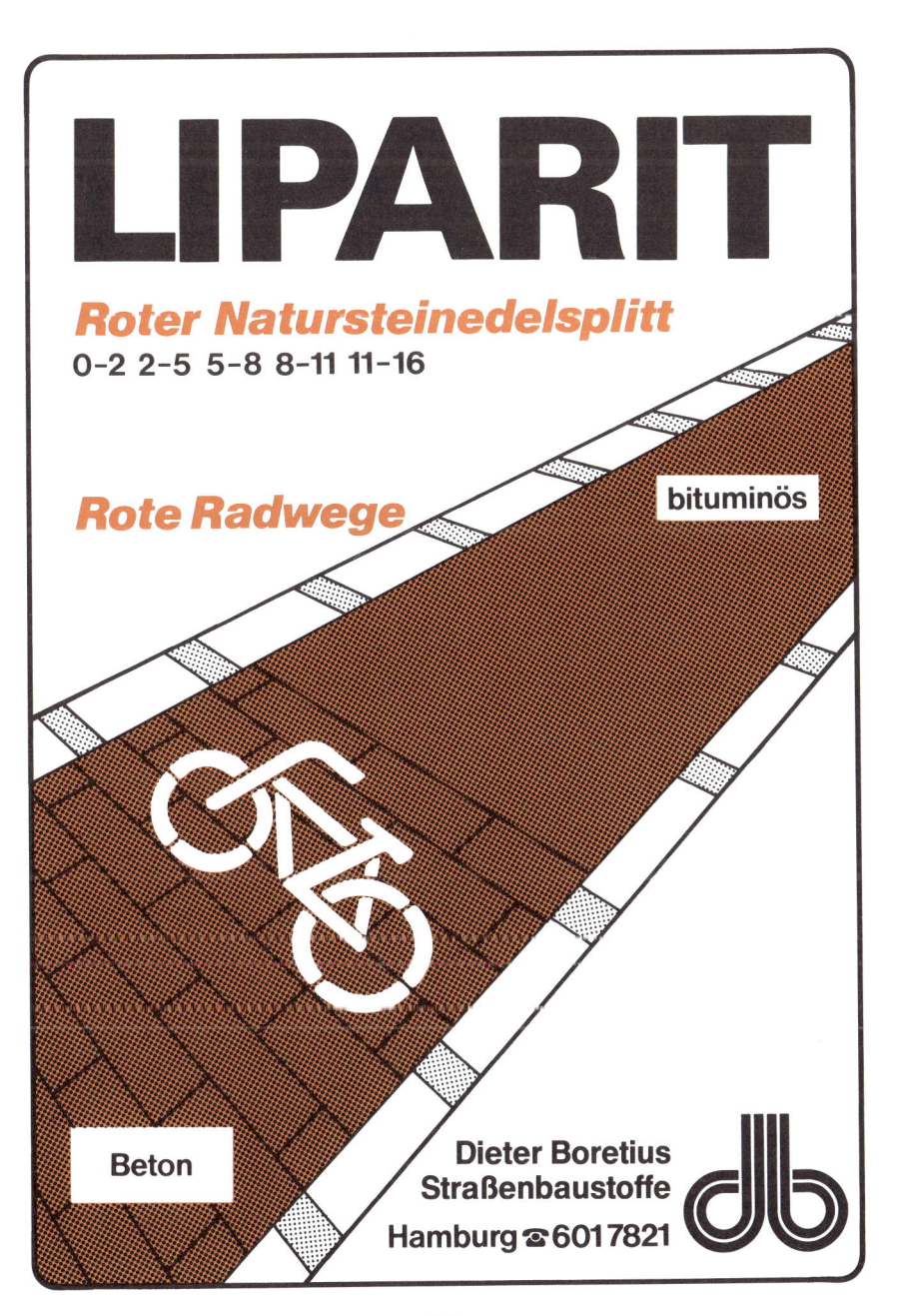

Roter Natursteinedelsplitt
0-2 2-5 5-8 8-11 11-16

Rote Radwege

bituminös

Beton

**Dieter Boretius
Straßenbaustoffe
Hamburg ☎ 601 7821**

- gestalterische Bedenken bezüglich des Zusammenwirkens mit Bauwerken
- die Farbbeständigkeit läßt vielfach noch zu wünschen übrig
- ggf. Verlust der Griffigkeit
- Rechtsunsicherheit bei Verwendung im Furtbereich.

Dennoch sind in zunehmendem Maße in bundesdeutschen Gemeinden nachträglich eingefärbte Radwege und Radfahrstreifen auch in den Furtbereichen anzutreffen *[Abb. 132]*. Weitgehend einheitlich wird dabei die Farbe „Rot" verwendet.

Abb. 132: Rot eingefärbte Radfahrerfurt

6.2.2. Rechtliche Fragen

Die StVO kennt als Farben für Markierungen nur weiß und gelb. Markierungen in anderen Farben haben daher keine rechtliche Bedeutung. Sie sind aber nach § 33 Abs. 2 StVO auch nur dann unzulässig, wenn von ihnen eine Irritation der Verkehrsteilnehmer zu befürchten ist. Wie eine von den Verfassern im Jahre 1984/85 gestartete Umfrage zur Farbgebung von Radwegen bei den oberen Straßenverkehrsbehörden gezeigt hat, wird flächigen Einfärbungen in der Regel keine beeinträchtigende Wirkung (hinsichtlich des Informationsgehaltes) zugesprochen.

Vielmehr wird die Einfärbung bei richtiger Anwendung als Hilfsmittel angesehen, die Erkennbarkeit von Konfliktflächen zu verdeutlichen und damit die Verkehrssicherheit zu fördern. Die Farbgebung dient lediglich der besseren Ablesbarkeit einer mit rechtlich relevanten Mitteln geschaffenen Radverkehrsanlage, d. h. ein farbiger Belag allein bewirkt keine straßenverkehrsrechtliche Anordnung.

6.2.3. Empfehlungen

Besonders wirkungsvoll können durch farbige Beläge Radfahrstreifen kenntlich gemacht werden. Gleiches gilt für nachträglich durch Abmarkierung vom Gehweg (Z 242) geschaffene Radverkehrsanlagen. Hier kommt die Farbgebung der besseren Erkennbarkeit des Radweges durch die Fußgänger zu Gute und schützt Radfahrer an unübersichtlichen Grundstückszufahrten. Radfahrerfurten über kreuzende Fahrbahnen sollten nur dann einen Farbbelag erhalten, wenn Radfahrer im Zuge der Furt die Vorfahrt haben. Neben Zebrastreifen sollte nur dann farbig markiert werden, wenn der parallel verlaufende Radweg Teil einer vorfahrtberechtigten Straße ist.

Der gewünschte farbige Kontrast kann prinzipiell auf drei verschiedene Arten erreicht werden:

(1) durch Wechsel im Befestigungsmaterial beim Neu- bzw. Umbau von Straßen
(2) durch Oberflächenbehandlung mit farbigem Einstreugut (z. B. Liparit)
(3) durch Auftrag von Farbträgern wie Naßfilm, Heiß- oder Kaltplastik.

Um das für den jeweiligen Fall geeignete Markierungsmaterial auswählen zu können, sind die Anregungen im „Merkblatt für die Auswahl, Beschaffung und Ausführung von Fahrbahnmarkierungen" (1977) der FGSV hilfreich.

6.3. Nachträglicher Radwegebau unter Berücksichtigung der Entwässerung

6.3.1. Problembeschreibung

Während beim Entwurf neuer Straßen und ihrer Nebenanlagen in der Regel die geordnete Ableitung des Oberflächenwassers kaum Schwierigkeiten bereitet, gibt die nachträgliche Anlage von Radwegen im Straßenquerschnitt in dieser Hinsicht oft besondere Probleme auf: Einerseits sollte das vorgefundene Entwässerungssystem zur Vermeidung hoher Kosten nach Möglichkeit beibehalten werden, andererseits soll durch Versetzen eines Hochbordes der Radverkehr vom KFZ-Verkehr getrennt werden. Zusätzlich existiert eine Vielzahl höhenmäßiger Festpunkte durch Grundstückszugänge und Zufahrten. Je nach dem (vorhandenen) Entwässerungssystem bieten sich folgende Lösungsmöglichkeiten an:

6.3.2. Empfehlungen

6.3.2.1. Umbau in Fällen einseitiger Entwässerung der Fahrbahn

Die Anlage eines Radweges im Bereich des höher liegenden Fahrbahnrandes bereitet in der Regel wenig Probleme, wenn Fahrbahn und Gehweg gleichgerichtetes Quergefälle haben. Die Deckschicht des neuen Radweges liegt dann parallel zu der darunter liegenden ursprünglichen Befestigung. Der alte Bordstein kann als Abgrenzung des Radweges zum Gehweg dienen. Alte und neue Auftrittshöhe sind etwa gleich groß. Oft ist es kostengünstig, die vorhandene Fahrbahn scharfkantig aufzuschneiden und nur einen Graben auszuheben, der breit genug ist, einen neuen Bordstein aufzunehmen *[Abb. 133]*. Kann oder soll nur ein einseitiger Radweg verwirklicht werden und sprechen keine anderen Gründe dagegen *(siehe Kap. 4.3.2.2.)* sollte wegen des vergleichsweise geringen Bauumfanges diese Straßenseite bevorzugt werden. Für den tiefer liegenden Fahrbahnrand entsprechen die Verhältnisse der Beschreibung in Kap. 6.5.2.2.

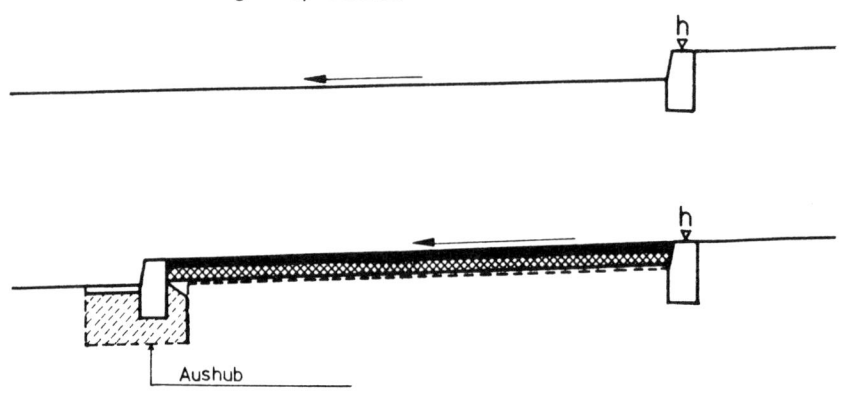

Abb. 133: Nachträglicher Radwegebau bei gleichgerichtetem Gefälle von Gehweg und Fahrbahn

6.3.2.2. Umbau bei Dachprofil der Fahrbahn

Radwege, die im Zuge von Straßen mit beidseitiger Entwässerung gebaut werden, erfordern in der Regel eine Überarbeitung des kompletten Querschnittes hinsichtlich der Wasserführung. Der höhen- und neigungsmäßige Anschluß der Radwege an den Gehwegbestand gelingt dabei nur recht selten.

Durch das gegenläufige Quergefälle von Fahrbahn und Gehweg bedingt, nimmt die erzielbare Auftrittshöhe beim Verschieben des Bordsteines in Richtung Fahrbahnmitte ab (pro Meter ca. 5 cm). Nur bei geringer Querneigungsdifferenz und hohen Auftrittshöhen verbleiben ohne sonstige Änderung im Gehwegbereich Bordsteinhöhen zwischen Radweg und Fahrbahn, die die zugedachte Leit- und Schutzfunktion tatsächlich erfüllen *[Abb. 134 a]*.

Die höhenmäßige Veränderung an der Gehweghinterkante verursacht eine Vielzahl von Problemen und häufig hohe Anpassungskosten vorhandener Zufahrten und Zugänge. Es kann daher vorteilhaft sein, den Gehweg unverändert zu lassen und die

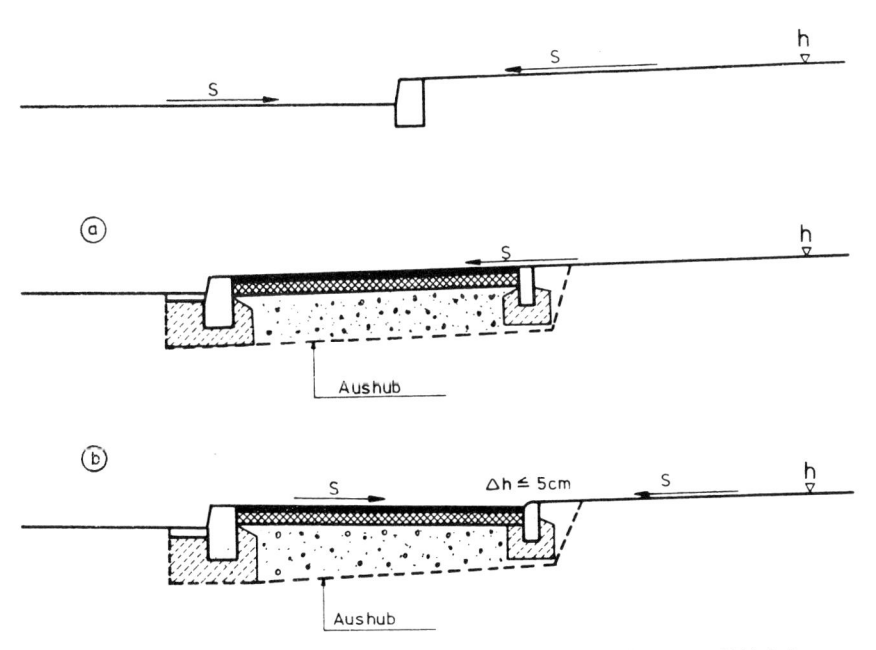

Abb. 134: Nachträglicher Radwegebau bei gegengerichtetem Gefälle von Gehweg und Fahrbahn
 a) gleichgerichtetes Gefälle von Geh- und Radweg mit Verminderung der Auftrittshöhe
 b) gegengerichtetes Gefälle von Geh- und Radweg

gewünschte Auftrittshöhe dadurch zu erreichen, daß eine zusätzliche Rinne zwischen Radweg und Gehweg vorgesehen wird *[Abb. 134 b]*. Die Sinkkästen können dann parallel an einen Naßschlammfang angeschlossen werden. Die mögliche Sturzgefahr kann verringert werden, indem die Aufkantung zum Gehweg durch eine Flußbahn aus Pflaster oder Platten als Hindernis besser erkennbar gemacht wird *[Abb. 135]* bzw. bei einer Ausbildung gemäß *Abb. 39 (Kap. 4.3.2.2.)* gänzlich vermieden werden.

Abb. 135: Nachträglicher Radwegebau mit zusätzlicher Entwässerung zwischen Geh- und Radweg

6.4. Bauliche Details

Die Lösung baulicher Detailfragen wird im wesentlichen durch zwei Faktoren bestimmt: Die ortsüblichen Baustoffe und die langjährig geübte örtliche Praxis. Aus diesen Gründen sollen hier Anregungen aus der Praxis für die Praxis gegeben werden.

6.4.1. Bordsteinabsenkungen

Die Annahmebereitschaft eines Radweges wird von der Ausführung der Bordsteinabsenkungen stark beeinflußt.

Soll eine Radverkehrsanlage bequem benutzt werden können, so darf zwischen Fahrbahn und Radweg kein Auftritt belassen werden. Es geht dabei jedoch nicht nur um die Frage von mehr oder weniger Bequemlichkeit beim Fahren, sondern auch um einen bedeutenden Aspekt der Verkehrssicherheit:

- Aufkantungen führen nachweislich zu einer geringeren Akzeptanz des Radweges, der ja aus Sicherheitsgründen angelegt wurde.
- Aufkantungen können beim Einbiegen zu Stürzen führen. Die Aufkantung wird deshalb möglichst senkrecht überfahren, wozu ein Ausschwenken auf die Fahrbahn erforderlich wird und erhöhte Kollisionsgefahr mit in gleicher Richtung fahrenden Kraftfahrzeugen besteht [Abb. 136].
- Aufkantungen lenken die Aufmerksamkeit auf den Fahrweg anstatt auf die Verkehrssituation.

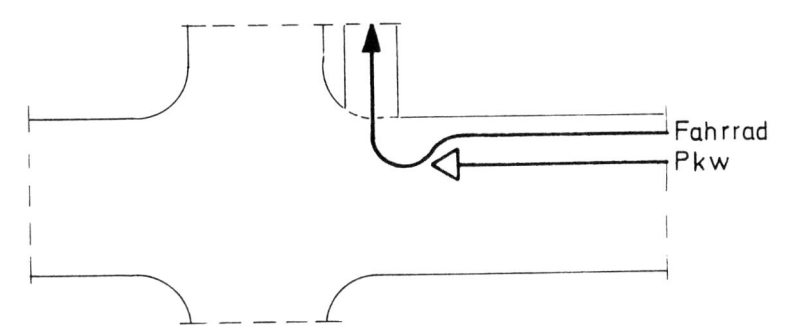

Abb. 136: Der Fahrverlauf über nicht vollständig abgesenkte Bordsteine führt zu Konflikten mit dem Längsverkehr

Eine geringfügig schlechtere Führung des ohnehin nicht ständig vorhandenen Niederschlagswassers sowie eine maschinelle Reinigung wie auf Freiflächen, muß daher bei der Anlage von Radfahrerfurten aus Gründen der Verkehrssicherheit in Kauf genommen werden. Die Absenkungsbereiche sind jeweils so auszurunden, daß ein Verlassen oder Einfahren auf den Radweg ohne „Schlenker" möglich ist [siehe Abb. 68]. Bei nicht abgesetzten Radfahrerfurten sollte die Absenkung bereits einige Meter vor der Einmündung erfolgen (siehe auch Kap. 4.6.3.1.) und [Abb. 137].

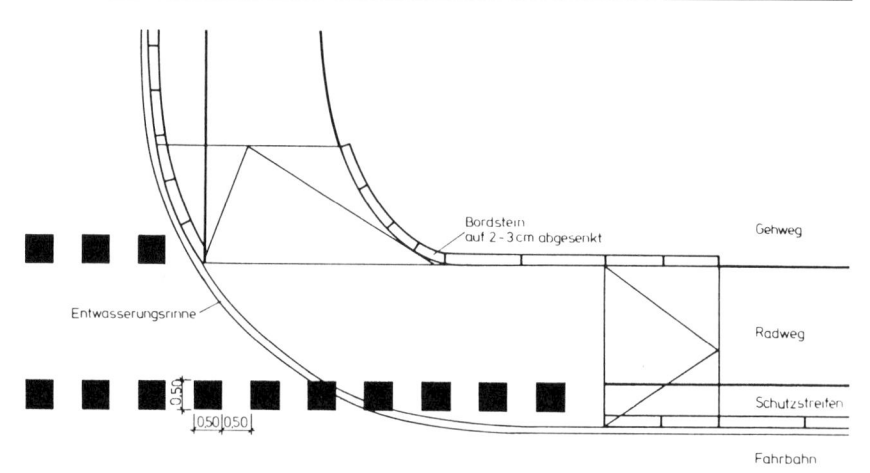

Abb. 137: Ausbildung eines vorgezogenen Absenkungsbereichs (5)

6.4.2. Grundstückszufahrten

Die Dimensionierung des Rad- und Gehwegaufbaues im Bereich von Grundstückszufahrten richtet sich nach der Belastung durch den motorisierten Querverkehr. Der Belag sollte sich jedoch nicht von dem der angrenzenden Radwegflächen unterscheiden, damit nicht fälschlich der Eindruck erweckt wird, die querenden Fahrzeuge seien vorfahrtberechtigt *(siehe Kap. 4.5.2.).*

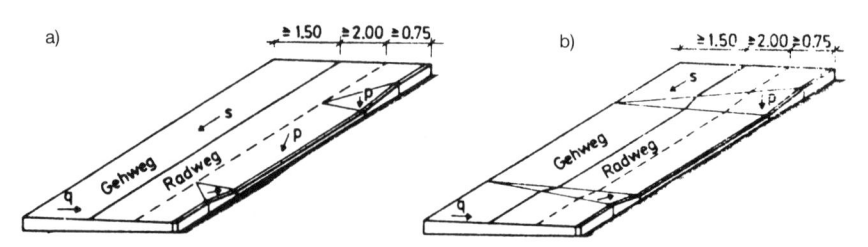

Abb. 138: Bordabsenkung an Grundstückszufahrten (23)
        a) Absenkung nur im Schutzstreifen
        b) Absenkung über die gesamte Geh- und Radwegbreite

Ein möglichst großer Teil der Anrampungshöhe sollte im Schutzstreifen zwischen Fahrbahn und Radweg überwunden werden, um die Absenkung des Radweges zu vermeiden *[Abb. 138a]*. Dies ermöglicht einen höheren Fahrkomfort für Radfahrer und verhindert zu schnelles Auffahren von Kraftfahrzeugen auf den Radweg. Nicht zweckmäßig sind dadurch bedingte starke Schrägneigungen im Schutzstreifen an Querungsstellen für Fußgänger (23) (höchstzulässige Schrägneigung 6 % wegen Gefahr bei Glätte). Die Anrampung sollte dann über die gesamte Breite von Geh- und Radweg verteilt werden *[Abb. 138 b]*.

6.4.3. Bauliche Trennung zwischen Radweg und Gehweg

Ältere Radwege wurden entsprechend den „Vorläufigen Richtlinien für Radverkehrsanlagen" (FGSV, 1963) zumeist nicht höhengleich mit dem angrenzenden Gehweg angelegt. Die Vorteile einer solchen Abgrenzung liegen darin, daß

- Fußgänger weniger leicht bzw. aufmerksam den Radweg betreten, was besonders bei schmalen oder stark frequentierten Gehwegen und an Querungsstellen häufig der Fall ist
- Blinde oder Sehbehinderte eine Orientierungshilfe im Längsverkehr erhalten
- Radfahrer gehindert werden, auf die Gehwege auszuweichen.

Die im Jahre 1982 erschienenen „Empfehlungen" (5) raten, Rad- und Gehwege bündig anzulegen. Für eine solche Bauweise werden u. a. folgende Vorteile aufgezählt:

- Bei spitzwinkligem Auffahren des Radfahrers auf eine z. B. 3 cm hohe Kante treten Sturzgefahren auf. Diese können vermieden werden. Ausweichmanöver von Radfahrern auf den Gehweg sind besonders bei schmalen Radwegen oft unvermeidlich.
- Der Unterbau für Rad- und Gehweg kann in einer Höhe hergerichtet werden.
- Radweg, Sicherheitsstreifen und Gehweg können durch Einsatz größerer Maschinen besser von Schnee geräumt werden
- Geringe Herstellungskosten bei Neuanlagen (siehe Kap. 6.3.2.).

Eine Umfrage der Stadt Mainz in 28 Städten (99) zeigt, daß heute überwiegend höhengleiche Radwege angelegt werden.

Als Orientierungshilfe für Blinde oder Sehbehinderte kann es sich empfehlen, zwischen Rad- und Gehweg einen schmalen Streifen z. B. mit rauhem Kleinpflaster anzulegen *[siehe Abb. 45]*.

6.4.4. Geländer und Schutzeinrichtungen

Geländer werden erforderlich, wenn Absturzstellen abgesichert werden müssen. Für Radfahrer können Geländer aber auch erhöhte Gefahren bedeuten, da allein das Kollidieren mit den starren Schutzeinrichtungen in der Regel zu erheblichen Verletzungen führt. Es ist daher zu prüfen, ob nicht z. B. durch das Pflanzen von Sträuchern oder Hecken ein ebenso wirksamer, aber weniger verletzungsgefährlicher Schutz erzielbar ist. Ein engmaschiger Zaun dürfte einem Rohrgeländer überlegen sein. Runde Elemente sind kantigen vorzuziehen. Da der Schwerpunkt eines Radfahrers höher liegt als der eines Fußgängers, sollten die Geländer mindestens 1,20 m hoch sein, wenn die Radfahrer dicht am Geländer vorbeifahren müssen.

Abweisende Schutzeinrichtungen (Schutz- oder Leitplanken) sollen im Allgemeinen von der Fahrbahn abgekommene Fahrzeuge auffangen und umlenken. Zur Minimierung der Verletzungs- und Beschädigungsgefahr sind Schutzplanken so geformt, daß alle scharfen Kanten auf der der Fahrbahn abgewandten Seite liegen.

Werden Schutzplanken zwischen Fahrbahn und Radweg angeordnet, so sollte die für Radfahrer verletzungsträchtige Rückseite durch eine zweite Planke oder ein großes U-förmiges Blech gesichert werden.

6.4.5. Schieberinnen

Vielfach können für Radfahrer interessante Verbindungen dadurch hergestellt werden, daß Treppenanlagen mit Schieberinnen für Fahrräder versehen werden. Es ist beim Entwurf und der Ausführung darauf zu achten, daß durch die Rinnen oder schmalen Rampen keine Stolpergefahren entstehen *[siehe Abb. 103* in Kap. 4.7.2.1.).

Die Rinnen sollten deshalb am Rand von Treppen liegen. Ein ca. 30 cm breiter Abstand von Treppenwangen oder Geländerpfosten ist erforderlich, damit die Pedale nicht hängenbleiben.

Wegen der Verletzungsgefahr bei Stürzen sollte L-förmigen Führungen gegenüber U-förmigen der Vorzug gegeben werden.

SPS Schutzplanken GmbH

A 661, Kaiserleibrücke, Frankfurt

... macht die Radwege sicherer

Das neue Stahl-Gleitschwellensystem "VECU-SEC®" ist eine wirksame Schutzeinrichtung, auch zwischen Fahrbahnen und Radwegen. Das System läßt sich problemlos verlegen. Es eignet sich hervorragend auf Brücken oder Fahrbahnen, auf denen Verankerungen nicht möglich sind. Gleitwand und Schutzplankenholme bilden eine breite Gleitfläche und vermeiden Verhakungen bei etwaigen Anfahrten. Im In- und Ausland haben sich bereits mehrere Kilometer "VECU-SEC®" bewährt.

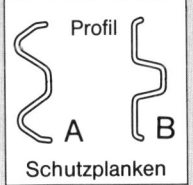

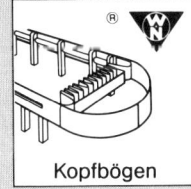

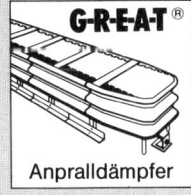

Profil A B	Kopfbögen	G-R-E-A-T® Anpralldämpfer	VECU-SEC® Gleitschwelle
Schutzplanken			

SPS Schutzplanken GmbH
Spezialunternehmen für Lieferung und Montage
von passiven Schutzeinrichtungen an Straßen
D-8750 Aschaffenburg · Gutwerkstr. 45 · Tel. (06021) 85 44 / 45

6.4.6. Trennschwellen

Der Einsatz von Trennschwellen bietet sich grundsätzlich überall dort an, wo bisher Spurnägel oder sog. Bischofsmützen verwendet werden. Mit Hilfe der Trennschwellen können Fahrbahnteile wirkungsvoll abgetrennt werden. Der fast 5 cm hohe Wulst ist im Längsverkehr nicht ohne weiteres überfahrbar und bietet daher ein gut geeignetes Mittel z. B. einen Fahrradstreifen von der übrigen Verkehrsfläche abzugrenzen *[siehe Kap. 4.3.2.1, Abb. 38]*.

Da mit der Trennschwelle fast der gleiche Separationserfolg erzielt wird, wie mit einem herkömmlich eingebauten Bordstein, ist es auch möglich, eine solchermaßen gestaltete Radverkehrsanlage als „baulich getrennten" Sonderweg im Sinne der StVO anzusehen. Die Führung von Radverkehr entgegen Einbahnstraßen ist auf baulich getrennten Radwegen unstrittig möglich *(siehe Kap. 5.4.)*.

Ein weiteres Einsatzgebiet der Schwellen liegt in der Sicherung von Radfahrern in Baustellenbereichen. Hier ist besonders vorteilhaft, daß die Schwellen mehrfach verwendbar sind und gerade in Engstellen mit einer Markierung allein oft nicht genügend Trennwirkung erzielbar ist.

Heute auf dem Markt befindliche Trennschwellen sind Hartgummielemente, die bis zu 1,20 m lang, 17 cm breit und ca. 5 cm hoch sind. Der Querschnitt ist zur Reduzierung der Verletzungs- und Stolpergefahr halbkreisförmig ausgebildet. Eine Stahlarmierung sorgt für Formbeständigkeit und Kraftschlüssigkeit. Die Schwellen werden durch Verdübeln auf den vorhandenen Fahrbahnbefestigungen fixiert. Einvulkanisierte Retroreflexbänder können die Sichtbarkeit bei ungünstigen Lichtverhältnissen erhöhen. Werden die Einzelelemente mit entsprechenden Lücken versehen, so bleibt die vorhandene Entwässerung gewährleistet. Der Preis (Stand 1985) beträgt pro lfdm ca. 180 DM.

KUNO
alles für die Straße

Stahlschutzplanken RAL RG 620

Blendschutzzäune

Lärmschutz

Straßenleitpfosten nach HLB

Verkehrszeichen nach StVO

Bodenrückstrahler

Straßenmarkierung (selbstklebend)

Wildschutzzäunc – Schneefangzäune

Fußgänger- und Radfahrschutz

KURT NOESKE GmbH – KUNO
Postfach 16 40 · **7950 Biberach/Mittelbiberach**
Telefon (0 73 51) 79 14 + 79 15 · Telex 71 844

KOCH GMBH & CO. KG
VERKEHRS-SICHERUNGS-BEDARF

Stahlschutzplanken:

- *Herstellung*
- *Lieferung*
- *Montage*
- *Reparatur*
- *Firmeneigene Montagekolonnen*
- *Leitpfosten*
- *Fahrbahnmarkierung*

GÜTEZEICHEN
RAL
STAHL-LEITPLANKEN
Mitglied der Gütegemeinschaft Stahlleitplanken e.V.

KOCH GmbH & Co. KG
Heilberscheider Str., 5431 Nentershausen
Telefon (0 64 85) 80 23, Telex 4 821 068

Verkaufsbüro:
Kiebitzstr. 39, 4440 Rheine
Telefon (0 59 71) 6 59 13

7. Betrieb von Radverkehrsanlagen

7.1. Verkehrssicherungspflicht

Werden die bei Kodal (88) gefundenen Ausführungen zur Verkehrssicherungspflicht (VSP) speziell auf den Radverkehr bezogen, so ergeben sich folgende Aussagen:

Die Pflicht zur Sicherung des Radverkehrs umfaßt alle notwendigen Maßnahmen zur Herbeiführung und Erhaltung eines Zustandes der Radverkehrsanlagen, der eine gefahrlose Benutzung ermöglicht. Für die Notwendigkeit und den Umfang dieser Maßnahmen gilt folgendes: Grundsätzlich hat sich der Radfahrer den gegebenen Wegeverhältnissen anzupassen und die Radverkehrsanlage so hinzunehmen, wie sie sich ihm erkennbar darbietet. Ist eine Radverkehrsanlage nicht in einer den modernen Verkehrsbedürfnissen entsprechenden Weise ausgebaut, so liegt eine Verletzung der VSP nur dann vor, wenn gegen die sich aus dem unvollkommenen Zustand ergebenden Gefahren ausreichende Sicherungsmaßnahmen nicht getroffen, insbesondere hinreichende Warnungen nicht erfolgt sind.

Die Feststellung einer schuldhaften Verletzung der VSP setzt eine Gefahrenlage von einiger Erheblichkeit voraus. Gefährlich sind solche Stellen von Radverkehrsanlagen, die wegen ihrer Beschaffenheit, die nicht rechtzeitig erkennbar ist, die Möglichkeit eines Unfalls auch dann nahelegen, wenn der Radfahrer die im Verkehr erforderliche Sorgfalt walten läßt. Eine VSP entfällt dort, wo eine Gefahr offensichtlich ist und durch Anwendung gewöhnlicher Sorgfalt unschwer gemeistert werden kann.

Welche Maßnahmen erforderlich sind, hängt von den Verhältnissen im Einzelfall ab. Es gibt keine gesetzliche Vorschrift, die besagt, daß bei Einhaltung bestimmter Maßnahmen die VSP als erfüllt und der Pflichtige als befreit anzusehen ist. Allgemein hat der Pflichtige diejenigen Maßnahmen zu treffen, die objektiv erforderlich und nach objektiven Maßstäben zumutbar sind, um die Gefahr abzuwenden.

Wegen der geringen Leuchtstärke von Fahrradscheinwerfern ist davon auszugehen, daß Radfahrer nur sehr beschränkt die Möglichkeit besitzen, Gefahrenstellen bei Dunkelheit rechtzeitig zu erkennen. Daraus folgt für den Träger der VSP, daß Gefahrenstellen ggf. besonders auszuleuchten oder abzusperren sind.

Damit die Radverkehrsanlagen funktionsgerecht und sicher bleiben, sind sie in regelmäßigem Turnus zu überprüfen. Eine solche Prüfung erfolgt sinnvoll vom Fahrrad aus. Dies hat den Vorteil, daß die Kontrolle schnell und vor allem sachgerecht durchgeführt wird. Auf folgendes sollte besonders geachtet werden:

- gefahrlose Befahrbarkeit der Radverkehrsfläche, d. h. im einzelnen:
  - keine größeren Unebenheiten (Baumwurzeln, Dampfblasen)
  - stufenfreie Bordsteinabsenkungen
  - ordnungsgemäße Verfüllung von Leitungsgräben
  - keine Ablagerungen größerer Art (Glas, Sand, Schotter etc.)
- Funktionssicherheit
  - der Beschilderung und Markierung
  - der Beleuchtung
  - der Sichtfelder und des Lichtraumprofils, d. h. Rückschnitt des seitlichen Bewuchses
  - von Umleitungen an Baustellen/Baustellensicherung

Je nach Art und Dichte eines Radverkehrsnetzes kann für eine vom Fahrrad aus durchgeführte und schriftlich fixierte erstmalige Bestandsanalyse eine Durchschnittsleistung von 1,0 – 1,5 km/h gerechnet werden (143). Für Routineüberprüfungen dürfte die Durchschnittsleistung bei 6 – 7 km/h liegen.

7.2. Radverkehr an Arbeitsstellen

828 | Radfahrer absteigen |

Arbeitsstellen sind häufig auch Engstellen für den KFZ-Verkehr, auf die die in Kap. 4.5.1.2. angesprochenen Grundsätze und Lösungsmöglichkeiten entsprechend anzuwenden sind *[Abb. 139]*. Mit dem häufig anzutreffenden Zusatzschild 828 machen es sich die Verantwortlichen ganz sicher zu leicht.

Stoffwarnfahnen, Absperrgeräte, Verkehrskegel, Verkehrszeichen, Warnleuchten, Warnkleidung

A. WEGESIN

Straßenbaugeräte

3418 Uslar 2 · Postfach 2128 · Tel. (05573) 260

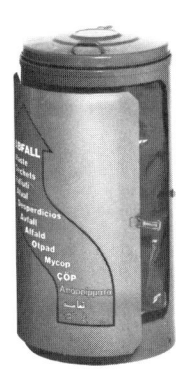

Krämer-Bänke und -Tische
(Parkplatzausrüstungen) wartungsfrei
Rheinwerk-Müllsackständer
GG-Schneeschutzzäune aus Kunststoff
Leitpfosten aller Art
Hekto- und Kilometersteine
Streugutbehälter
Sperr- und Warngeräte
Verkehrszeichen aller Art
Kleinartikel u. a.
Werkzeuge, Meßgeräte
Baumbinder, Folien und Planen
Leitern, Warnfahnen, Forstgeräte usw.

Griwenka GmbH

Einrichtungen und Geräte für die Sicherheit auf allen Straßen

Postfach 20 29 · Alter Postweg 18
4953 Petershagen 1
Telefon (0 57 07) 20 41, 20 42

Abb. 139:
Abtrennung einer Fahrspur für Fußgänger und Radfahrer an einer Arbeitsstelle

Speziell für Arbeitsstellen ist zu beachten:

- Die Anlage einer Ab-/Auffahrtmöglichkeit vom Radweg auf die Fahrbahn und umgekehrt. Das geschieht entweder an den benachbarten Straßeneinmündungen, an Grundstückszufahrten oder dort, wo durch entsprechende Anrampungen der Bordstein überfahrbar gemacht wurde.
- die Markierung des provisorischen Radweges insbesondere im Einfahrbereich auf die Fahrbahn
- auf den Radverkehr hinweisende Beschilderung
- die Anrampung von Verstärkungskonstruktionen, die aufgebracht werden, um die Tragfähigkeit von Rad- und Gehwegen vorübergehend zu erhöhen
- die häufige Überwachung des Baustellenbereiches, da erfahrungsgemäß Baumaterialien und Absperreinrichtungen oft so aufgestellt oder gelagert werden, daß sie den Radverkehr gefährden.

Seit über 40 Jahren dient Beilharz Bauämtern und Gemeinden mit diesem bewährten und kompletten Programm:

Leitpfosten Schutzplanken-pfosten

Blendschutz-anlagen
für alle Leiteinrichtungen

Schneestop-Zäune
für alle Einsatzbedingungen und Schneehöhen

Parkplatz-Ausstattungen
Bänke, Tische, Müllbehälter

Straßenkarren Streugut-behälter
aus Holz oder Polyester

Wärterhäuser
für Bauhöfe, Kläranlagen, Deponien, Pegelüberwachung

Streugut-Hallen
auch mit Geräteanbau und Personalunterkunft

Für den privaten Bereich liefert Beilharz individuelle Fertighäuser, Ferienhäuser, Gartenhäuser und Sauna-Anlagen

Informationen erhalten Sie von:

JOHANNES BEILHARZ KG
Postfach 40, 7243 Vöhringen, Telefon 07454/2011, 2012

7.3. Reinigung und Schneeräumung

Die Straßenreinigung fällt als Teil der Straßenunterhaltung in die umfassende Aufgabe der Straßenbaulast (88). Hierbei ist es ohne Belang, ob die Hindernisse auf Naturereignisse oder auf Einwirkungen Dritter zurückgehen und ob auch eine Beseitigungs- (Reinigungs-)pflicht Dritter besteht. Die Reinigung umfaßt die Beseitigung von Laub, Ästen, Geröll, Tierkot, herabgefallenem Ladegut, angeschwemmtem oder von Fahrzeugen mitgeschlepptem Erdreich, Scherben, von überschüssigem Split usw. Die Reinigung der Radwege ist vor allem deshalb von besonderer Bedeutung, weil der Radverkehr wesentlich empfindlicher auf Verschmutzung der Fahrwege reagiert als der KFZ-Verkehr. Dabei soll das Beseitigen von Hindernissen und Verschmutzungen auf deren Fahrbahn nicht unterbewertet werden. Vielerorts sind Klagen zu hören, daß die Radwege in der Reinigung bisweilen vernachlässigt werden. Um eine maschinelle Reinigung mit Maschinen zu gewährleisten, die auch auf den Fahrbahnen Einsatz finden, sind Radwegbreiten von mehr als 2,50 m zweckmäßig.

Das Beseitigen von Schnee und Glatteis gehört nicht zur Straßenbaulast. Hierbei handelt es sich um eine besondere, den Baulastträgern durch Soll-Vorschrift auferlegte oder freiwillig übernommene Aufgabe. Regelmäßig befahrene Radwege sollen rechtzeitig vor Schulbeginn soweit von Schnee und Eis frei sein, daß sie benutzbar sind und Radfahrer nicht auf glatten Fahrbahnen durch Kraftfahrzeuge gefährdet werden. Um Radwege im Außerortsverkehr im Winter z. B. für den Schülerverkehr stets und rechtzeitig zu räumen und zu streuen, sind allerdings erhebliche Aufwendungen erforderlich.

Mancherorts obliegt die Schneeräumung und die Beseitigung des Glatteises auf Radwegen im Innerortsbereich den Anliegern. Besonders bei gemeinsamen Geh- und Radwegen (Z 244 StVO) ist darauf zu achten, ob die Pflicht des Winterdienstes wegen der Einrichtung einer Radverkehrsanlage vom Anlieger auf den Baulastträger übergeht.

Besonders in den Städten bereitet die praktische Durchführung des Winterdienstes erhebliche Probleme. In (110) wird dazu folgendes ausgeführt:

> „Radwege können im Winter nur befahrbar gehalten werden, wenn die glättebildenden Schichten (Schnee oder Eis) sich mit einem Schnee- oder Matschpflug bzw. Schneebesen beseitigen lassen. Ist der Radweg erst einmal von gefrorenen Fahrspuren durchzogen, bleibt er unbenutzbar oder das Eis muß mit auftauenden Streustoffen (Salz) bzw. kostenträchtig von Hand mit Eispickeln beseitigt werden. Da in den meisten Fällen Straßenbäume besonders in Wohngebieten nicht nur an

Gehwegen, sondern auch an Radwegen stehen, entfällt die Möglichkeit der Glättebeseitigung durch Salz. Die Eisbeseitigung von Hand mit Eispickeln wird aus Kosten- und Zeitgründen in der Regel nicht praktiziert. Ein Streuen mit abstumpfenden Stoffen ist wenig hilfreich. Es kann nur auf einer glatten, nicht zerfahrenen Schnee- und Eisdecke, die über einen längeren Zeitraum bei Temperaturen unter 0 °C erhalten bleibt, sinnvoll sein. Dieser Zustand ist im norddeutschen Bereich jedoch recht selten anzutreffen. Hinzu kommt, daß der Schnee von Fahrbahnen und Gehwegen gleichermaßen auf die dazwischenliegenden Radwege geschoben und so die Beseitigung oft unmöglich gemacht wird."

Es ist davon auszugehen, daß aus verkehrsrechtlicher Sicht nicht beanstandet wird, wenn Radfahrer statt einen nicht geräumten Radweg zu benutzen, auf der Fahrbahn fahren. Für solche Fälle dürfte die Regelung der VwV-StVO zu § 2 (4) sinngemäß zum Tragen kommen:

„Ist das Befahren eines Seitenstreifens (Radweges) seiner Beschaffenheit oder seines Zustandes wegen nicht zumutbar, so darf nicht beanstandet werden, wenn er dafür nicht benutzt wird."

Aus dieser Vorschrift kann jedoch nicht abgeleitet werden, daß der Winterdienst auf Radwegen geringe Priorität genießt. Das Mitbenutzen einer winterlichen Fahrbahn stellt für Radfahrer besondere Gefahren dar und hemmt überdies den KFZ-Verkehr, der durch spurfahrende Radfahrer am Überholen gehindert wird.

7.4. Beleuchtung von Radverkehrsanlagen

Die Nennleistung der Fahrradbeleuchtung ist vom Gesetzgeber beschränkt. Sie beträgt lediglich 3 Watt (§ 67 StVZO). Dadurch ergibt sich für den schnelleren Radfahrer eine unzureichende Ausleuchtung seines Bremsweges. Im Bereich bebauter Gebiete kommt dieser Mangel teilweise durch die Straßenbeleuchtung, teilweise durch Streulicht von Gebäuden, Reklame etc. nicht in gefährlicher Weise zum Tragen. Eine spezielle Beleuchtung für den Radweg kann u. U. erforderlich werden, wenn durch großkronige Allee-Bäume die Fahrbahnbeleuchtung stark abgeschirmt wird. Generell auszuleuchten sind selbständige Radwege (z. B. in Grünanlagen), die Hauptverbindungen für den Radverkehr sind.

In Außenbereichen sollten Radwege u. U. dann eine Beleuchtung erhalten, wenn sie Bestandteile von Schulwegen sind oder wo dies zur Orientierung oder zur Sicherheit an Haltestellen notwendig erscheint (punktuelle Beleuchtung) oder der sozialen Sicherheit (Belästigungen) dienen kann (Streckenbeleuchtung). Die technischen Vorschriften sind in den „Richtlinien für die Beleuchtung in Anlagen für Fußgängerverkehr" der FGSV (8) zusammengefaßt.

7.5. Fahrrad und öffentlicher Nahverkehr

Fahrradverkehr und öffentlicher Verkehr (ÖV) dürfen nicht als Konkurrenz gesehen werden, auch wenn die derzeitige Zunahme des Radverkehrs zum Teil zu Lasten des ÖV geht. Gerade für weite Fahrten (> 5 km) bilden beide Verkehrsarten ein sich ideal ergänzendes System, das bei entsprechenden Vorkehrungen auch dem ÖV neue Fahrgäste, insbesondere bisherige PKW-Nutzer, erschließen kann (106). Grundsätzlich bieten sich für diese Kombination drei Möglichkeiten an:

(1) Bike-and-ride

Das Fahrrad dient als Zubringer zur Haltestelle, die weitere Fahrt zum Ziel wird im öffentlichen Verkehrsmittel, Werks- oder Schulbus zurückgelegt.

(2) Fahrradmitnahme in öffentlichen Verkehrsmitteln

Das Fahrrad dient als Zubringer zur Haltestelle, wird dann während der Fahrt im öffentlichen Verkehrsmittel mitgeführt und dient an der Ausstiegshaltestelle zum Erreichen des entgültigen Zieles.

(3) Fahrradvermietung

Die Strecke bis zur Zielhaltestelle wird mit dem ÖV zurückgelegt. Dort kann für die Weiterfahrt ein Fahrrad gemietet werden.

7.5.1. Bike-and-ride (B+R)

Diese wohl gebräuchlichste Form der Kombination von Fahrrad mit öffentlichem Verkehr oder mit dem Schülertransport hat besonders im Pendlerverkehr (Fahrtzwecke Arbeit und Ausbildung) der großen Städte und Ballungsgebiete große Bedeutung (67). Je nach Struktur des Einzugsgebietes einer Haltestelle konnte ein B+R-Anteil an den Fahrgästen von bis zu 50 % festgestellt werden. Die Betreiber

Abb. 140: Vorschlag für ein Hinweisschild auf bike-and ride (67)

(insbesondere DB und Nahverkehrsbetriebe) sind bereit, sich dem steigenden Bedarf auch durch Bereitstellung von mehr Abstellanlagen anzupassen (101).

Besondere Bedeutung hat B+R in Gebieten mit relativ schlechter Flächenerschließung durch Busse. Bezogen auf eine Zugangszeit von 15 Min. erweitert B+R den Haltestelleneinzugsbereich gegenüber dem Zufußgehen von 1 auf 3 km.

Im Entfernungsbereich 2 – 5 km tritt das Fahrrad in Konkurrenz zum Busverkehr. Dies muß auch von den ÖV-Betreibern nicht nur nachteilig gesehen werden. Es können auch betriebswirtschaftliche Vorteile durch Abbau der Verkehrsspitzen entstehen. Die Kosten für Fahrradabstellplätze können dann sogar geringer sein als die Betriebskosten für ansonsten notwendige zusätzliche Fahrzeuge (122).

B+R ist unabhängig von der Art des öffentlichen Verkehrsmittels. Einsatzbereiche sind vor allem

— alle Bahnhöfe der Eisenbahnen, vor allem für den Zubringerverkehr zu großen Städten
— Endhaltestellen von ÖV-Linien (Bus oder Bahn) und andere Haltestellen mit großem Einzugsgebiet
— einzelne wichtige Innenstadtstationen (besonders der Eisenbahn); hier kann auch eine weitere Form des B+R, die in Holland weit verbreitet ist, benutzt werden: Der Fahrgast kann an der Zielhaltestelle ein zweites Fahrrad deponieren und so eine lückenlose Tür-zu-Tür-Bedienung (Fahrrad-ÖV-Fahrrad) erreichen (101).

Von entscheidender Bedeutung für das Funktionieren des Systems B+R sind vor allem die Abstellanlagen an den Haltestellen. Das ergibt sich schon aus der ermittelten sehr langen Abstellzeit der Fahrräder (im Mittel ca. 7 Std. [122]). Folgende Voraussetzungen sind zu erfüllen:

- genügende Anzahl von Einstellplätzen
- bequeme Zugänglichkeit und Handhabe beim Einstellen und Herausnehmen
- geringe Fußwegentfernung zur Station
- Wetterschutz
- Diebstahl- und Beschädigungsschutz
- standfeste Halterung
- städtebaulich ansprechende Ausbildung der Gesamtanlage.

Für die technische Ausbildung der Fahrradabstellanlagen gibt es mittlerweile ein wesentlich umfangreicheres Angebot als noch vor wenigen Jahren. Grundsätzlich kommen infrage:

- geschlossene Abstellräume und Fahrradparkplätze mit Bewachung, in der Regel gegen Entgelt (Beispiel: Bahnhof Haßloch mit 1220 Plätzen, Auslastung ca. 70 – 80 %, Gebühr 8,– DM/Monat [101])

Abb. 141: Fahrradboxen an einer S-Bahn-Station

- gut einsehbare, möglichst beleuchtete und überdachte, unbewachte Abstellanlagen mit diebstahlsicherer Anschließmöglichkeit
- Fahrradboxen mit Münzverschluß (für jeden benutzbar) oder mit Vermietung. (Fahrradboxen werden z. B. verstärkt im Gebiet des Verkehrsverbundes Rhein/Ruhr eingesetzt) *[Abb. 141]*.

Für die Ermittlung des Bedarfs an Fahrradabstellplätzen liegen bisher keine allgemeingültigen Grundsätze vor. Es bietet sich ein schrittweiser Ausbau in Abhängigkeit von der Nachfrage an. Wohin die Entwicklung führen könnte, ist am Beispiel Japan zu sehen: Hier wurden, um der Nachfrage genügen zu können, an einigen Bahnstationen vollautomatische computergesteuerte Fahrradparkhochhäuser mit bis zu 1800 Stellplätzen errichtet (67).

In der Regel werden die Fahrradabstellanlagen von den jeweiligen Verkehrsbetrieben beschafft und betrieben. In einigen Orten übernehmen die Kommunen die Beschaffungskosten und stellen die Anlagen den Betreibern zur Verfügung. Bei größeren Anlagen gibt es gute Erfahrungen mit bewachten Abstellplätzen, die von privaten Unternehmen (z. B. Bahnhof Haßloch) betrieben werden (101). Kosten können gesenkt werden, indem die Anlage auch für Werbezwecke genutzt wird.

7.5.2. Fahrradtransport

Die Fahrradmitnahme stellt für den Benutzer im Grundsatz eine ideale Kombination dar, die gerade für weite Fahrten den Einsatzbereich des Fahrrades erheblich erweitert. Bei der praktischen Umsetzung ergeben sich jedoch – abgesehen von der schon lange praktizierten Mitnahmemöglichkeit im Gepäckwagen der Eisenbahn – erhebliche Probleme, die den Einsatzbereich einschränken:

- Für einige Verkehrsmittel (Bus, Straßenbahn) gibt es in der Regel keinen niveaugleichen Einstieg. Hier müssen durch zusätzliche technische Vorkehrungen Möglichkeiten zur Fahrradmitnahme geschaffen werden.
- Der Betrieb des ÖV ist auf schnellen Fahrgastwechsel an den Stationen ausgerichtet. Die Fahrradmitnahme kann bei fehlenden technischen Voraussetzungen die Haltezeit unerwünscht verlängern.
- In den Spitzenzeiten sind die öffentlichen Verkehrsmittel häufig voll ausgelastet. Die Fahrradmitnahme im Fahrgastinnenraum würde hier die Beförderungskapazität senken.
- Die Bahnsteige mancher Stationen sind mit dem Fahrrad nur recht aufwendig zu erreichen.

Tab. 15: Fahrradmitnahme in öffentlichen Nahverkehrsmitteln in der Bundesrepublik Deutschland (46)

Verkehrsbetrieb/Stadt	Verkehrsmittel	zugelassene Zeiten Montag-Freitag	Wochenende	Tarif für das Fahrrad (je Fahrt)/Besonderheiten
Deutsche Bundesbahn (DB)	Züge mit Gepäckwagen*	ganztägig	ganztägig	6,50 DM 4,00 DM an Wochenenden bis 50 km Entfernung
Berlin (West) (BVG)	S-Bahnen U-Bahnen	ganztägig 09.00-14.00 Uhr ab 18.00 Uhr	ganztägig	1,30 DM 1,06 DM mit Sammelkarte
Frankfurt (FFV)	S-Bahnen U-Bahnen	08.00-16.30 Uhr 18.30-06.00 Uhr	ganztägig	2,00 DM
Hamburg (HVV)	S-Bahnen U-Bahnen	09.00-16.00 Uhr 18.00-04.00 Uhr	ganztägig	2,50 DM
Köln (DB)	S-Bahn	09.00-15.30 Uhr ab 18.00 Uhr	ganztägig	2,10 DM (Linie S 11 Bergisch-Gladbach-Chorweiler)
Köln (KVB)	Straßenbahn nur achtachs. Triebwagen		während der Sommerferien an Sonntagen	2,20 DM (Kurzstrecke 1,40 DM) 1,75 DM mit Sammelkarte (1,25 DM Kurzstrecke)
München (MVV)	S-Bahnen U-Bahnen	08.30-16.00 Uhr+ 18.00-06.00 Uhr	ganztätig	3,30 DM 2,70 DM mit Streifenkarte
Nürnberg (VAG)	U-Bahnen	08.00-15.30 Uhr 17.00-06.00 Uhr	ganztägig	0,90 DM

Rhein-Ruhr (VRR)	S-Bahnen	09.00-15.30 Uhr ab 18.00 Uhr	ganztägig	2,80 DM (Umsteiger in andere Züge 4,50 DM)
	sonstige Züge im VRR*	ganztägig	4,50 DM
Stuttgart (VVS)	S-Bahnen	08.30-16.00 Uhr 18.30-06.00 Uhr	ganztägig	2,90 DM
	Zahnradbahn	ganztägig[§]	ganztägig[§]	1,00 DM 0,88 DM mit Mehrfahrtenkarte
Deutsche Reichsbahn (DR) (Berlin-Verkehr)	Züge mit Gepäckwagen*	ganztägig	ganztägig	7,00 DM einschließlich Platzreservierung für das Fahrrad ab Berlin (West)
Bonn (SWB)	Omnibus Stadtlinie 11 Dottendorf-Heiderhof		Sa ab 14.30 Uhr So ganztägig	1,40 DM ab Godesberg (Sammelkarte 1,25 DM) 2,20 DM ab Dottendorf (Sammelkarte 1,75 DM) (Versuchsbetrieb Sept.-Nov. 1984)
Detmold (GBB)	Omnibus (Anhänger)	bestimmte Fahrten der Linie Detmold-Bad Meinberg		1,00 DM (Modellversuch 1983)
Hannover (RVH)	Omnibus (Anhänger) Linie Hannover-Mardorf (Ausflugslinie)		z. Z. sonntags eine Hin- und Rückfahrt	kostenlos

Anmerkungen:
*) nur Züge mit Gepäckwagen und Gepäckabteilen, soweit diese bedient werden; im Kursbuch gekennzeichnet „ ", keine Möglichkeit in Intercity (IC)- und TEE-Zügen
†) in den Sommer-, Weihnachts- und Osterferien ganztägig
§) im Winter verkürzte Betriebszeiten; Fahrradmitnahme nur auf der Bergfahrt von Endstation zu Endstation
Angaben ohne Gewähr, Stand Dezember 1984, Fahrradmitnahme zum Teil „versuchsweise".

Mitnahme von Fahrrädern in der U-Bahn

Wichtige Hinweise:

- Die für die Beförderung zulässigen Zeiten sind: Montag bis Freitag 9.00 bis 14.00 Uhr und 18.00 Uhr bis Betriebsschluß (ca. 1.00 Uhr nachts). Sonnabend, Sonntag und an Feiertagen ganztägig.

- Fahrräder mit Hilfsmotor, Mofas, Tandems und Fahrräder zum Lastentransport sind von der Beförderung ausgeschlossen.

- Für jedes Fahrrad gilt der Ermäßigungstarif: Ermäßigungssammelkarte mit fünf Fahrten zu 4,50 DM bzw. Ermäßigungsfahrschein zu 1,10 DM.

- Wegen der allgemeinen Verkehrssicherheit und mit Rücksicht auf andere Fahrgäste ist im gesamten U-Bahngebiet das Radfahren und die Benutzung der Fahrtreppen untersagt.

- Der Einstieg mit Fahrrädern ist nur zulässig an den besonders gekennzeichneten Türen – sofern der entsprechende Platz vorhanden ist. Anderenfalls ist der nächste Zug abzuwarten. Der Wagen an der Spitze des Zuges darf nicht mit Fahrrädern benutzt werden.

- Fahrräder sind im Wageninnern nur an dem dafür vorgesehenen und gekennzeichneten Platz abzustellen, und zwar höchstens 2 Fahrräder. Hierbei sind die Fahrräder sicher zu befestigen.

- Sollte der Zug im Störungsfall auf der Strecke entleert werden müssen, verbleiben die Fahrräder im Zug. Sie können dann später auf dem nächstfolgenden Bahnhof abgeholt werden.

- Wir möchten Sie und andere sicher und schnell ans Ziel bringen.

Seien Sie daher bitte besonders umsichtig, und nehmen Sie Rücksicht auf Ihre Mitbürger.

Abb. 142: Hinweise zur Fahrradmitnahme bei den Berliner Verkehrs-Betrieben

Nach einigen versuchsweise laufenden Angeboten liegen mittlerweile aus vielen Städten Erfahrungen vor, die die anfangs gehegten Befürchtungen bei weitem nicht bestätigen (67). Der Verband öffentlicher Verkehrsbetriebe (VÖV) hat diese Erfahrungen ausgewertet und zu Empfehlungen zusammengefaßt (137). Eine Übersicht über die derzeit praktizierten Möglichkeiten der Fahrradmitnahme zeigt *[Tab. 15]*.

Als sinnvolle Einsatzbereiche für die Fahrradmitnahme ergeben sich:

– Schienenverkehrsmittel mit niveaugleichen Einstiegen
– gezielter Einsatz für bestimmte Verbindungen, z. B. im Ausflugsverkehr
– bestimmte Regionalbusverbindungen
– zeitliche Begrenzung: Werktags außerhalb der Spitzenzeiten, an Wochenenden und Feiertagen ganztägig.

Hinsichtlich der technischen Voraussetzungen sei auch auf die Literatur (46, 67, 101, 137) verwiesen.

7.5.3. Fahrradvermietung

Beim Fahrradverleih dient das Fahrrad als Verteilersystem am Quell- oder Zielort. Eine Kombination mit B+R eröffnet eine lückenlose Transportkette Fahrrad-ÖV-Fahrrad. Das Leihfahrrad erhöht die Mobilität nichtmotorisierter Personen.

Bereits seit 1975 gibt es bei der DB auf mittlerweile 250 Bahnhöfen die Möglichkeit ein Fahrrad zu mieten (Gebühr 5,– DM bei Anreise mit der Bahn) (46). Das Angebot wendet sich allerdings vorrangig an Urlauber und konzentriert sich entsprechend auf Erholungsgebiete.

Die für den alltäglichen Verkehr vor allem notwendigen Mietangebote an den Bahnhöfen der großen Städte fehlen – zumindest soweit sie direkt dem Bahnhof zugeordnet sind – fast ganz. Dagegen existiert beispielsweise in den Niederlanden an fast allen großen Bahnhöfen ein umfassender Service (Verleih, Aufbewahrung, Wartung, Beratung), der auch gut angenommen wird (46). In der Bundesrepublik ist die Fahrradstation des Allgemeinen Deutschen Fahrradclubs (ADFC) auf dem Bremer Bahnhofsvorplatz als Beispiel zu nennen.

Zentrale Fahrradmietstationen an den Bahnhöfen der Eisenbahnen dienen auch den Benutzern öffentlicher Verkehrsmittel im Innenstadtbereich. Die Trägerschaft könnte deshalb bei DB und Verkehrsbetrieb gemeinsam oder einem Verkehrsverbund liegen. Im Zusammenhang mit bewachten Fahrradparkplätzen lassen sich u. U. auch private Träger finden.

Ein weiterer bereits zum Teil genutzter Einsatzbereich liegt beim ÖV im Nahausflugsverkehr. Hier wird an Haltestellen in Freizeitgebieten in den Sommermonaten (in der Regel nur an Sonn- und Feiertagen) ein Fahrradverleih angeboten. Die Auslastung wird i. a. als zufriedenstellend bezeichnet, wenngleich eine Kostendeckung bisher nicht ganz erreicht werden konnte (67). Diesen relativ geringfügigen Zuschußbeträgen ist jedoch der Nutzen aus dem damit verbesserten Image des Verkehrsbetriebes gegenüber zu stellen.

7.6. Wegweisung und Karten

7.6.1. Wegweisung

Zu unterscheiden sind Orientierungshilfen für Radfahrer im innerörtlichen sowie dem außerörtlichen, nicht bebauten Bereich. Innerorts wird das Radverkehrsnetz aus verschiedenen Netzelementen gebildet. Einige davon, z. B. verkehrsarme oder verkehrsberuhigte Straßen, sind nicht ohne weiteres als Radverkehrsanlagen zu erkennen. Zumindest der Verlauf von Hauptrouten über nicht „ausgebildete" Radverkehrsanlagen sollte durch Orientierungshilfen als Netzbestandteil kenntlich gemacht werden. Dies gilt besonders, wenn der Radverkehr anders als der KFZ-Verkehr geführt werden soll. Die Verbindungen sollten neben einem Richtungshinweis auch Angaben über Ziele und evtl. Strecken-Nummern enthalten. Das erleichtert das Wiederauffinden in einem Radverkehrsstadtplan. Wegweisende Schilder eignen sich auch, um auf Abkürzungen, z. B. durch Sackgassen mit Durchfahrmöglichkeit für Radfahrer, hinzuweisen *[Abb. 143]*. Insgesamt wirbt ein durch Beschilderung kenntlich gemachtes Radverkehrsnetz ständig für die Fahrradbenutzung.

Um die störende Wirkung einer Überbeschilderung zu vermeiden, sollten möglichst kleine Formate gewählt werden. In Bonn wurden z. B. mit zwei verschiedenen Formaten, 42 × 30 und 16 × 12 cm, gute Erfahrungen gemacht, die je nach Empfindlichkeit der Umgebung eingesetzt wurden. Die Schilder sollten immer **vor** der Richtungsänderung/Kreuzung stehen.

Die Gestaltung der wegweisenden Tafeln sollte aus haftungsrechtlichen Gründen bewußt von den in der StVO festgelegten Verkehrszeichen abweichen.

Abb. 143: Wegweisung für Radfahrer

Die StVO ermöglicht eine spezielle Wegweisung für Radfahrer über die Zeichen 421 und 442. Diese Schilder erwecken von ihrer Ausbildung und Farbgebung (Grundfarbe gelb, Schrift schwarz) eher den Eindruck, für alle Verkehrsteilnehmer bestimmt zu sein und können den besonderen Anforderungen einer speziellen Radverkehrswegweisung wenig gerecht werden. Viele Städte haben deshalb bereits eigene Lösungen entwickelt. Die „Empfehlungen" (5) schlagen die in Abb. 144 dargestellten Lösungen vor.

442

443

rechts- linksweisend
Vorwegweiser für best. Verkehrsarten (auch mit anderen Sinnbildern)

Für den Radwanderverkehr gibt es mit den „Hinweisen für die Wegweisung auf Radwanderwegen" ein spezielles Merkblatt der Forschungsgesellschaft für Straßen- und Verkehrswesen (6).

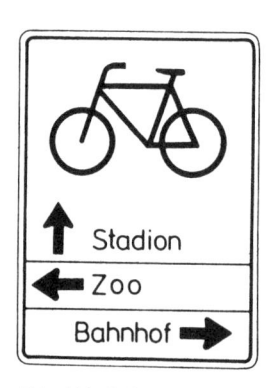

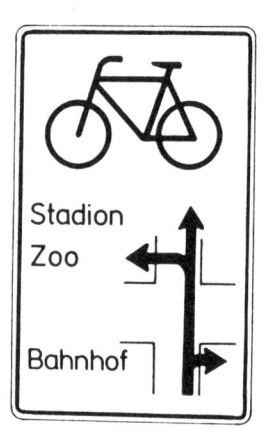

Abb. 144: Beispiele für Wegweisungstafeln für den Radverkehr (5)

7.6.2. Karten für den Radverkehr

Während die Wegweisung die Orientierung vor Ort erleichtert, dienen spezielle Kartenwerke für den Radverkehr (Radverkehrsstadtpläne, Radwanderkarten) zur individuellen häuslichen Auswahl und Vorbereitung von Fahrten. Sie sind deshalb als Ergänzung zur Wegweisung notwendig und sollten allgemein erhältlich sein. An geeigneten zentralen Stellen können die Pläne auch in Schautafeln aufgestellt werden. Zur Bekanntmachung neuer Routen im Radverkehrsnetz oder von Radwanderwegen ist auch eine kostenlos verteilte Kurzinformation zu empfehlen. Die in Abb. *145* dargestellte Übersicht über Radwanderwege funktioniert allerdings nur in Verbindung mit einem konsequenten Wegweisungssystem, da der genaue Routenverlauf nicht nachvollziehbar ist.

Normale Radverkehrskarten müssen alle Straßen und Wege des Darstellungsgebietes enthalten. Besonders hervorzuheben sind dann die bereits benutzbaren (gegebenenfalls auch die geplanten) Verbindungen des Radverkehrsnetzes, wobei unterschiedliche Darstellungen für einzelne Netzbestandteile gewählt werden können. Auf besondere Ziele des Radverkehrs kann durch Symbole hingewiesen werden. Viele Städte verfügen mittlerweile über solche Radverkehrsstadtpläne, die in ihren Inhalten und ihrer Gestaltung allerdings sehr verschiedenartig sind. Einen beachtenswerten Vorschlag für eine einheitliche Darstellung gibt der ADFC (28). Radwander- oder Radtourenkarten sind mittlerweile bundesweit flächendeckend im Handel erhältlich. Darüber hinaus gibt es ergänzend zahlreiche Radwanderführer. Eine Übersicht über den derzeit aktuellen Stand solcher Kartenwerke gibt es in (29).

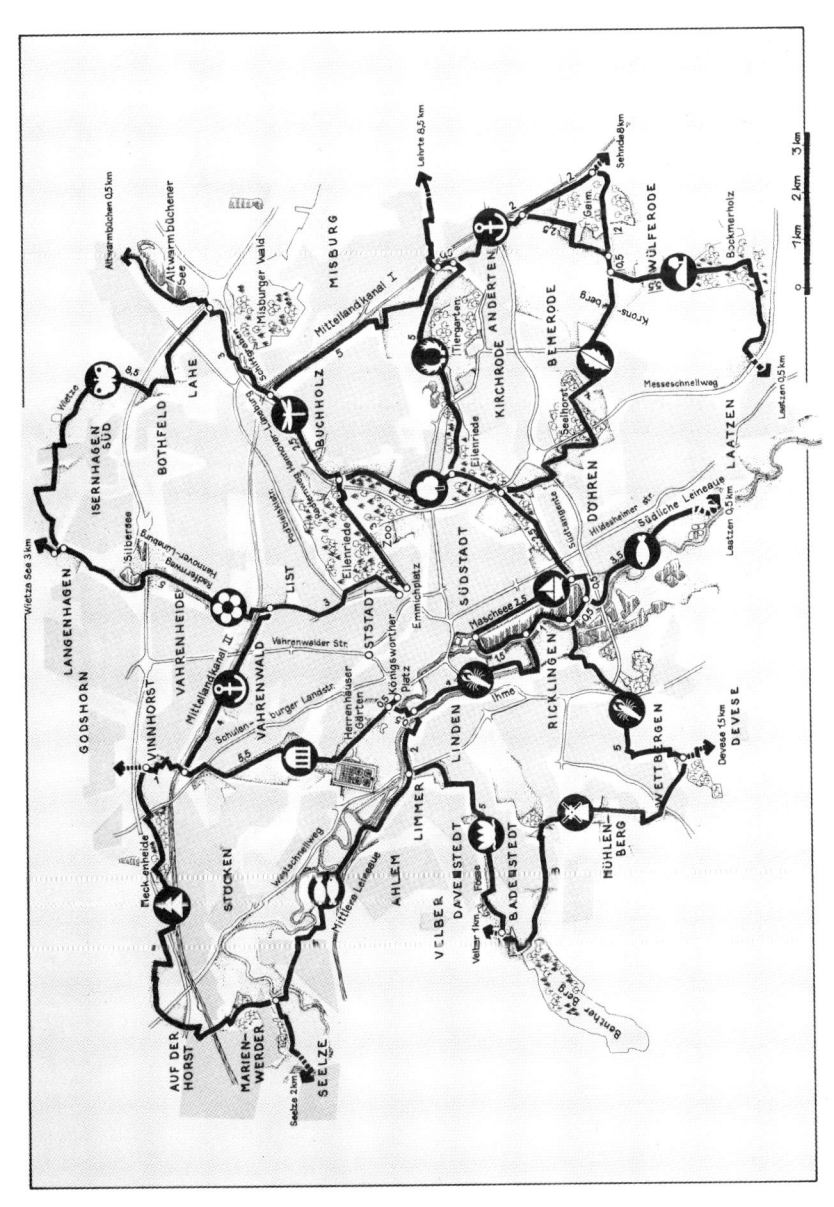

Abb. 145: Beispiel für eine Information über Radwanderwege (72)

7.7. Abstellanlagen

In die Planung eines Radverkehrsnetzes sind Abstellanlagen als wichtiger Bestandteil der notwendigen Infrastruktur für das Fahrrad einzubeziehen. Fehlende oder unzureichende Abstellanlagen werden häufig als Gründe für die Nichtbenutzung des Fahrrades angegeben (u. a. 108, 122, 132). Bei großen Radverkehrsmengen sind Abstellanlagen notwendig, um ein städtebaulich verträgliches, geordnetes Abstellen der Räder zu erreichen.

Damit diese angenommen werden, müssen sie den jeweiligen Zielen so zuzuordnen sein, daß die verbleibenden Fußwege möglichst kurz sind. Bei wichtigen Einzelzielen (z. B. Freibäder, Schulen) sind die Abstellanlagen nahe dem Eingangsbereich anzulegen *[Abb. 146]*, bei verstreut liegenden Zielen (z. B. in Geschäftsstraßen oder Fußgängerbereichen) ist es oft günstiger, kleinere Einheiten von Abstellmöglichkeiten dezentral anzuordnen. An günstiger Stelle in der Innenstadt können auch Großparkplätze für Fahrräder eingesetzt werden. Zu Abstellanlagen an Stationen des öffentlichen Nahverkehrs siehe Kap. 7.5.1.

Abb. 146: Große überdachte Abstellanlage

Abb. 147: Fahrradabstellplätze vor einem Wohngebäude

Öffentliche Fahrradständer sind auch in der Nähe der Wohnung zum Abstellen häufig genutzter Fahrräder sinnvoll. Oft fehlen auf privatem Grund in oder vor dem Haus geeignete Abstellmöglichkeiten *[Abb. 147]*, so daß die Fahrräder zum Teil unter Behinderung der Fußgänger auf dem Gehweg abgestellt werden müssen oder nur sehr zeitaufwendig (z. B. aus dem Keller) zum Einsatz gebracht werden können (97). Solche Abstellmöglichkeiten können in Wohngebieten oft direkt vor den Häusern geschaffen werden. Auf der Fläche eines PKW-Abstellplatzes können bis zu 10 Fahrräder untergebracht werden.

Die Anzahl der vorzusehenden Abstellplätze richtet sich nach der Bedeutung des Zieles. Für den Ist-Bestand kann der Bedarf an den wichtigen Zielen des Radverkehrs verhältnismäßig schnell durch eine Zählung an einem Schönwettertag festgestellt werden. Die Anlagen sollten aber so konzipiert sein, daß sie bei evtl. steigendem Verkehrsaufkommen erweitert werden können.

Die Art der Abstellanlage richtet sich nach dem vorwiegendem Fahrtzweck, wobei vor allem zwischen Kurz- und Langzeitparkern zu unterscheiden ist.

Grundsätzliche Anforderung an alle Abstellanlagen ist ein wirksamer Diebstahlschutz. Bei nicht bewachten oder abschließbaren Anlagen ist deshalb eine Lage in der „Öffentlichkeit", d. h. nicht in verborgenen Winkeln, wichtig.

Die Kontruktion der Abstellanlage sollte den in Kap. 7.5.1. genannten Anforderungen entsprechen. Auf die Vielzahl der auf dem Markt befindlichen Modelle kann hier nicht im einzelnen eingegangen werden. Eine ausführliche Behandlung findet sich in (68).

8. Information und Mitwirkung der Bürger

Von manchen Fachleuten wird die Zusammenarbeit mit den Bürgern als lästig, unnütz und zeitraubend empfunden. Sie haben viele Möglichkeiten, die Anliegen der Bürger zurückzuweisen, sogenannte „Ideenkiller":

- Zurückstellen der Angelegenheiten
- mit schön klingenden und nichtssagenden Worten die Idee loben und anschließend ignorieren
- die Wirkungen der Anregungen überspitzt formulieren und ins lächerliche bzw. unrealistische ziehen
- Verbesserungen der Idee fordern, die den Bürger überfordern
- nur Gegenargumente erwähnen
- bis zur Unkenntlichkeit verändern
- als alten Hut abtun
- an den Kosten scheitern lassen
- technisch und rechtlich „K.O."-schlagen
- die Machbarkeit vom Bürger überprüfen lassen
- die Idee in Frage stellen und den Bürger deswegen angreifen.

Mit der Zunahme des Radverkehrs hat aber auch das Bewußtsein und der Wissensstand der radfahrenden Bürger über Mängel und Möglichkeiten der Radverkehrsplanung zugenommen. Die Bereitschaft der Bürger, sich auf Auseinandersetzungen einzulassen, ist nicht zuletzt deshalb merklich gestiegen. Viele Fachleute in der Verwaltung werden dies bestätigen. Eine solche Auseinandersetzung kann in etwa folgendermaßen ablaufen:

(1) Friedlicher Teil
- telefonisches Vorgespräch mit zuständigem Fachmann
- Schreiben an die Dienststelle mit klaren und eindeutigen Ausführungen bezüglich der Art des Problems, Lösungswünschen und betroffenem Personenkreis
- persönliches Gespräch mit den zuständigen Fachleuten.

(2) Spannender Teil
(wenn friedlicher Teil nicht zu dem gewünschten Erfolg geführt hat)
- Bildung einer Bürgerinitiative
- Gespräche mit Politikern
- offener Brief an Politiker, Verwaltung und Presse
- gute, fachlich begründete Vorschläge.

(3) Kämpferischer Teil
(wenn spannender Teil nicht zu den gewünschten Erfolgen geführt hat)
- möglichst viele Leserbriefe verschiedener Autoren in den Tageszeitungen
- Bürgerversammlung mit Presse
- Protestaktion in Öffentlichkeit (Flugblattaktionen, Demonstrationen)
- Beschwerden bei Aufsichtsbehörden
- Thema in den nächsten Wahlkampf einbringen

(4) Gerichtlicher Teil
(wenn kämpferischer Teil nicht zu den gewünschten Erfolgen geführt hat).

Nach diesen und ähnlichen Vorgehensweisen wurden manche Anliegen der Bürger in zum Teil langwierigen Prozessen durchgesetzt. Oft können jedoch die gleichen Ziele in einer guten Zusammenarbeit mit Bürgern, Verwaltung und Politikern erreicht werden. Dazu ist es notwendig, daß die Bürger frühzeitig und umfassend über geplante Vorhaben oder Maßnahmen informiert und beteiligt werden. Die anzusprechenden Kreise umfassen dabei:
- die Anlieger einer Maßnahme
- Interessenvertretungen (z. B. Bürgerinitiativen, ADFC, ADAC)
- gegebenenfalls fest definierte Zielgruppen, wie z. B. Schüler im Rahmen der Schulwegplanung, Radsport- oder Radwandervereine.

Diese Beteiligung bringt für die zuständigen Behördenvertreter keineswegs nur Mehrarbeit und Ärger. Häufig verfügen die „praktizierenden" Radfahrer über eine detaillierte Ortskenntnis, über die der oder die Radverkehrssachbearbeiter der Verwaltung niemals verfügen können.

Besondere Bedeutung kommt in diesem Zusammenhang der Arbeit örtlicher Radfahrerinteressengruppen (z. B. Ortsvereine des ADFC, Radsportvereine, Bürgerinitiativen) zu, deren Vertreter oft – auch ohne konkreten Planungsanlaß – einen beträchtlichen Zeitaufwand zur Erarbeitung fahrradgerechter Lösungen aufbringen und häufig durch die ständige Befassung mit diesem Thema eine ausreichende Sachkenntnis mitbringen. Bereits bei der Auswahl von Varianten und spätestens bei der Erstellung des Vorentwurfs sollten deshalb bei allen weiträumigen Planungen diese Gruppen beteiligt werden. Günstig ist es, wenn die Verwaltung einen Vertreter als Ansprechpartner für Fahrradfragen benennt, der Hinweise oder Anregungen von Bürgern an die zuständige Verwaltungseinheit weiterleitet und ggf. einen Ortstermin arrangiert.

Zur Mitwirkung bei der Erarbeitung von Planungsvorstellungen bietet das Informationsprogramm „Sicherer Schulweg" (54) detaillierte Hilfen. Es enthält unter dem Motto „Gemeinsam planen – Gemeinsam handeln" eine Anleitung zur Mitwirkung bei der Erarbeitung von Planungsvorschlägen. Dabei werden einfache auch von mitwirkungsbereiten Bürgern leicht nutzbare Formulare zum Zählen, Messen und Beobachten zur Verfügung gestellt. Muster mit Anleitungen zur Beschreibung von Gefahrenstellen sowie von Mängeln im Netz der Radverkehrsanlage können der Abgabe von Verbesserungsvorschlägen dienen.

Wenn die Bürger seitens der Verwaltungen in die Entwicklung von Planungsvorschlägen einbezogen werden, ergibt sich in der Regel auch eine gewisse Mitverantwortung für die vorgeschlagenen Verbesserungen. Manche mitwirkende Bürger schreckt es ab, wenn sie mit in die Verantwortung hineingezogen werden. Andere spornt es an, wenn sie sich mit dem Geplanten identifizieren und die Chance der Verwirklichung sehen. Es wird vermutet, daß die Verkehrsteilnehmer die mit der Schaffung von Radverkehrsanlagen verbundenen Regeln um so besser befolgen, je besser sie sich mit den Planungen und deren Durchführung identifizieren können. Ähnliches gilt für die Bereitschaft, den Radverkehr zu fördern.

PLAN+RAT

GRUPPE FÜR KOMMUNALE PLANUNG UND BERATUNG

- Planung von Verkehrsanlagen
- Straßenraumgestaltung
- Untersuchungen zur Verkehrssicherheit
- Straßenverkehrstechnik
- Gestaltung von Ausstellungen und Informationsbroschüren
- Rad- und Freizeitwegepläne

Ludwigstr. 31 a · 3300 Braunschweig · Tel.: 05 31 / 34 53 42

NEU für Praktiker

ELSNERS Handbuch für den Öffentlichen Personen-Nahverkehr
ÖPNV

Herausgegeben von:
Dr.-Ing. Gottfried Groche
Technisches Vorstandsmitglied i. R.
Dipl.-Ing. Erich Thiemer, Reg.-Baumeister a. D.
Technisches Vorstandsmitglied i. R.

Inhalt: Gesetzliche Grundlagen; Betriebswirtschaft der Personenverkehrsbetriebe; Die Verkehrssysteme und ihre Leistungsfähigkeit; Planung im Öffentlichen Nahverkehr; Bau und Unterhaltung der Verkehrswege und -einrichtungen; Fahrzeugbau; Wartung und Instandhaltung der Fahrzeuge; Umweltschutz; Elektrotechnische Anlagen; Betriebstechnik; Verkehrswirtschaft und Verkehrstechnik; Betrieblich-Technische Sonderheiten des S-Bahnbetriebes; Die Organisation des Personennahverkehrsgewerbes; Verkehrsverbünde und Verkehrsgemeinschaften; Forschung und Entwicklung; Fachschrifttum; Bezugsquellenteil.

Preis: 69,50 DM

OTTO ELSNER VERLAGSGESELLSCHAFT mbH & Co KG

Postfach 4039 · 6100 Darmstadt 1 · Telefon (06151) 311630

9. Ansprechpartner in Fragen zum Radverkehr

9.1. Bund, Länder und Gemeinden

Bund:

- Deutscher Bundestag, Ausschuß für Verkehr und für das Post- und Fernmeldewesen –
  Sekretariat
  Bundeshaus
  5300 Bonn 1

- Der Bundesminister für Verkehr
  Kennedyallee 72
  5300 Bonn 2

- Der Bundesminister für Raumordnung, Bauwesen und Städtebau
  Deichmanns Aue
  5300 Bonn 2

- Bundesanstalt für Straßenwesen (BAST)
  Postfach 10 01 50
  Brüderstraße 53
  5060 Bergisch-Gladbach 1

- Bundesforschungsanstalt für Landeskunde und Raumordnung
  Am Michaelshof 8
  5300 Bonn 2

- Umweltbundesamt
  Bismarckplatz 1
  1000 Berlin 33

Länder:

Zuständige Ministerien, Straßenbauverwaltungen und Verkehrsbehörden siehe „Der ELSNER", Handbuch für Straßen- und Verkehrswesen (Ausgabe 1985)

Landkreise:

Anschriften der Bauverwaltungen, siehe „Der Elsner", Handbuch für Straßen- und Verkehrswesen (Ausgabe 1985)

Kommunen:

Anschriften der Bauverwaltungen siehe „Handbuch für städtisches Ingenieurwesen", Bd. 1–3, Otto-Elsner-Verlagsgesellschaft

9.2. Kommunale Spitzenverbände

- Deutscher Städtetag
  Lindenallee 13–17
  5000 Köln 51 (Marienburg)
- Deutscher Städte- und Gemeindebund
  Kaiserswerther Straße 199–201
  4000 Düsseldorf 30
- Deutscher Landkreistag
  Adenauerallee 136
  5300 Bonn 1

9.3. Forschung, Normung, Beratung

- Bundesanstalt für Straßenwesen
  (siehe Bund)
- Bundesforschungsanstalt für Landeskunde und Raumordnung
  (siehe Bund)
- Umweltbundesamt
  (siehe Bund)
- Forschungsgesellschaft für Straßen- und Verkehrswesen e. V. (FGSV)
  Alfred-Schütte-Allee 10
  5000 Köln 21
- Deutsches Institut für Normung e. V. (DIN)
  Burggrafenstraße 4–10
  1000 Berlin 30

- Deutsche Akademie für Verkehrswissenschaft
  Leinpfad 100
  2000 Hamburg 60
- Deutsche Forschungsgesellschaft (DFG)
  Kennedyallee 40
  5300 Bonn-Bad Godesberg
- Deutsches Institut für Urbanistik (difu)
  Straße des 17. Juni 112
  1000 Berlin 12
- Deutsches Institut für Wirtschaftsforschung (DIW)
  Königin-Luise-Straße 5
  1000 Berlin 33
- Deutsche Verkehrswissenschaftliche Gesellschaft e. V.
  Apostelstraße 11
  5000 Köln 1
- HUK-Verband
  Beratungsstelle für Schadenverhütung
  Ebertplatz 2
  5000 Köln 1
- Universitäten und Fachhochschulen
  siehe „Handbuch für städtisches Ingenieurwesen",
  Bd. 2; Otto-Elsner-Verlagsgesellschaft

9.4. Sicherheit

- Bundesanstalt für Straßenwesen
  (siehe Bund)
- HUK-Verband
  Beratungsstelle für Schadenverhütung
  (siehe Forschung, Normung, Beratung)
- Deutscher Verkehrssicherheitsrat (DVR)
  Obere Wilhelmstraße 32
  5300 Bonn 3
- Deutsche Verkehrswacht e. V.
  Platanenweg 9
  5300 Bonn 3
- Gesellschaft für Ursachenforschung bei Verkehrsunfällen e. V. (GUVU)
  Classen-Kappelmann-Straße 1 a
  5000 Köln 1
- Arbeits- und Forschungsgemeinschaft für Straßenverkehr und
  Verkehrssicherheit (AFO)
  Gyrhofstraße 2
  5000 Köln 41

9.5. Berufsständische Verbände

- Bund Deutscher Baumeister, Architekten und Ingenieure e. V. (BDB)
  Berliner Freiheit 16
  5300 Bonn 1
- Bund Deutscher Garten- und Landschaftsarchitekten (BDGA)
  Heerstraße 65
  5300 Bonn 1
- Bundesvereinigung der Straßenbau- und Verkehrsingenieure e. V. (BSVI)
  Maastrichter Straße 45
  5000 Köln 1
- Verein Deutscher Ingenieure (VDI)
  Graf-Recke-Straße 84
  4000 Düsseldorf 1

9.6. Verkehrsbetriebe

- Verband öffentlicher Verkehrsbetriebe (VÖV)
  Kamekestraße 37–39
  5000 Köln 1
- Deutsche Bundesbahn, DB
  Zentrale Verkaufsleitung
  Rhabanusstraße 3
  6500 Mainz 1

9.7. Interessenverbände

- Allgemeiner Deutscher Automobil-Club e. V. (ADAC)
  Baumgartenstraße 53
  8000 München 70
- Allgemeiner Deutscher Fahrrad Club e. V. (ADFC)
  Postfach 10 77 44
  Fedelhören 18
  2800 Bremen
- Arbeitskreis Verkehr und Umwelt
  Cheruskerstraße 10
  1000 Berlin 62
- Bürgerinitiativen auf dem Verkehrssektor
  Adressenverzeichnis beim Arbeitskreis Verkehr und Umwelt erhältlich

- Bundesverband Bürgerinitiativen Umweltschutz e. V. (BBU)
  Friedrich-Ebert-Allee 120
  5300 Bonn 1
- Bund Umwelt- und Naturschutz Deutschland e. V. (B.U.N.D.)
  In der Raste 2
  5300 Bonn 1
- Bund Deutscher Radfahrer e. V. (BDR)
  Otto-Fleck-Schneise 4
  6000 Frankfurt/M. 71
- Fahrradbüro Berlin
  Crellestraße 6
  1000 Berlin 62
- Deutscher Sportbund
  Postfach
  6000 Frankfurt/M. 71

9.8. Industrie

- Verband der Fahrrad- und Motorradindustrie e. V.
  Gartenstraße 2
  6232 Bad Soden
- Fachverband Fahrrad- und Kraftradteile Industrie e. V.
  Hofaue 96
  5600 Wuppertal-Elberfeld
- Bundesfachgruppe Zweiradmechanik im Zentralverband des Deutschen Mechanikerhandwerks
  Bendemannstr. 17
  4000 Düsseldorf
- Deutsche Straßenliga (DSL)
  Kaiserplatz 14
  5300 Bonn 1
- Arbeitsgemeinschaft der Bitumen-Industrie e. V. (Arbit)
  Mittelweg 13
  2000 Hamburg 13
- Bundesverband der Deutschen Zementindustrie e. V.
  Pferdmengesstr. 7
  5000 Köln
- Deutscher Beton-Verein e. V. (DBV)
  Bahnhofstr. 61
  6200 Wiesbaden

9.9. Zeitschriften

- Bielefelder Verlagsanstalt KG, Redaktion „Radfahren"
  Postfach 1140
  4800 Bielefeld 1
- Bielefelder Verlagsanstalt KG, Redaktion „Radmarkt"
  Postfach 1140
  4800 Bielefeld 1
- Informationsdienst Verkehr, Arbeitskreis Verkehr und Umwelt
  Cheruskerstraße 10
  1000 Berlin 62
- Radsport Magazin
  Leserservice – VO 2
  Postfach 3333
  4600 Dortmund 1

10. Quellenverzeichnis

A Regelwerke

Bundesminister für Verkehr

(1) Richtlinien für die Anlage und Ausstattung von Fußgängerüberwegen (R-FGÜ), Ausgabe 1984

(2) Richtlinien für die Befestigung von Rad- und Gehwegen – Standardausführungen (RStRG), Ausgabe 1980

(3) Richtlinien für den Straßenoberbau – Standardausführungen (RStO), Ausgabe 1975

Forschungsgesellschaft für Straßen- und Verkehrswesen, Köln

(4) Richtlinien für die Standardisierung von Verkehrsflächenbefestigungen (RStV), Entwurf 1984, mittlerweile RSTO-85

(5) Empfehlungen für Planung, Entwurf und Betrieb von Radverkehrsanlagen, Ausgabe 1982

(6) Hinweise für die Wegweisung auf Radwanderwegen, Ausgabe 1982

(7) Richtlinien für die Anlagen des Fußgängerverkehrs, Ausgabe 1972

(8) Richtlinien für die Beleuchtung in Anlagen für Fußgängerverkehr, Ausgabe 1977

(9) Merkblatt für die Entwässerung von Straßen, Ausgabe 1971

(10) Leitfaden für Verkehrsplanungen, Ausgabe 1985

(11) Richtlinien für Lichtsignalanlagen (RiLSA), Ausgabe 1981

(12) Richtlinien für die Markierung von Straßen (RMS), Ausgabe 1980

(13) Richtlinien für die Anlage von Landstraßen, Teil: Knotenpunkte Abschnitt 1: Plangleiche Knotenpunkte (RAL-K1), Ausgabe 1976

(14) Richtlinien für die Anlage von Stadtstraßen, Teil: Knotenpunkte (RAST-K), Abschnitt 1: Plangleiche Knotenpunkte, Ausgabe 1973

Richtlinien für die Anlage von Straßen

(15) – Teil: Erschließung (RAS-E), Entwurf 1981

(16) – Teil: Knotenpunkte, Abschnitt 1: Plangleiche Knotenpunkte (RAS-K1), Entwurf 1985

(17) – Teil: Linienführung, Abschnitt 1: Elemente der Linienführung (RAS-L1), Ausgabe 1984

(18) – Teil: Landschaftsgestaltung, Abschnitt 1: Landschaftsgerechte Planung (RAS-LG1), Ausgabe 1980

(19) – Teil: Straßennetzgestaltung (RAS-N), Ausgabe 1985

(20) – Teil: Anlagen des öffentlichen Personennahverkehrs, Abschnitt 2: Omnibus und Obus (RAS-Ö), Ausgabe 1979

(21) – Teil: Querschnitte (RAS-Q), Ausgabe 1982

(22) Empfehlungen zur Verkehrsberuhigung in Wohngebieten, Ausgabe 1981

(23) Empfehlungen für die Anlage von Erschließungsstraßen (EAE), Ausgabe 1985

(24) Verordnung über den Bau und Betrieb der Straßenbahnen (BO-Strab) vom 31. 8. 1965
Bundesgesetzblatt 1965, S. 906

B Benutzte Fachliteratur

(25) Adelt, B., e.a.:
Führung des Radverkehrs im Innerortsbereich – Teil 4: Sicherung in verkehrsberuhigten Straßen
Bundesanstalt für Straßenwesen, Bergisch-Gladbach 1984.
(Forschungsberichte der BASt, Bereich Unfallforschung, H. 98)

(26) Akademie für Umwelt und Energie:
Internationales Planungsseminar „Perspektiven des Fahrradverkehrs" Schloß Laxemberg – Wien 1985

(27) Allgemeiner Deutscher Automobil-Club (ADAC):
Sicherheit für den Radfahrer
Hrsg.: Bundesminister für Verkehr, Bonn 1980

(28) Allgemeiner Deutscher Fahrrad-Club (ADFC):
Empfehlungen für die Erstellung von Radfahrerstadtplänen
ADFC-Geschäftsstelle, Bremen 1981

(29) Allgemeiner Deutscher Fahrrad-Club (ADFC):
Kartenverzeichnis für Radfahrer
ADFC-Geschäftsstelle, Bremen 1984

(30) Alrutz, D.:
Freigabe von Radwegen zum Linksfahren
Untersuchung im Auftrag der Stadt Hannover, 1984

(31) Alrutz, D.; Heintorf, S.:
Zulässigkeit des Radverkehrs auf linksliegenden Radwegen
Mitteilungen der Beratungsstelle f. Schadenverhütung des HUK-Verbandes, Nr. 25, Köln 1983

(32) Alrutz, D.; Meewes, V.:
Untersuchungen zum Radverkehr in Köln – Unfallanalyse, Empfehlungen, Radverkehrsnetz für Porz.
Mitteilungen der Beratungsstelle f. Schadenverhütung des HUK-Verbandes, Nr. 16, Köln 1980

(33) Alrutz, D.; Otte, D.:
Verkehrsspezifische Unfallsituationen und -folgen von Radfahrern
Medizinische Hochschule Hannover, 1985.
(Forschungsprojekt der Bundesanstalt für Straßenwesen)

(34) Angenendt, W.:
Sichere Gestaltung markierter Wege für Fahrradfahrer, Teil 1
Institut für Stadtbauwesen der RWTH Aachen, 1984.
(Forschungsprojekt der Bundesanstalt für Straßenwesen)

(35) Angenendt, W.:
Führung des Radverkehrs im Innerortsbereich – Teil 3: Knotenpunkte
Bundesanstalt für Straßenwesen, Bergisch-Gldbach, 1984.
(Forschungsberichte der BASt, Bereich Unfallforschung, H. 96)

(36) Apel, D.:
Stadtverkehrsplanung, Bd. 3: Die Umverteilung des städtischen Personenverkehrs
Deutsches Institut für Urbanistik, Berlin 1984

(37) Arbeitskreis Polizei Information e. V.
Polizei report Sonderausgabe 1984, Hamburg 1984

(38) Arbeitskreis Verkehr:
Informationsdienst Verkehr, Heft 17, Berlin 1985

(39) Baier:
Radfahren in Fußgängerbereichen
In: (50)

(40) v. Becker, P.:
Künftige Änderung bei der Dimensionierung von Fahrbahnbefestigungen
Straße und Autobahn, Heft 3/1984

(41) v. Becker, P.:
Tendenzen der Standardisierung von Fahrbahnbefestigungen
Straße und Tiefbau, Hefte 3 + 4/1983

(42) Beratungsstelle für Schadenverhütung:
Erfahrungen mit „Verkehrsberuhigten Bereichen" (Zeichen 325/326 StVO)
Information der Beratungsstelle für Schadenverhütung des HUK-Verbandes, Köln 1981

(43) Berlin, Polizeipräsident:
Dez. Straßenverkehr Dez. SV 21
Beispielsammlung Radverkehrsanlagen II

(44) Bouska, W.:
Rechtsprobleme des Radverkehrs
Deutsches Autorecht, Heft 4/1982

(45) Bovy, H. L.:
Die Routenwahl der Radfahrer
In: (26)

(46) Bracher, T.:
Fahrradverkehr: Ein Markt für den ÖPNV?
Verkehr und Technik, Heft 2/1985

(47) Brög, W.; Ertl, E.:
Modellvorhaben Fahrradfreundliche Stadt
Straßenverkehrstechnik, Heft 5/1983

(48) Brög, W.; Otto, K.:
Gegenwärtiges und zukünftiges Potential des Fahrrades in der Bundesrepublik Deutschland.
Symposium „Fahrrad und Umwelt", Altmunster/Traunsee (Österreich) 8. – 9. 5. 1981.

(49) Buck, A.:
Radfahrstreifen an Straßen außerhalb bebauter Gebiete
In: (26)

(50) Bundesanstalt für Straßenwesen:
Innerörtliche Verkehrssicherheitsmaßnahmen
BAST; Bereich Unfallforschung,
Bergisch-Gladbach 1984.
(Unfall- und Sicherheitsforschung Straßenverkehr, H. 49)

(51) Bundesanstalt für Straßenwesen:
Forschungsprogramm 1980/81, 1983/84, 1985/86
BAST, Bereich Unfallforschung, Bergisch-Gladbach

(52) Bundesanstalt für Straßenwesen (Hrsg.):
Unfallforschung zu Radfahrerunfällen – U 3.2 – OL-21,
Bergisch-Gladbach 1984

(53) Bundesminister des Innern:
Fahrrad und Umwelt,
Umweltbrief Nr. 26, Bonn 1983

(54) Bundesminister für Verkehr:
Sicherer Schulweg
Informationsprogramm über verkehrstechnische Aspekte zur Sicherung von Schulwegen,
Bonn 1978

(55) Bundesminister für Verkehr:
Programm des Bundesministers für Verkehr zum Bau von Radwegen an Bundesstraßen in der Baulast des Bundes – STB 13/38.50.55-04/13156 Va 81

(56) Bundesminister für Verkehr:
Verordnung über die versuchsweise Einführung einer Zonen-Geschwindigkeitsbeschränkung (19. 2. 1985), Verkehrsblatt, Heft 4/1985

(57) Bundesminister für Verkehr:
Verkehr in Zahlen 1984
Bonn 1984

(58) Cosson, R.:
Erkenntnisstand über Sofortmaßnahmen: Die Rechtslage
In: (135)

(59) Deutscher Städtetag:
Verkehrspolitisches Konzept der deutschen Städte
Köln 1984

(60) Deutscher Städte- und Gemeindebund:
Hinweise zur Zulassung von Fahrradverkehr in Fußgängerzonen
Düsseldorf 1982

(61) Eger, R.:
Führung des Radverkehrs im Innerortsbereich – Teil 7: Gemeinsame Verkehrsflächen für Fußgänger und Radfahrer
Bundesanstalt für Straßenwesen, Bergisch-Gladbach 1985.
(Forschungsberichte der BASt, Bereich Unfallforschung)

(62) Erlangen, Stadtverwaltung:
Verkehr in Erlangen
Referat für Stadtentwicklung und Stadtplanung,
Erlangen 1984

(63) Forschungsgesellschaft für Straßen- und Verkehrswesen:
Arbeitskreis 3.7.4. (Geometrie von Markierungen)
Protokoll vom Mai 1984

(64) Forschungsgesellschaft für Straßen- und Verkehrswesen:
Aktuelle Themen der Lichtsignalsteuerung
Köln 1985

(65) Gelsenkirchen, Stadtverwaltung:
Stadtplan für Radfahrer,
Gelsenkirchen 1983

(66) Gersemann, D.:
Fahrradrecht heute und morgen
Bauverlag, Wiesbaden 1984

(67) Grabe, W.; Utech, J.:
Die Bedeutung des Fahrrades im öffentlichen Personennahverkehr – Fakten und Erfahrungen aus ausgewählten Ländern
UITP-Revue, Heft 3/1984

Quellenverzeichnis

(68) Hänel, K.:
Fahrradabstellanlagen
Bauverlag, Wiesbaden 1985 (vorgesehen)

(69) Haller, W.; Schnüll, R.:
Gestaltung von Ortsdurchfahrten kleiner Orte und Dörfer
Institut für Verkehrswirtschaft, Straßenwesen und Städtebau, Universität Hannover, 1985

(70) Hamburg, Baubehörde – Tiefbauamt:
Planungshinweise für Anlagen des Radverkehrs
Freie und Hansestadt Hamburg, 1984

(71) Hannover, Stadtverwaltung:
Radfahren in der Innenstadt
Beiträge zum Flächennutzungsplan, Heft 15,
Hannover 1983

(72) Hannover, Stadtverwaltung:
Radwanderwege durch Hannover,
Hannover 1984

(73) Harcke, S.:
Vom Bus zum Verkehrssystem Bus
Verkehr und Technik, Heft 7/1985

(74) Harder, G.; Theine, W.:
Führung des Radverkehrs im Innerortsbereich – Teil 2: Fußgängerzonen
Bundesanstalt für Straßenwesen, Bergisch-Gladbach 1983.
(Forschungsberichte der BASt, Bereich Unfallforschung, H. 93)

(75) Henning, U.; Schmitz, P.; Faludi, Q.:
Maßnahmen zur Sicherung des innerstädtischen Fahrradverkehrs
Bundesanstalt für Straßenwesen, Köln 1981.
(Forschungsberichte der BASt, Bereich Unfallforschung, H. 57 und 57 a)

(76) Hessen, Minister für Wirtschaft und Technik:
Staatsanzeiger, Nr. 29/1982, S. 767

(77) Heusch, H.; Boesefeld, J.:
Untersuchungen zum Verkaufsablauf des Radverkehrs an lichtsignalgesteuerten Knotenpunkten und Methoden der signaltechnischen Absicherung
Forschungsvorhaben des BMV, FE 03.148 G82D

(78) Höppner, M.; Pauen-Höppner, U.:
Radfahren – Gedanken zu einem Verkehrsmittel
Unterlagen zum Presseseminar des BMV „Radfahren – Macht und Ohnmacht auf der Straße",
Mai 1984

(79) Idelberger, H.:
Radwege in Berlin
Fahrradbüro Berlin, 1980

(80) Intraplan Consult GmbH:
Entwicklung des Fahrradverkehrs und voraussichtlicher Investitionsbedarf
Internationales Verkehrswesen, Heft 1/1984

(81) Kalender, U.:
Entwicklung, Erhebung und Gefährdung des Radverkehrs am Beispiel Berlin
In: (50)

(82) Kassack, H.; Ohrenberger, D.:
Radweg-Planung
ADFC-Geschäftsstelle, Bremen 1981

(83) Keller, H.-H.:
Sicherheitsaspekte in der kommunalen Radverkehrsplanung
Straßenverkehrstechnik, Heft 5/1981

(84) Keller, H.-H.:
Forschungen zur Sicherheit des Fahrradverkehrs auf beengten städtischen Straßen
In: (26)

(85) Keller, H.-H.:
Das Modellvorhaben „Flächenhafte Verkehrsberuhigung" – Einflüsse auf Verkehrssicherheit und Verkehrsverhalten
Internationales Verkehrswesen, Heft 3/1985

(86) Klöckner, J. H.:
Einsatzgrenzen für Radwege an Außerortsstraßen
Bundesminister für Verkehr, Bonn 1982.
(Straßenbau und Straßenverkehrstechnik, H. 368)

(87) Knoche, G.:
Einfluß von Radwegen auf die Verkehrssicherheit, Bd. 2.
Bundesanstalt für Straßenwesen, Köln 1981.
(Forschungsberichte der BASt, Bereich Unfallforschung, H. 62)

(88) Kodal, K.:
Straßenrecht, 3. Aufl.
München 1978

(89) Koehler, R.; Leutwein, B.:
Einfluß von Radwegen auf die Verkehrssicherheit, Bd. 1
Bundesanstalt für Straßenwesen, Köln 1981.
(Forschungsberichte der BASt, Bereich Unfallforschung, H. 49)

(90) Konrad-Adenauer-Stiftung:
Fahrradinfrastruktur in Innenstädten
Kommunal-Verlag, Recklinghausen 1983

(91) Kuijper, D. H.:
De ofos
Verkeerskunde, Heft 9/1982

(92) Küting, H. J.; Boigs, R.; Winkler, W.:
Das Verkehrsverhalten radfahrender Kinder und Jugendlicher
Bundesanstalt für Straßenwesen, Köln 1979.
(Unfall- und Sicherheitsforschung Straßenverkehr, H. 25)

(93) Lehmann, K.:
Typologie der Verkehrsunfälle von Radfahrern
Zeitschrift für Verkehrssicherheit, Heft 6/1960

(94) Leuzbach, W.; Holz, S.:
Unfallcharakteristik von Radfahrern auf Außerortsstraßen
Bundesminister für Verkehr, Bonn 1984.
(Straßenbau und Straßenverkehrstechnik, Heft 433)

(95) Linder, F.:
Radfahren in Einbahnstraßen
Stadt Brühl, Beiträge zur Radverkehrsplanung, Heft 1, 1982

(96) Lüpschen, F. H.:
Planung und Bau von Radverkehrsanlagen außerhalb bebauter Bereiche
In: "Radverkehr und Radverkehrsanlagen in städtischen und ländlichen Bereichen".
Fachhochschule Aachen, FH-Texte Nr. 30,
Aachen 1981

(97) Luers, A.:
Reiseantrittswiderstände, speziell der Einfluß wohnungsnaher Abstellmöglichkeiten auf den Verkehrsanteil des Fahrrades
In: (26)

(98) Mainz, Stadtverwaltung:
Kurzbericht: Zulassung von Zweirichtungsverkehr für Radfahrer in Einbahnstraßen, 1983

Quellenverzeichnis

(99) Mainz, Stadtverwaltung:
Anlegung von Radwegen entlang Hauptverkehrsstraßen im Innenstadtbereich, 1985

(100) Menke, R.:
Nichtmotorisierter Verkehr und regionale Flächennutzung
Verkehr und Technik, Hefte 3 u. 4/1984

(101) Müßener, E.; Stillger, J.:
Fahrrad und öffentlicher Verkehr
Werkstattbericht Nr. 4 zum „Modellvorhaben Fahrradfreundliche Stadt",
UBA Berlin 1983

(102) Niedersachsen, Landesregierung:
Niedersachsen: Radfahrland Nr. 1
Presse- und Informationsstelle der Landesregierung, Hannover 1984

(103) Niedersachsen, Minister für Wirtschaft und Verkehr:
Bedarfsplan Radwege an Landstraßen
Niedersächsisches Ministerialblatt Nr. 8/1977

(104) Nordrhein-Westfalen, Landesregierung:
Richtlinien über die Gewährung von Zuwendungen zur Förderung des kommunalen Radwegebaus. Ministerialblatt NW, Nr. 96 vom 20. 12. 1982

(105) Otte, D.:
Geschwindigkeitsmessung und Ermittlung unfallrelevanter Daten von Zweiradfahrern
Zeitschrift für Verkehrssicherheit, Heft 1/1981

(106) Patschke, W.:
Entwicklungspotential der Systemverknüpfung Fahrrad-Schiene
Internationales Verkehrswesen, Heft 2/1981

(107) Pfundt, K.:
Bemerkungen zum Radfahren
Straßenverkehrstechnik, Heft 6/1983

(108) Pfundt, K.; Alrutz, D.; Hülsen, H.:
Radverkehrsanlagen
Empfehlungen der Beratungsstelle für Schadenverhütung des HUK-Verbandes, Nr. 3,
Köln 1982

(109) Pöpel, B.:
Besser wäre eine „Kann"-Bestimmung
Radfahren, Heft 2/1984

(110) Reinefahrth, P.:
Winterdienst auf Fußgängerbereichen und Radwegen
Der Städtetag, Heft 10/1984

(111) Runge, R.:
Verlangsamung des Verkehrs in Wohngebieten durch „Tempo 30"
Zeitschrift für Verkehrssicherheit, Heft 4/1984

(112) Ruwenstroth, G.:
Führung des Radverkehrs im Innerortsbereich – Teil 5: Radwegtrassen
Bundesanstalt für Straßenwesen, Bergisch-Gladbach 1984.
(Forschungsberichte der BASt, Bereich Unfallforschung, Band 106)

(113) Ruwenstroth, G.; Habermeier, H.:
Führung des Radverkehrs im Innerortsbereich – Teil 1: Einbahnstraßen
Bundesanstalt für Straßenwesen, Köln 1982.
(Forschungsberichte der BASt, Bereich Unfallforschung, Band 72)

(114) Saarland, Landesregierung:
Radwanderwege – Netzmodell
Minister für Umwelt, Raumordnung und Bauwesen, Saarbrücken 1982

(115) Salomons, W.:
Evaluatie CPVC-ofos in Enschede, Verkeerskunde, Heft 7/1985

(116) Schlabbach, K.:
Unfälle mit Fußgängern, Rad- und Mofafahrern in Darmstadt
Zeitschrift für Verkehrssicherheit, Heft 1/1980

(117) Schlabbach, K.:
Fußgängerverhalten bei verkehrsabhängiger Signalsteuerung
Zeitschrift für Verkehrssicherheit, Heft 3/1984

(118) Schnüll, R.; Haller, W.:
Städtebauliche Integration von Hauptverkehrsstraßen
Bundesminister für Raumordnung, Bauwesen und Städtebau, Bonn 1984.
(Schriftenreihe „Städtebauliche Forschung", Heft 03.107)

(119) Schönborn, H. D.:
Markierungen für den Radverkehr
Straßenverkehrstechnik, Heft 6/1983

(120) Schopf, M.:
Bewegungsablauf, Dimensionierung und Qualitätsstandards für Fußgänger, Radfahrer und Kraftfahrzeuge
In: Baugesetzbuch – Erschließung – Tempo 30/40 in der Verkehrs-, Stadt- und Umweltplanung
(Gemeinde-Stadt-Land, Bd. 11), Hannover 1985

(121) Schreiber, K.; Hahn, D.; Heinemann, R.:
Möglichkeiten und Grenzen für die Verlagerung von Kurzstreckenfahrten mit dem PKW auf das Fahrrad
Ingenieurgruppe für Verkehrsplanung.
(Forschungsprojekt der Forschungsgesellschaft für Straßen- und Verkehrswesen), Berlin 1980

(122) Schreiber, K.; Hahn, D.; Eichhorn, J.:
Voraussetzungen und eventuelle Steigerungsmöglichkeiten für den kombinierten Verkehr mit Fahrrad und öffentlichen Verkehrsmitteln
Ingenieurgruppe für Verkehrsplanung.
(Forschungsprojekt der Forschungsgesellschaft für Straßen- und Verkehrswesen), Berlin 1983

(123) Schubert, H.:
Untersuchungen über die Abwicklung des Fahrradverkehrs in Straßenkreuzungen
Bundesminister für Verkehr, Bonn 1964.
(Straßenbau und Straßenverkehrstechnik, H. 30)

(124) Schubert, H.; Knoche, G.:
Untersuchung des Fahrradverkehrs in Fußgängerzonen
Niedersächsischer Sozialminister, Hannover 1983.
(Berichte zum Städtebau und Wohnungswesen, H. 3)

(125) Schuster, G.; Krause, J.:
Radfahren in der Stadt
Institut für Städtebau, Wohnungswesen und Landesplanung, TU Braunschweig, 1984

(126) Schwerdtfeger, W.; Küffner, B.:
Motorisierte und nichtmotorisierte Verkehrsteilnahme
Bundesanstalt für Straßenwesen, Köln 1981.
(Unfall- und Sicherheitsforschung Straßenverkehr, H. 22)

(127) Socialdata GmbH:
Kontinuierliche Erhebung zum Verkehrsverhalten 1982 (KONTIV 1982)
Internationales Verkehrswesen, Heft 6/1984

(128) Statistisches Bundesamt:
Straßenverkehrsunfälle, Fachserie 8 Verkehr, Reihe 3.3., Jahresberichte 1980–1984
Verlag W. Kohlhammer, Stuttgart und Mainz

Quellenverzeichnis

(129) Switaiski, B.:
Verkehrsaufkommen im Fahrradverkehr
Forschungsberichte des Landes Nordrhein-Westfalen, Heft 3179
Westdeutscher Verlag, Opladen 1984

(130) Tappert, A.:
Gewährleistungsrisiken beim Bau von Rad- und Gehwegen
Teerbau-Veröffentlichungen Nr. 30/1984

(131) Tegelaar, R.; Wolf, H.:
Radwege aus Beton
Betonverlag, Düsseldorf 1982

(132) Teichgräber, W.; Ambrosius, P.:
Ermittlung der zu erwartenden Nachfrage im Fahrradverkehr in Abhängigkeit vom Ausbau des Radwegenetzes
Bundesminister für Verkehr, Bonn 1984.
(Forschung Straßenbau und Straßenverkehrstechnik, H. 412)

(133) Umweltbundesamt:
Modellvorhaben Fahrradfreundliche Stadt, Information Nr. 1, Berlin 1982

(134) Umweltbundesamt:
Merkmale einer fahrradfreundlichen Stadt
Information Nr. 21 zum „Modellvorhaben Fahrradfreundliche Stadt", Berlin 1984

(135) Umweltbundesamt:
Sofortmaßnahmen zur Förderung des Fahrradverkehrs
Werkstattbericht Nr. 3 zum „Modellvorhaben Fahrradfreundliche Stadt", Berlin 1982

(136) Umweltbundesamt:
Das Fahrrad in den Niederlanden
Werkstattbericht Nr. 5A zum „Modellvorhaben Fahrradfreundliche Stadt", Berlin 1983

(137) Verband öffentlicher Verkehrsbetriebe (VÖV):
Mitnahme von Fahrrädern in Fahrzeugen des ÖPNV
Rundschreiben Nr. 19, Köln 1982

(138) Verband öffentlicher Verkehrsbetriebe (VÖV):
Radwegführung im Bereich von Bushaltestellen
Rundschreiben Nr. 40, Köln 1984

(139) Verkehrsblatt:
Heft 14, 1980, Verkehrsblatt-Verlag, Dortmund

(140) Wacker, H.:
Radwege planen – Radwege bauen.
Kirschbaum-Verlag, Bonn-Bad Godesberg 1981

(141) Walter, E.:
Radwegsituation in München
In: (135)

(142) Wellemann, A. G.:
Konfliktfreie Phasen für Radfahrer und Mopedfahrer
Zeitschrift für Verkehrssicherheit, Heft 3/1984

(143) Wiedemann, J.:
Radwegegutachten für Berlin
Straße und Tiefbau, Heft 12/1979

(144) Wilmink, A.:
Planungs- und Förderungskonzepte für den Radverkehr in den Niederlanden –
Dargestellt am Beispiel Den Haag und Tilburg
In: Verkehrsberuhigung und Radverkehr in der Stadt.
(Gemeinde-Stadt-Land, Bd. 7), Hannover 1981

(145) Wilmink, A.:
Radverkehrsanlagen entlang Stadtstraßen
In: (50)

Bild-Nachweis

Abb. 12, 34, 102, 104, 120	Dr.-Ing. Heinrich Richard
Abb. 14, 97, 125	Amt für Straßen- und Brückenbau, Bremen
Abb. 107	Institut für Verkehrswirtschaft, Straßenwesen und Städtebau, Universität Hannover
Abb. 37, 44, 75, 86, 89	Institut für Stadtbauwesen, RWTH Aachen
Abb. 52, 117, 119	Kölner Fahrradinitiative
Abb. 57	Tiefbauamt Rosenheim
alle übrigen Abb.	Dipl.-Ing. Dankmar Alrutz und Städt. BR Johannes Wiedemann

Stichwortverzeichnis

A

Abbiegen s. Linksabbiegen
Absenkung s. Bordsteinabsenkung
Abstellanlagen 47, 70, 288, 298 ff.
Abstimmung der Planung 45, 48
Abwägung 44, 93, 95, 148, 198
Adressen 305 ff.
Akzeptanz von Radverkehrsanlagen
  90, 93, 155, 178, 222, 258
Allgemeiner Deutscher Automobil-Club e. V.
  ADAC 302
Allgemeiner Deutscher Fahrrad-Club e. V.
  ADFC 293, 296, 302
Ampeln s. Lichtsignalanlagen
Anfang Radweg s. Radweg
Angebotskarte 66
Angebotsplanung 53, 66
Anhalteweg 82
Arbeitsstellen an Straßen 104, 280
Auffangradwege 128
Aufstellflächen 152 f., 229
Aufstellräume 125, 127, 134, 137, 151, 152
Ausrundung (Höhenplan) 84 f.
Außerorts 112, 120, 137, 144, 178, 210, 284
– Radverkehrsnetz 70, 108, 125
– Radverkehrsanlagen 170

B

Baden-Württemberg 27 f.
Bahnhöfe 287, 289
Bahnübergänge 253
BASt. s. Bundesanstalt für Straßenwesen 35, 36
Baudurchführung 49
Bauleitplanung 46
Bauprogramm 20 ff.
Bäume 117, 118, 171
Bau von Radverkehrsanlagen 255 ff.
Baustelle s. Arbeitsstellen
Bayern 28
Bebauungsplan 47
Bedarfsplan 46, 71
Befahrbarkeit 280
Befestigung s. Standardbefestigung
Beförderung von Fahrrädern s. Fahrradmitnahme
Beleuchtung 285
Bepflanzungen 116, 118
Beratungsstelle für Schadenverhütung
  des HUK 307
Berlin 28 f.

Bestand
– Aufnahme 66
– Fahrräder 21, 25, 26 f., 38
– Radwege 27
Betondecken 260
Betrieb 279 ff.
Bewegungsraum 76, 79
Bike and ride 30, 286 ff.
Bituminöse Decken 258 f.
Bordsteinabsenkung 131, 137, 178, 182, 271 f.
Breiten 78 ff.
– Richtwerte 159, 178, 200, 241
– nutzbare 80, 113, 213
– Mindestbreite 179
Bremen 29
Bund Deutscher Garten- und
  Landschaftsarchitekten BDGA 308
Bund Deutscher Radfahrer e. V. BDR 309
Bund Umwelt- und Naturschutz Deutschland
  B.U.N.D. 309
Bundesanstalt für Straßenwesen 305
Bundesfernstraßenbau 24
Bundesforschungsanstalt für Landes-
  kunde u. Raumordnung 36, 306
Bundesländer 26 ff.
Bundesminister des Innern 26, 305
Bundesminister für Raumordnung,
  Bauwesen u. Städtebau 34, 305
Bundesminister für Verkehr 34, 305
Bundesverband Bürgerinitiativen Umwelt-
  schutz BBU 309
Bundesverband der Deutschen Zement-
  industrie e. V. 309
Busbucht 120
Bushaltestelle 120 ff.
Busspur 58, 182 f.
Bürgerinitiativen 302

D

Deutsche Bundesbahn 286, 293
Deutsche Forschungsgesellschaft 307
Deutsche Verkehrswissenschaftl.
  Gesellschaft 307
Deutsche Straßenliga 309
Deutsche Verkehrswacht 307
Deutscher Bundestag 305
Deutscher Landkreistag 306

Deutscher Sportbund 309
Deutscher Städte- und Gemeindetag 306
Deutscher Städtetag 306
Deutscher Verkehrssicherheitsrat DVR 307
Deutsches Institut für Urbanistik difu 307
Deutsches Institut für Wirtschaftsforschung DIW 307
Diagnolsperren 207
DIN – Deutsches Institut für Normung e. V. 306
Durchgangsverkehr 188

E

Ebenheit 258
Einbahnstraßen 63, 104, 183 ff., 193
Einbahnstraßen „unechte" 63, 190, 196
Einengungen der Fahrbahn s. Engstellen
Einsatzbereiche für Radverkehrsanlagen 98, 101, 104, 107, 129, 135, 148, 157, 198, 201, 202, 240
Entfernungsbereich 42
Engstellen 20, 79, 104, 113 ff., 183, 210
Entwässerung 108, 258, 267 ff., 276
Entwicklung des Radverkehrs 42 ff.
Erkennbarkeit 127, 264
Erschließungskosten 46

F

Fachverband Fahrrad- u. Motorradindustrie e. V. 309
Fahrbahnteiler 221
Fahrzeit 41
Fahrrad am Bahnhof s. Bike and ride
Fahrradabstellplätze s. Abstellanlagen
Fahrradaufstellstreifen 155 f.
Fahrradbeauftragter 48
Fahrradmitnahme 286, 289 f.
Fahrradnutzer 40
Fahrradschleuse s. Radfahrerschleuse
Fahrradstraßen 61, 215 ff.
Fahrtzwecke 39 f.
Fahrtweiten 40
Fahrradbüro Berlin 309
Fahrradfreundliche Stadt 26
Fahrradvermietung 286, 293
Farbige Radwege 174, 200, 246, 264
Feldwege s. Landwirtschaftliche Wege
Finanzierung 25, 28, 29, 30, 31, 32, 33, 49 f., 255
Flächennutzungsplan 46
Förderung s. Finanzierung
Forschung 21 f., 255
Forschungsgesellschaft für das Straßen- und Verkehrswesen e. V. (FGSV) 34
Furt s. Radfahrerfurt
Fußgänger 90, 95, 136, 182, 198, 200
Fußgängerbereiche 63, 106, 197, 201, 203

G

Gehwege
 – Trennung von Radverkehrsanlagen 112
 – Gemeinsame Geh- u. Radwege 58, 100, 106, 107, 116, 178, 193, 199, 202
Geländer 274
Genehmigung 45
Generalverkehrsplanung 46
Geschwindigkeiten
 – Radverkehr 77 f., 83
 – Kfz-Verkehr 89, 138, 148, 205, 206, 216
 – geschwindigkeitsdämpfende Maßnahmen 99, 165, 166
Grundanforderungen 126
Grundstückszufahrten 116, 178, 179, 242, 258, 264, 272
Grüne Welle 222
Grünzeit 227
GVFG 28

H

Haltesichtweiten 82
Haltestellenkap 121
Hamburg 29 f.
Hauptverbindung 54, 55, 205
Hessen 30
Hilfssignal 228
Hindernisse auf Radwegen 90, 182
Hochborde 136
HUK s. Beratungsstelle f. Schadensverhütung

K

Karten 296
Knotenpunkte 126 ff., 135, 153 f., 213, 218, 219
Knotenzufahrt 195
Kommunale Spitzenverbände 306
Kosten s. Finanzierung
Kreisverkehrsplätze 156 ff.
Kurven 83 f.

L

Land- und forstwirtschaftliche Wege 25, 61, 71, 174 ff., 263
Ländliche Räume 51
Längsneigung 84, 163
Leitplanken 274
Lichtraum 79, 116
Lichtsignalanlagen 127, 130, 135, 136, 144, 153 f., 212, 219 ff., 221, 223, 228 ff., 253

Stichwortverzeichnis

Linksabbiegen 127, 137, 146 ff.
– indirekt 135, 146, 151, 228
– direkt 146, 148 f., 229, 251
– Schleuse 150
linksliegende Radwege 211 ff.

M

Mängel an Radwegen 37
Markierung 127, 142, 171, 179, 266, 282
– Radfahrerfurt 134, 235, 240, 241, 244
– farbige Oberfläche 137, 142, 246, 267
– abmarkierte Radwege 90, 179 ff., 193, 266 f.
Mehrzweckstreifen 59, 169, 170 f.
Mischnutzung s. gemeinsame Geh- u. Radwege
Modellvorhaben 35, 37 f.
Mofafahrer 87, 159, 178, 199, 200, 209, 210, 214

N

Nachträglicher Bau von Radverkehrsanlagen 20, 47, 75, 95, 99, 106, 171, 255 ff.
Netzergänzung 54, 56
Netze für den Radverkehr s. Radverkehrsnetz
Niedersachsen 31, 71
Nordrhein-Westfalen 31 f.
Nutzungsansprüche 20

O

Öffentlicher Verkehr 286
Öffentlichkeitsarbeit 38, 42, 43, 50 f.
Ortbetondecken 260
Ortsdurchfahrten 26, 71
Ortsumgehungsprogramm 26

P

Parkende Fahrzeuge 101, 104, 108, 110, 204
Parkstreifen 101, 110
Pictogramm 174, 201, 246
Pflasterbelag 260
Planfeststellung 46, 47
Planungsabläufe 44
Planungsbereiche 68
Planungsraum 64, 71
Potential d. Radverkehrs 42, 93
Problemkarte 66

Q

Qualität von Radverkehrsanlagen 90, 127, 159, 258
Querneigung 84, 268, 269

R

Radfahrerfurt 129 ff., 230, 235 ff.
– nicht abgesetzt 129, 140 ff.
– deutlich abgesetzt 131, 135 f., 158
– bevorrechtigte 165
– signalisierte 163
Radfahrerschleuse 229
Radfahrstreifen 58, 100 ff., 108, 116, 130, 156, 169, 171 ff., 190, 193, 251
Radverkehrsanlagen (Def.) 56
– Planung 52 ff.
Radverkehrsnetz 46, 52 ff., 57, 204
Radwanderwege 31, 32 f., 71
Radwege 120 ff., 177, 193
– selbständige 57, 159 ff.
– einseitige 58, 100, 107, 215
– zweirichtungs- 100, 106, 125, 143, 214, 230, 246
– vom Gehweg abmarkierte 193
– beginn 124 f.
– ende 124
– nachträgliche Anlage 47, 78, 95, 99, 106, 120
– bauliche Anlage 268
Rampen 163
Räumzeit 223, 227 f.
Reinigung 104, 112, 284 f.
Rheinland-Pfalz 32
Richtlinien 19, 34, 52, 97
Rotphase 156
Ruhender Verkehr s. parkende Fahrzeuge

S

Saarland 32 f., 71, 174
Schieberinnen s. Treppen
Schleswig-Holstein 33
Schulweg 285, 302, 303
Schutzplanken 274
Schutzstreifen 110, 112, 113, 260
Schwelle 104, 174, 276 ff.
Seitenstreifen 169, 170 ff.
Sichtfelder 82 f., 137, 178, 228, 229
Signalisierung s. Lichtsignalanlagen
Sonderwege Radfahrer 223
Stadtentwicklung 43, 46
Standard 70, 79
Standardbefestigungen 255

Steigungen s. Längsneigungen
Stichstraßen 113, 207
Straßenreinigung s. Reinigung

T

Technische Regelwerke 34
Tragschichten 263 f.
Trennschwellen s. Schwelle
Trennstreifen 110, 117
Trennungsprinzip 90, 97 f., 99
Treppen 163, 274

U

UBA s. Umweltbundesamt
Überführungen 161 f.
Überquerung 163, 165, 211, 213, 214
Umwegempfindlichkeit 41, 204, 211
Umweltbundesamt 34, 35, 36, 305
„unechte" Einbahnstraße s. Einbahnstraße
Unfallanalyse 66, 85, 205
Unfallforschung 251
Unfallgeschehen 21, 85, 156, 211
Unterführung 161 f.

V

Veloroute 54, 216
Verband der Fahrrad- und Motorradindustrie e. V. 309
Verband öffentlicher Verkehrsbetriebe VÖV 308
Verein Deutscher Ingenieure (VDI) 308
Verhalten 75
Verkehrsanteil d. Fahrrades 21, 38
Verkehrsarme Straßen 59, 204 ff.
Verkehrsberuhigung 36, 59, 165, 204 ff.
Verkehrsgefährdung 213
Verkehrsmittelwahl 43
Verkehrsraum 79
Verkehrssicherheit 85 ff., 93, 190
Verkehrssicherungspflicht 174, 279
Verlagerung von Verkehrsanteilen 37, 42
Verwaltungsorganisation 47, 48
Vorentwurf 44, 302

W

Wanderwege s. Radwanderwege
Wassergebundene Decke 159, 263
Wegewahl 41
Wegweisung 174 f., 294 f.
Widmung 47, 199
Winterdienst 104, 112, 284
Wunschliniennetz 68

Z

Zählungen 66
Zufahrten 182
Zunahme s. Bestand
Zuschüsse s. Förderung
Zweirichtungsradweg s. Radwege

WER LIEFERT?

Abfallbehälter

Johannes Beilharz KG, 7243 Vöhringen/Württ., Postfach 40
Tel. (0 74 54) 20 11 u. 20 12, Telex 7 65 386, siehe auch Anzeige Seite 283

Bänke und Tische

Johannes Beilharz KG, 7243 Vöhringen/Württ., Postfach 40
Tel. (0 74 54) 20 11 u. 20 12, Telex 7 65 386, siehe auch Anzeige Seite 283

Griwenka GmbH, Petershagen, siehe Anzeige Seite 281

Baugrund-Untersuchungsgeräte

FHF STRASSENTEST GMBH
Rudolf-Diesel-Str. 5, D-7122 Besigheim-Ottmarsheim, Tel. (0 71 43) 57 51, Telex 7 264 770
Prüfgeräte für Asphalt, Bodenmechanik und Beton
siehe auch Anzeige Seite 257

Baustellenmarkierung in Farbe und Nägel

Feichtner & Bossert KG
Biebing — Steinfeldstr. 7 · 8225 Traunreut · Telefon (0 86 69) 64 11 od. 74 22
Flugplatz-, Autobahn- und Straßenmarkierungen, Parkplatzmarkierungen in: Kaltfarben, Kaltplastik, Heißspray-Plastik, aufgelegte und eingefräste Thermoplastik, Baustellenmarkierungen in Folie, Farbe und Nägel sowie Vertrieb von Markierungsfarben, Demarkierung mit modernster Großfräse.

Baustoffprüfgeräte

FHF STRASSENTEST GMBH
Rudolf-Diesel-Str. 5, D-7122 Besigheim-Ottmarsheim, Tel. (0 7143) 57 51, Telex 7 264 770
Prüfgeräte für Asphalt, Bodenmechanik und Beton
siehe auch Anzeige Seite 257

Betonprüfgeräte

FHF STRASSENTEST GMBH
Rudolf-Diesel-Str. 5, D-7122 Besigheim-Ottmarsheim, Tel. (0 7143) 57 51, Telex 7 264 770
Prüfgeräte für Asphalt, Bodenmechanik und Beton
siehe auch Anzeige Seite 257

Bindemittel

Degussa
Degussa AG
Geschäftsbereich Industrie- u. Feinchemikalien

Postfach 11 05 33
D-6000 Frankfurt 11
Telefon (0 69) 2 18-01
Telex 41 222-0 dg d

Blendschutz-Einrichtungen

Johannes Beilharz KG, 7243 Vöhringen/Württ., Postfach 40
Tel. (0 74 54) 20 11 u. 20 12, Telex 7 65 386, siehe auch Anzeige Seite 283

Bohrmaschinen und Kernbohrmaschinen

FHF STRASSENTEST GMBH
Rudolf-Diesel-Str. 5, D-7122 Besigheim-Ottmarsheim, Tel. (0 7143) 57 51, Telex 7 264 770
Prüfgeräte für Asphalt, Bodenmechanik und Beton
siehe auch Anzeige Seite 257

Brückensanierung

BITULEIT
Straßenverkehrs-, Leit- und Sicherheitstechnik GmbH.
D-8912 Kaufering, Postfach, Telefon (0 8191) 78 81, Telex 5-27 217

Dauermarkierung

Feichtner & Bossert KG
Biebing — Steinfeldstr. 7 · 8225 Traunreut · Telefon (0 86 69) 64 11 od. 74 22

Flugplatz-, Autobahn- und Straßenmarkierungen, Parkplatzmarkierungen in: Kaltfarben, Kaltplastik, Heißspray-Plastik, aufgelegte und eingefräste Thermoplastik, Baustellenmarkierungen in Folie, Farbe und Nägel sowie Vertrieb von Markierungsfarben, Demarkierung mit modernster Großfräse.

Demarkiermaschinen

VON ARX Demarkierungsmaschinen
- Arbeitsbreiten 20 – 180 cm
- verschiedene Werkzeuge zum Entfernen von Markierungen aller Art, Arbeitstiefe einstellbar

Von Arx GmbH, Menzinger Straße 85, 8000 München, Tel.: (0 89) 8 11 56 55

Demarkierungen

BITULEIT
Straßenverkehrs-, Leit- und Sicherheitstechnik GmbH.
D-8912 Kaufering, Postfach, Telefon (0 81 91) 78 81, Telex 5-27 217

Dickschicht-Markierung

Degussa
Degussa AG
Geschäftsbereich Industrie- u. Feinchemikalien

Postfach 11 05 33
D-6000 Frankfurt 11
Telefon (0 69) 2 18-01
Telex 41222-0 dg d

Dünnschicht-Markierung

Degussa
Degussa AG
Geschäftsbereich Industrie- u. Feinchemikalien

Postfach 11 05 33
D-6000 Frankfurt 11
Telefon (0 69) 2 18-01
Telex 41222-0 dg d

Fahrbahnmarkierungen

BITULEIT
Straßenverkehrs-, Leit- und Sicherheitstechnik GmbH.
D-8912 Kaufering, Postfach, Telefon (08191) 7881, Telex 5-27 217

LINUS DENKER

Straßen-, Stadt-, Parkplatz- und Flugplatzmarkierungen

4407 Emsdetten
Taubenstraße 38 · Tel. (0 25 72) 32 92

FARBMARKIERUNG GÜTEZEICHEN
3701 3702
RAL
Mitglied der Gütegemeinschaft Farbmarkierung e.V.

DIERINGER-MARKIERUNGEN GMBH
Mitglied der Gütegemeinschaft Fahrbahnmarkierung e.V.
Fichtenstraße 41 · **7210 ROTTWEIL a. N.** · Telefon (07 41) 4 13 36
Betrieb: 7211 Zimmern o. R., Im Lachengrund 51

Kurt Hüneke GmbH & Co KG, PF 11 38, 2906 Wardenburg,
Tel. (0 44 07) 89 86,
siehe auch Anzeige Seite 250

Farbmarkierungen

BITULEIT
Straßenverkehrs-, Leit- und Sicherheitstechnik GmbH.
D-8912 Kaufering, Postfach, Telefon (08191) 7881, Telex 5-27 217

Fugensanierung

BITULEIT
Straßenverkehrs-, Leit- und Sicherheitstechnik GmbH.
D-8912 Kaufering, Postfach, Telefon (0 81 91) 78 81, Telex 5-27 217

Fugenvergußarbeiten

DIERINGER-FUGENVERGUSS GMBH
Mitglied der Gütegemeinschaft Fahrbahnmarkierung e.V.
Fichtenstraße 41 · **7210 ROTTWEIL a. N.** · Telefon (07 41) 4 13 36
Betrieb: 7211 Zimmern o. R., Im Lachengrund 51

Kurt Hüneke GmbH & Co KG, PF 11 38, 2906 Wardenburg,
Tel. (0 44 07) 89 86,
siehe auch Anzeige Seite 250

Füll- und Ausgleichsmasse

Wir liefern praxiserprobte Füll- und Ausgleichsmasse schwarz, besonders zum Verfüllen von Fräsnuten und Setzrissen geeignet

FS
FEICHTNER + SPITTHÖVER GMBH
Markierung u. Sanierung von Verkehrsflachen
Bürener Straße 19 · 4106 Dronctoinfurt
Telefon (0 25 08) 87 87 / 87 07

Heißplastik

Kurt Hüneke GmbH & Co KG, PF 11 38, 2906 Wardenburg,
Tel. (0 44 07) 89 86,
siehe auch Anzeige Seite 250

Heißspray-Plastik

Feichtner & Bossert KG
Biebing — Steinfeldstr. 7 · 8225 Traunreut · Telefon (0 86 69) 64 11 od. 74 22
Flugplatz-, Autobahn- und Straßenmarkierungen, Parkplatzmarkierungen in: Kaltfarben, Kaltplastik, Heißspray-Plastik, aufgelegte und eingefräste Thermoplastik, Baustellenmarkierungen in Folie, Farbe und Nägel sowie Vertrieb von Markierungsfarben, Demarkierung mit modernster Großfräse.

Kaltplastiken

BITULEIT
Straßenverkehrs-, Leit- und Sicherheitstechnik GmbH.
D-8912 Kaufering, Postfach, Telefon (0 81 91) 78 81, Telex 5-27 217

Degussa
Degussa AG
Geschäftsbereich Industrie- u. Feinchemikalien

Postfach 11 05 33
D-6000 Frankfurt 11
Telefon (0 69) 2 18-01
Telex 41 222-0 dg d

Feichtner & Bossert KG
Biebing — Steinfeldstr. 7 · 8225 Traunreut · Telefon (0 86 69) 64 11 od. 74 22
Flugplatz-, Autobahn- und Straßenmarkierungen, Parkplatzmarkierungen in: Kaltfarben, Kaltplastik, Heißspray-Plastik, aufgelegte und eingefräste Thermoplastik, Baustellenmarkierungen in Folie, Farbe und Nägel sowie Vertrieb von Markierungsfarben, Demarkierung mit modernster Großfräse.

Laboreinrichtungen

FHF STRASSENTEST GMBH
Rudolf-Diesel-Str. 5, D-7122 Besigheim-Ottmarsheim, Tel. (0 71 43) 57 51, Telex 7 264 770
Prüfgeräte für Asphalt, Bodenmechanik und Beton
siehe auch Anzeige Seite 257

Leiteinrichtungen

Kurt Hüneke GmbH & Co KG, PF 11 38, 2906 Wardenburg,
Tel. (0 44 07) 89 86,
siehe auch Anzeige Seite 250

Leiteinrichtungen für Straßen und Autobahn

BITULEIT
Straßenverkehrs-, Leit- und Sicherheitstechnik GmbH.
D-8912 Kaufering, Postfach, Telefon (0 8191) 78 81, Telex 5-27 217

Leitpfosten

Johannes Beilharz KG, 7243 Vöhringen/Württ., Postfach 40
Tel. (0 74 54) 20 11 u. 20 12, Telex 7 65 386, siehe auch Anzeige Seite 283

Griwenka GmbH, Petershagen, siehe Anzeige Seite 281

Kurt Hüneke GmbH & Co KG, PF 11 38, 2906 Wardenburg,
Tel. (0 44 07) 89 86,
siehe auch Anzeige Seite 250

Markierungen

BITULEIT
Straßenverkehrs-, Leit- und Sicherheitstechnik GmbH.
D-8912 Kaufering, Postfach, Telefon (0 8191) 78 81, Telex 5-27 217

Kurt Hüneke GmbH & Co KG, PF 11 38, 2906 Wardenburg,
Tel. (0 44 07) 89 86,
siehe auch Anzeige Seite 250

Markiermaschinen

BITULEIT
Straßenverkehrs-, Leit- und Sicherheitstechnik GmbH.
D-8912 Kaufering, Postfach, Telefon (0 8191) 78 81, Telex 5-27 217

Degussa
Degussa AG
Geschäftsbereich Industrie- u. Feinchemikalien

Postfach 11 05 33
D-6000 Frankfurt 11
Telefon (0 69) 2 18-01
Telex 41 222-0 dg d

Markiermaschinen Fortsetzung Seite 332

Markiermaschinen

JAKOB ZINDEL GMBH
STRASSENMARKIERUNGSMASCHINEN

Schneller, einfacher und billiger markieren
– **ohne Rollscheiben**
- randscharfe Striche
- weniger Reinigungsaufwand
- weniger Farbverbrauch
- höhere Markiergeschwindigkeit

Enzstraße 17 · 7014 Kornwestheim · Telefon (07154) 2598 · Telex: 722689

Markierungsfolien

Kurt Hüneke GmbH & Co KG, PF 11 38, 2906 Wardenburg,
Tel. (0 44 07) 89 86,
siehe auch Anzeige Seite 250

Markierungsglasperlen

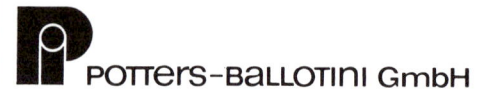

POTTERS-BALLOTINI GmbH
6719 Kirchheimbolanden - Postfach 1226 - Telefon (06352) 8484 - Telex 451208

Markierungsmassen bituleit

BITULEIT
Straßenverkehrs-, Leit- und Sicherheitstechnik GmbH.
D-8912 Kaufering, Postfach, Telefon (08191) 7881, Telex 5-27 217

Markierungsperlen

Vestische Glashütte GmbH „Vestglas"
Rumplerstraße 12 · **4350 Recklinghausen**
Postfach 10 19 51, Tel. (0 23 61) 7 20 35 + 36, Telex 829 776
siehe auch Anzeige Seite 243

Müllsackständer

Griwenka GmbH, Petershagen, siehe Anzeige Seite 281

Nachstreuglasperlen

POTTers-BaLLOTINI GmbH
6719 Kirchheimbolanden - Postfach 1226 - Telefon (06352) 8484 - Telex 451208

Nachstreugriffigkeitsmittel

POTTers-BaLLOTINI GmbH
6719 Kirchheimbolanden - Postfach 1226 - Telefon (06352) 8484 - Telex 451208

Nachstreumittel

POTTers-BaLLOTINI GmbH
6719 Kirchheimbolanden - Postfach 1226 - Telefon (06352) 8484 - Telex 451208

Vestische Glashütte GmbH „Vestglas"
Rumplerstraße 12 · **4350 Recklinghausen**
Postfach 10 19 51, Tel. (0 23 61) 7 20 35 + 36, Telex 829 776
siehe auch Anzeige Seite 243

Oberflächenbehandlung

BITULEIT
Straßenverkehrs-, Leit- und Sicherheitstechnik GmbH.
D-8912 Kaufering, Postfach, Telefon (08191) 7881, Telex 5-27 217

Oberflächenfräsgeräte

Kurt Hüneke GmbH & Co KG, PF 11 38, 2906 Wardenburg,
Tel. (0 44 07) 89 86,
siehe auch Anzeige Seite 250

Parkplatzausrüstungen

Griwenka GmbH, Petershagen, siehe Anzeige Seite 281

Plattendruckgeräte

FHF STRASSENTEST GMBH
Rudolf-Diesel-Str. 5, D-7122 Besigheim-Ottmarsheim, Tel. (0 71 43) 57 51, Telex 7 264 770
Prüfgeräte für Asphalt, Bodenmechanik und Beton
siehe auch Anzeige Seite 257

Premixglasperlen

Potters-Ballotini GmbH
6719 Kirchheimbolanden - Postfach 1226 - Telefon (063 52) 84 84 - Telex 45 12 08

Prüfgeräte für den Straßenbau

FHF STRASSENTEST GMBH
Rudolf-Diesel-Str. 5, D-7122 Besigheim-Ottmarsheim, Tel. (0 71 43) 57 51, Telex 7 264 770
Prüfgeräte für Asphalt, Bodenmechanik und Beton
siehe auch Anzeige Seite 257

Radwegbeschilderungen

SEGOR SEGOR KG, 6588 Birkenfeld,
Tel. (0 67 82) 14-0, Telex 4 26 228

A + H Thomas, 5908 Neunkirchen/Siegerland, Postfach 12 40,
Tel. (0 27 35) 7 63-0, Tx. 8 75 810

Radwegedickschichtmarkierung

Kurt Hüneke GmbH & Co KG, PF 11 38, 2906 Wardenburg,
Tel. (0 44 07) 89 86,
siehe auch Anzeige Seite 250

Herbert Ruch GmbH GEGRÜNDET 1885
Malerbetrieb, Radweg- und Fahrbahnmarkierungen
Mitglied der Gütegemeinschaft Fahrbahnmarkierung e.V.
Westheimer Straße 12, 6721 Schwegenheim, Tel. (06344) 24 34

Radwegedünnschichtmarkierung

Kurt Hüneke GmbH & Co KG, PF 11 38, 2906 Wardenburg,
Tel. (0 44 07) 89 86,
siehe auch Anzeige Seite 250

Herbert Ruch GmbH GEGRÜNDET 1885
Malerbetrieb, Radweg- und Fahrbahnmarkierungen
Mitglied der Gütegemeinschaft Fahrbahnmarkierung e.V.
Westheimer Straße 12, 6721 Schwegenheim, Tel. (06344) 24 34

Radwegmarkierungen

Radweg-Markierung

Das Lafrentz Radweg-Programm löst Ihre Radweg-Probleme.

H. Lafrentz GmbH. & Co. · Pinkertweg 47 · 2000 Hamburg 74
Telefon 0 40/7 32 05 06 · Telex 02161 035

Reflexperlen

BITULEIT
Straßenverkehrs-, Leit- und Sicherheitstechnik GmbH.
D-8912 Kaufering, Postfach, Telefon (08191) 78 81, Telex 5-27 217

---

potters-ballotini GmbH
6719 Kirchheimbolanden - Postfach 1226 - Telefon (06352) 84 84 - Telex 45 12 08

Reflexperlen Fortsetzung Seite 336

Reflexperlen

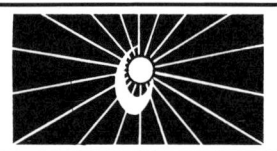

Vestische Glashütte GmbH „Vestglas"
Rumplerstraße 12 · **4350 Recklinghausen**
Postfach 10 19 51, Tel. (0 23 61) 7 20 35 + 36, Telex 829 776
siehe auch Anzeige Seite 243

Schilderpfosten und -Schellen

SEGOR SEGOR KG, 6588 Birkenfeld,
Tel. (0 67 82) 14-0, Telex 4 26 228

Schneehürden
Griwenka GmbH, Petershagen, siehe Anzeige Seite 281

Schneeräummaschinen

SCHMIDT®

Schneeräumung verlangt Leistung

Verlangen Sie deshalb für Ihre Schneeräumung die leistungsstarken Schneefräsen von Europas grösstem Hersteller von Schneeräummaschinen.

Ing. ALFRED SCHMIDT GMBH
SCHNEERÄUMGERÄTE · MASCHINENBAU
D-7822 ST. BLASIEN / SCHWARZWALD
Telefon 0 76 72 / 412-0 · Telex 7 721 213

Schneestop-Zäune
Johannes Beilharz KG, 7243 Vöhringen/Württ., Postfach 40
Tel. (0 74 54) 20 11 u. 20 12, Telex 7 65 386, siehe auch Anzeige Seite 283

Stahlschutzplanken

roleit ®
Straßenleittechnik

Stahlschutzplanken
Lieferung und Montage
Reparatur- und Wartungsdienst

Roleit GmbH · Postfach 44 · 7214 Zimmern o. R. · Tel. (07 41) 3 37 97

Straßenfräsen

Kurt Hüneke GmbH & Co KG, PF 11 38, 2906 Wardenburg,
Tel. (0 44 07) 89 86,
siehe auch Anzeige Seite 250

Straßenmarkierung

Kurt Hüneke GmbH & Co KG, PF 11 38, 2906 Wardenburg,
Tel. (0 44 07) 89 86,
siehe auch Anzeige Seite 250

Streugutbehälter

Johannes Beilharz KG, 7243 Vöhringen/Württ., Postfach 40
Tel. (0 74 54) 20 11 u. 20 12, Telex 7 65 386, siehe auch Anzeige Seite 283

Griwenka GmbH, Petershagen, siehe auch Anzeige Seite 281

Streugutlagerhallen

Johannes Beilharz KG, 7243 Vöhringen/Württ., Postfach 40
Tel. (0 74 54) 20 11 u. 20 12, Telex 7 65 386, siehe auch Anzeige Seite 283

Thermoplastik

Thermoplastik – rot –

Die bewährte Heißplastik zur Radweg-
Kenntlichmachung der unfallträchtigen Fahrbahn-
Kreuzungsbereiche und Radfahr-Furte.

H. Lafrentz GmbH. & Co. · Pinkertweg 47 · 2000 Hamburg 74
Telefon 0 40/7 32 05 06 · Telex 02161 035

LAFRENTZ

Thermoplastik, eingefräste

Feichtner & Bossert KG
Biebing − Steinfeldstr. 7 · 8225 Traunreut · Telefon (0 86 69) 64 11 od. 74 22
Flugplatz-, Autobahn- und Straßenmarkierungen, Parkplatzmarkierungen in: Kaltfarben, Kaltplastik, Heißspray-Plastik, aufgelegte und eingefräste Thermoplastik, Baustellenmarkierungen in Folie, Farbe und Nägel sowie Vertrieb von Markierungsfarben, Demarkierung mit modernster Großfräse.

Verkehrsschilder

SEGOR SEGOR KG, 6588 Birkenfeld,
Tel. (0 67 82) 14-0, Telex 4 26 228

Verkehrszeichen

Kurt Hüneke GmbH & Co KG, PF 11 38, 2906 Wardenburg,
Tel. (0 44 07) 89 86,
siehe auch Anzeige Seite 250

HERZBERG GMBH, SCHILDERWERK

Riesestraße 8
4600 Dortmund 41 (Aplerbeck)
Tel. (02 31) 44 10 22 · Telex 8 227 137

Vertrieb von Markierungsfarben

Feichtner & Bossert KG
Biebing − Steinfeldstr. 7 · 8225 Traunreut · Telefon (0 86 69) 64 11 od. 74 22
Flugplatz-, Autobahn- und Straßenmarkierungen, Parkplatzmarkierungen in: Kaltfarben, Kaltplastik, Heißspray-Plastik, aufgelegte und eingefräste Thermoplastik, Baustellenmarkierungen in Folie, Farbe und Nägel sowie Vertrieb von Markierungsfarben, Demarkierung mit modernster Großfräse.

Warnfahnen aus Stoff

A. Wegesin, 3418 Uslar 2, Postfach 21 28

Wegweiser und Informationstafeln

SEGOR SEGOR KG, 6588 Birkenfeld,
Tel. (0 67 82) 14-0, Telex 4 26 228

Verzeichnis der Inserenten

Erläuterungen: U.S. = Anzeigen auf Umschlagseiten
V. = Anzeigen auf Vorsatzseiten
N. = Anzeigen auf Nachsatzseiten

A
Aalener Materialprüfinstitut für Baustoffe	Aalen	259
Alrutz-Dargel-Hildebrandt, Planungsgem. Verkehr	Hannover	74
Arx, GmbH, Von	München	232, 327

B
Barth – Hassinger – von der Ruhr	Stuttgart	73
Baustoffprüfinstitut-Ingenieurgesellschaft mbH	Hainsfarth	259
Beilharz, Johannes, KG	Vöhringen	283
Bernstorff Markierungen	Guntersblum	15
BHW	Hameln	220
Bituleit – Straßenverkehrs-, Leit- und Sicherheitstechnik GmbH	Kaufering	8, 326, 327, 328, 329, 330, 331, 332, 333, 335
Boretius, Dieter, Straßenbaustoffe	Hamburg	265
Breuer, Manfred	Düsseldorf	91
BSM Murken GmbH	Raunheim	2. U. S.

D
Debuschewitz	Köln	2. V.
Degussa AG	Frankfurt	241, 326, 327, 330, 331
Denker, Linus	Emsdetten	328
Dicke, Josef, Metallwarenfabrik	Finnentrop	185
DIERINGER-MARKIERUNGEN GmbH	Rottweil	176, 328, 329
Dirrigl GmbH	Gschwendt	173
3M Deutschland GmbH	Neuss	6

E
Elsner, Otto, Verlagsgesellschaft mbH & Co KG	Darmstadt	20, 22, 23, 250, 304, 3. U.S.

F
Feichtner & Bossert KG	Traunreut	233, 325, 327, 330, 338
Feichtner + Spitthöver GmbH	Drensteinfurt	233, 329
FHF-Straßentest GmbH	Besigheim	257, 325, 326, 330, 334

G
GIS-Parolex Wasserfrästechnik GmbH	Hannover	4
Griwenka GmbH	Petershagen	281

H
Hauert KG	Mannheim	249
Herzberg GmbH	Dortmund	189, 338
Hitzblech KG	Werdohl	234
Hüneke GmbH & Co KG	Wardenburg	250

J
JOSCHU KG	Montabaur	18

K
Kahles GmbH	Tamm	248
Koch GmbH & Co KG	Nentershausen	278
Kohns & Poppenhäger	Neunkirchen	74

L
Lafrentz, H., GmbH & Co	Hamburg	168, 335, 337
Limburger Lackfabrik GmbH	Limburg	245
Linz, Dieter	Wunstorf	73

M
Marks GmbH	Oer-Erkenschwick	231

N
Noeske, Kurt, GmbH	Biberach	277

P
PERMATEX GmbH	Vaihingen	247
Pfnür GmbH & Co KG	Ottobrunn	250
PLAN + RAT	Braunschweig	303
Gruppe für kommunale Planung und Beratung		
Possehl Spezialbau GmbH	Wiesbaden	254
Potters-Ballotini GmbH	Kirchheimbolanden	237, 332, 333, 334, 335
Purr + Dirrigl GmbH	Ascha	173

R
Raschig GmbH	Ludwigshafen	1. V.
ROLEIT GmbH	Zimmern	249, 337
ROSTRA GmbH	Dietingen	238
Ruch, Herbert, GmbH	Schwegenheim	248, 335

S
Schlegel – Dr.-Ing. Spiekermann GmbH & Co	Düsseldorf	73
Schmidt, Ing. Alfred, GmbH	St. Blasien	336
SF-Vollverbundstein-Kooperation GmbH	Bremen	261
SPS Schutzplanken GmbH	Aschaffenburg	275
S. u. S. Gesellschaft für Sicherheit auf Straßen mbH & Co KG	Quickborn	167

U
Ulfig, Carl, GmbH & Co KG	Netphen	239
UNI-Dienst F. v. Langsdorff Bauverfahren GmbH	Rastatt	262

V
Vestische Glashütte GmbH	Recklinghausen	243, 332, 333, 336
Vieh GmbH	Saarbrücken	181

W
Wegesin, A.	Uslar	280
Weis, Stephan	Handorf	73
Wenssing, Horst, Dipl.-Ing.	Iserlohn	73
Willems, Heinrich, Ingenieurbüro	Bergisch-Gladbach	73

Z
Zindel, Jakob, GmbH	Kornwestheim	236, 332